CHINA LEGAL EDUCATION RESEARCH

教育部高等学校法学类专业教学指导委员会
中国政法大学法学教育研究与评估中心　主办

中国法学教育研究
2022年第3辑

主　　编：田士永
执行主编：王超奕

 中国政法大学出版社

2023 · 北京

图书在版编目（ＣＩＰ）数据

中国法学教育研究.2022年.第3辑/田士永主编.—北京：中国政法大学出版社，2023.2
ISBN 978-7-5764-1120-1

Ⅰ.①中…　Ⅱ.①田…　Ⅲ.①法学教育－中国－文集　Ⅳ.①D92-4

中国国家版本馆CIP数据核字(2023)第183596号

出 版 者	中国政法大学出版社
地　　址	北京市海淀区西土城路 25 号
邮寄地址	北京 100088 信箱 8034 分箱　邮编 100088
网　　址	http://www.cuplpress.com (网络实名：中国政法大学出版社)
电　　话	010-58908289(编辑部) 58908334(邮购部)
承　　印	北京九州迅驰传媒文化有限公司
开　　本	650mm×960mm　1/16
印　　张	21.5
字　　数	245 千字
版　　次	2023 年 2 月第 1 版
印　　次	2023 年 2 月第 1 次印刷
定　　价	89.00 元

目　录

CONTENTS

法学教育

课堂与教学

法律职业

百花园

法学教育

Legal Education

法学教育改革视角下法律硕士实践教学的体系解构[*]

◎张佳华^{**}

摘　要：法学理论教育和法学实践教育是法学教育的两块基石。从我国法学教育的实践情况来看，存在"重理论教育、轻实践教育"的现象。我国法学教育面临的主要问题，一方面是立法、司法、法律服务等领域亟须大量具备实践操作能力的法治人才；另一方面是大量法学专业毕业生缺乏实践能力。在以卓越法治人才为要求的当下，尤其在法律硕士研究生培养中，强化实践教学，厘清实践教学体系中的案例研习、模拟法庭、法律诊所、校外实习四大实践教学课程与教学环节在法律

* 中国政法大学 2020 年研究生教育教学改革项目"法学教育改革视角下法律硕士实践教学的体系解构与实证"的阶段性成果（项目编号：YJLX2015）。

** 张佳华，法学博士，中国政法大学法律硕士学院副教授，研究方向：刑事诉讼法学、证据学和司法制度。

硕士教学培养中的差异和有机联系，在总结典型法学院校实践教学改革经验的基础上对法律实践教学体系进行重构，进而构建一体化渐进模式的法律实践教学体系有其必要性。在法学教育改革视角下对法律硕士实践教学进行体系解构与重构，有助于改善法学教育实践教学的空设现状，使高校的法学教育实践教学更加实质化、体系化，提升法律人才培养质量，加强应用型、复合型法律人才队伍建设。

关键词：实践教学　法律硕士　卓越法治　人才培养

引　言

2018 年，教育部、中央政法委在卓越法律人才教育培养计划的基础上推出实施卓越法治人才教育培养计划 2.0，要求强化法学实践教育。[1] 对比"卓越法律人才计划"和"卓越法治人才计划"，从"法律人才"到"法治人才"绝非一字之差，不仅仅是名称的改变，而是内涵的丰富、提升和标准的明确、具体。[2]

截至 2021 年 10 月统计，国务院学位委员会设置法律硕士专业学位授权点达到 287 个，[3]"根据全国法律专业学位研究生教育指导委员会提供的数据，近年来全国法律硕士每年招生规模均

---

〔1〕　参见教育部、中央政法委《关于坚持德法兼修实施卓越法治人才教育培养计划 2.0 的意见》。

〔2〕　邸占川：《新时代卓越法治人才培养之道与术》，载《政法论坛》2019 年第 2 期。

〔3〕　根据国务院学位委员会 2020 年审核增列的博士、硕士学位授权点名单及历年数据统计得出，参见中华人民共和国教育部官网：http://www.moe.gov.cn/srcsite/A22/yjss_xwgl/moe_818/202111/t20211112_579351.html，最后访问日期：2022 年 1 月 20 日。

在 2 万人左右"。[1] 法律硕士培养在全国各个高校均普遍开展，法律硕士招生规模不断扩大。作为法学专业研究生的重要组成部分，其人才质量的提升对于我国应用型、复合型法律人才队伍的发展具有重大意义，而应用型、复合型法律人才的培养离不开实践教学的体系化培养。近年来，学界对法律硕士培养的关注度有所提高，现有研究成果主要集中在宏观上探讨我国法律硕士的培养现状、培养制度存在的问题和如何改进，对于法律硕士实践教学的定位、困境和破除困境的方法上研究较为缺乏或不够深入，特别是对于实践教学体系化建设、对案例研习、模拟法庭、法律诊所、校外实习四大典型实践教学课程功能混同等问题没有足够的重视。

一、实践教学在法治人才教学培养中的定位

（一）实践教学是法学教育的基石

法学理论教育和法学实践教育是法学教育的两块基石，二者缺一不可。经过二十多年的发展，我国法律硕士的理论教育已形成较为完善的培养体系，理论教学已经规范化。然而，相较于理论教学，对实践教学的重视程度不足，投入资源不多，考核标准欠缺，事实上没有将实践教学放到与理论教学并重的地位。

"徒法不足以自行"，法学是实践性学科，最终是要应用于社会，解决实际问题的。书本上的理论知识是标准化的，然而社会中的法律问题是多样性的、多维度的、非标准化的。理论教育可以帮助学生迅速掌握法律理论和法律规范，但不足以使学生熟练

---

[1] 袁钢：《我国法学研究生教育制度问题与对策研究》，载《中国法学教育研究》2020 年第 1 期。

应用于实践。实践教学的作用是在应用中传授学生方法论，培养学生发现问题、分析问题、解决问题的能力，引导学生理论联系实际，在实践中深化对理论的认知。从解决一个法律问题过渡到解决一类法律问题，逐步具备实践能力和职业能力。理论教学和实践教学同等重要，不可偏废其一。

（二）实践教学更适应新时代法学教育改革的要求

法学教育至今经历了不同的发展阶段，在不同历史时期的目标和任务是不同的。

法学教育起初从 20 世纪 70 年代末期的国家奇缺政法人才干部队伍的需要出发，立足人才快速培养，注重理论知识的学习，并且已经满足了当时的任务需要；在法学教育已经蓬勃发展的今天，纯理论知识的教学培养已不能适应立法、司法、法律服务等领域对法治人才具备实践操作能力的需求，培养应用型、复合型法律职业人才成为国家教育部门提出的新时代的新要求。以法律职业人才为培养目标的法律硕士专业学位培养规模的扩大即是新时代、新要求的回应，并且催生了法学教育的新发展，特别是法学实践教学的发展。法学实践教学最关键的是通过把平面化、体系化知识和立体化、灵活化实操体验相结合，使得理论与实践融为一体。只有注重实践教学，培养法科学生的实践能力，才能更好地适应社会主义法治国家建设的需要，适应新时代法学教育改革的要求。

（三）实践教学是实现应用型、复合型法律人才培养目标的必然选择

我国学者对法学专业的培养目标定位观点不一，主要存在三种说法：一部分学者认为，法学专业的目的是培养法律精英人才，要具备严密的法律逻辑、较高的法律能力以及高尚的职业道德；另一部分学者认为，法律专业培养的是法律应用型人才，提供职业教育和职业训练；还有一部分学者认为，法学专业培养的是通识人才，法学教育的目的是教给法学生法律知识，培养学生的法律素养。[1]

从法学教育自身的性质和特点出发，基于当下法学教育生源良莠参半、数量庞大的现状考虑，精英教育、职业教育、通识教育三者并不矛盾，并非只能择其一。在推动全面依法治国的大背景下，必然要求不同的法律人才服务于社会生活的方方面面，精英教育、职业教育、通识教育均有立足空间和发展潜力。一味地同质化发展为精英教育或者同质化为通识教育显然都是不可取的。但无论将法学教育目标定位为何种，实践教学的培养都是不可缺少的。

专业硕士与学术硕士的培养目标是有区别的，学术型研究生更加重视研究能力和创新能力的培养，而专业学位研究生更加注重实践能力和职业能力的培养。法律硕士作为专业型硕士，与学术型硕士相比，其职业指向性更加明确，培养方式上法律应用性更强，对实践教学的要求更高。因此，在法律硕士的培养过程中，必须厘清实践教学和理论教学的关系，重视实践教学在法律硕士中的应用，使法律硕士具有扎实的法学理论基本功和适应社会需要的复合型知识结构，具有全面的法律职业能力和良好的法律职业伦理，以适应国家及社会各行业对法治人才的需求，实现法律硕士应用型、复合型法律人才的培养目标。

---

[1] 李喆：《法学专业学生实践教学的困境与出路研究》，载《法学杂志》2014年第 9 期。

二、法律硕士实践教学的现实困境

虽然实践教学在法学教育中的地位较之前有很大提升，全国各大高校在法律硕士培养中已对实践教学的重要性和必要性达成共识，但目前的实践教学体系和教学模式还不能完全满足教学培养的需要，法律硕士的培养过程与学术型硕士同质化现象明显，四大实践课程或实践环节功能混同，存在实践课程开设实施不足，实践教学不够"逼真"等问题。

（一）培养过程同质化，教学考核方式单一

法律硕士与学术型硕士相比，其法律职业指向性更为明确，两者的实践教学体系和模式也应有明显差异。虽然法律硕士培养在全国各个高校均普遍开展，但多数高校的法律硕士的培养过程与学术型硕士同质化现象明显，在评价体系、毕业模式等诸多重要环节并未体现出该类学位的应有特色，[1] 课程设置、教学内容几乎没有差别，甚至有高校因师资力量不足安排法律硕士与学术型硕士在同一课堂上课。导师一般既指导学术型硕士，也指导法律硕士，且多数导师较为缺乏实践经验，很难根据法律硕士职业导向的特点为法律硕士的学生量身定制指导方案，对法律硕士的指导方式与学术型硕士趋同。

教学方式上保守单一，基础理论知识的教学占比最重，实践教学课程内容与基础理论教学内容也存在同质化问题。许多高校法学教育课程体系中虽然也安排了实践类课程，但实际教学内容上还是偏重理论，教学过程仍然以讲授为主，课堂实践和学生参

---

〔1〕 徐晓颖：《法律专业学位研究生的实践教学改革——以北京大学法律硕士（非法学）项目为例》，载《法学教育研究》2019 年第 4 期。

与较少，培养过程、教学考核方式与理论教学一致，教学方式与实现应用型、复合型法治人才培养目标脱钩。

（二）不同实践课程的功能混同，课程内容存在重叠之处

实践教学体系主要由案例研习、模拟法庭、法律诊所、校外实习四大课程或环节构成，各课程或环节虽均为实践教学课程，但教学内容和教学方式有明显区别。但在许多高校不同实践课程存在课程定位与功能混同现象，各课程内容存在交叉，如法律诊所与案例研习、模拟法庭的教学内容存在重叠，既降低了学生的积极性，课时利用效率也被削弱，案例研习、模拟法庭以及法律诊所缺乏有机联动。

法律实践教学中的各个环节的教学目标、教学计划并不相同，教学的内容也是从全课堂教学到半实战再到全实战的渐进式培养过程；教师所扮演的角色也从课堂讲授到指导、辅助，最后逐步淡出学生的实践环节。因此案例研习、模拟法庭、法律诊所、校外实习的功能与定位均不相同，但它们之间又紧密联系，环环相扣，不可相互替代，四门课程或环节共同构成一套完整的实践教学体系，每一个环节都对于学生的实践能力培养起着重要的作用。

（三）实践教学体系中的部分实践课程开设与实施普遍不足

正如上文所述，实践教学体系主要由案例研习、模拟法庭、法律诊所、校外实习四大课程或环节构成，但许多高校未能四大课程或环节全面开展，有些高校仅能实质上开设其中一到两个课程或环节。以法律诊所为例，大多法律院校不设法律诊所或形同虚设，或以替代课程充当法律诊所课，即使开设法律诊所课程，也存在法律诊所专业领域覆盖面不全、课程设计不系统等问题。

如只有民事领域的法律诊所，无刑事法律诊所等；关于案例研习课，许多法律院校并不单独开设案例研习课，更未实现针对不同部门法开设不同的案例研习课，有些案例研习课或仍然以基础理论讲授为主而辅之以案例分析，违背了案例教学法以精选案例、讨论案例、讲解案例、拓宽案例为核心的应然教学模式；关于模拟法庭，由于场地和硬件设施的缺乏，很多学校没有专门的模拟法庭教室和模拟法庭所需道具，同时也存在讲授为主，较少安排学生参与角色扮演的问题；关于校外实习，许多地方法学院校由于缺少当地的实践教学合作机构，学生很难找到实习岗位而未真正获得实习机会，也存在实习时间较短而无法达到实习锻炼目标的问题。

这根源于对部分实践教学课程重视不足、硬件条件不具备、校外实践教学基地缺乏、师资力量不够、实践教学经验不足等因素。

（四）实践教学不够"逼真"

针对大多数法学院校开设的案例研习、模拟法庭、法律诊所、校外实习等实践类课程，存在与实践脱节等问题。经调研北京某法学院校的法律硕士，发现目前开设的实践课课程普遍存在与实务差异较大的情况，学生通过实践课程锻炼的实务能力有限。

实践教学的"失真"情况具体表现为：①关于案例研习教学；案例研习还是仅就个案谈个案，没有上升到方法论，更大程度上围绕理论进行，讨论的话题多为纯学术问题，只是盖上一个案例的帽子，较少探究司法实务中的疑难点，没有引申到某一类案件的方法论上，缺乏培养学生分析实践中案例的教学机制。

②关于模拟法庭教学；模拟法庭更多像程序性的训练，学生扮演的各个角色在模拟法庭上所进行的发言比较模式化，且因为课时限制，不是所有同学都能够得到训练机会。学生虽然参与庭审流程，但实际参与程度较浅，大多上完课的收获限于对过程环节的熟悉和知晓，模拟实战的对抗性不足，学生的应变能力实际上并没有得到训练。模拟法庭不应该像是表演剧本一样，而应该给学生以实战的训练感受和经验。③关于法律诊所教学；法律诊所又称"临床法律教育"，原则上是在教师指导下，将法学专业学生置于"法律诊所"中，针对真实的案例和真实的当事人提供法律咨询。而目前法律诊所教学的主要问题在于缺乏"诊所"的场域、真实的案例和"真正的当事人"，法律诊所尚处在课堂教学模式，限于对已发生案例的分析和模拟；④关于校外实习。校外实习往往流于形式，学生在实习期间从事一些端茶倒水、收发快递、复印打印等非法律事务，存在对法律工作参与度较低等问题。

三、法律硕士实践教学培养经验的考察——以中国政法大学法律硕士学院为例

中国政法大学法律硕士学院（以下简称"法硕学院"）成立于 2005 年，招生对象为非法学本科毕业生，是迄今为止全国唯一培养法律硕士专业学位人才的专门学院，以培养中国特色应用型、复合型、高层次、具有国际视野的法治人才为目的。[1] 自建院到 2021 年，培养毕业生六千余人，为法律硕士教学培养积

---

〔1〕 参见中国政法大学法律硕士学院官网：http：//flssxy. cupl. edu. cn/xygk/xyjj. htm，最后访问日期：2022 年 1 月 6 日。

累了宝贵经验。中国政法大学法律硕士学院推进法律硕士教育创新改革，确立了体现法学基础知识学习、实践技能锻炼及学生主观能动性发挥三位一体的人才培养模式。[1] 其实践教学改革具体包括以下四个方面：制定与培养目标吻合的法律硕士专业学位培养方案；创新培养方式及考核方式；重视诊所式教学，开设法律诊所课，举办"义诊"活动；大力推进师资队伍实体化建设，组建专任教师队伍，全方位引入"双师制"。

（一）制定法律硕士专业学位个性化实践教学培养方案

法律硕士学院仅设法律（非法学）专业，考虑到法律（非法学）专业与法律（法学）专业的不同，专业型硕士与学术型硕士的不同，学院制定了法律硕士专业学位个性化实践教学培养方案。法硕学院实践教学课程在总课程学分中占比仅次于专业必修课，以法律（非法学）硕士专业为例，学生应修读的总学分为 81 学分，其中专业必修课的学分要求最高，为 30 学分。学分比重位居第二的是实践教学与训练课，至少需要修满 17 学分。实践教学与训练课种类丰富，除了多个研究方向的案例研习、模拟法庭、法律诊所和校外实习之外，还开设了中英文法律文书写作、文献检索与论文写作、法律谈判、律师实务等实践课程或环节。为了更好地开展实践教学，学院还设置了高端国际法律实务、知识产权法、公司企业法、税法、金融法、环境保护法、能源法、网络与人工智能法、体育法、健康法、娱乐法等十二个强化系列课程。强化系列课程以实现适应更精细化法律职业现状与未来的法律人才培养为出发点，"是法学知识、实践技能与学生兴趣三位

---

[1] 宗婷婷：《新时代法律硕士教育的制度性困境与创新逻辑》，载《中国法学教育研究》2020 年第 2 期。

一体的完美体现，最能体现学院课程设置的创新性"。[1] 法律硕士研究生在完成法律基础理论课程后，可结合本科专业背景、专长或者兴趣爱好及未来的职业规划自主选择研修某个强化系列课程。完成强化系列课程后，学生可选择同方向或其他方向的法律诊所进一步学习。

系列法律诊所课程设置是法硕学院实践教学的创新探索，法律诊所课程力求在统一要求下做出整体特色，不同方向的诊所课程做出专业特色。法硕学院于 2019 年修改培养方案，将法律诊所课程设置为全日制法硕学生的必修课，非全日制法硕学生的选修课。2019 年下学期开设诊所课程 24 门次，其中全日制 21 门次，非全日制 3 门次，共有 295 名学生参加法律诊所课程学习。全日制法律诊所中，17 门次为对应强化系列课程研究方向的法律诊所，由学院的专任教师与校外实务专家共同开设。不同研究方向的法律诊所根据其前置的强化系列课程特点设计本课程的教学内容，合理安排教学任务。为进一步使实践教学更贴近实际，许多法律诊所的授课地点在律师事务所，授课教师在教学期间会带领学生走出课堂，面向校内外人员举办"义诊"活动，进行法律公益咨询，让学生直面真实的当事人，解决真实的法律问题。

（二）创新实践教学培养方式及考核方式

在教学方式上，法硕学院的实践教学不同于传统的大课堂授课方式，实践教学采取小班式授课。尽管法硕学院每年招收全日制、非全日制法律硕士近 400 人，但为了保障学生的参与度，实践教学仍然采取多课头的小班授课。许多实践教学课程采用研讨

---

[1]　宗婷婷：《新时代法律硕士教育的制度性困境与创新逻辑》，载《中国法学教育研究》2020 年第 2 期。

模式，授课教师定下研讨课题后，由学生自主组队、分工、研究、形成研究成果、课堂展示、自由交流，多维度培养学生发现问题、解决问题、团队协作等实践能力。

在课程选择上，学生选课的自主性较高，课程选择空间大。法硕学院的实践教学课程非常丰富，学生完成专业必修课之后，可以在 50 余种强化系列课程、20 余种法律诊所课及多个实践教学与训练课选修课中自由选择所修课程。同一班级的学生所修的实践课程可以不同，每个学生都有自由选择空间。法律硕士学院的学生本科均为非法学，多样化的课程设置和灵活性的自主选课可以让学生充分结合本科专业背景、专长及自身兴趣，有利于实现培养应用型、复合型法治人才的目标。

在考核方式上，实践教学鼓励授课老师创新考核方式，课程成绩由平时成绩和期末成绩两部分组成，期末考核除了传统的考试和课程论文之外，可以通过演讲、课堂展示、研讨、小组作业、模拟实战报告、案例分析报告等多种方式考查学生运用知识解决实际问题的能力。

（三）推进师资队伍实体化建设，全方位引入"双师制"

法硕学院大力推进师资队伍实体化建设，已建成一支结构合理的专任教师队伍，其中专门设置实践教学部，由具有法官、律师职业经验的专任教师主要负责实践教学课程。同时，建设了一支百余人的、既具有扎实理论功底又具有丰富职业经验的资深法律实务专家组成的兼职教师队伍。

近年来，法硕学院在实践教学、学位论文指导、专业实习等方面全方位引入"双师制"，即由校内专任教师和受聘为兼职导师的校外法学实务专家联合授课。学院在实践教学师资结构方面的探索经历了由完全校内专任教师授课——完全校外法律实务专家兼职授课——"双师制"授课三个阶段。完全校内专任教师授课存在理论知识与实务问题衔接不紧密、校内老师实践经验不足的弊端；完全校外法律实务专家兼职授课虽然解决了授课老师实务经验不足的问题，但是由于校外导师的授课经验不足，教学时间和精力不足，同一课程的多名校外导师之间对教学内容缺乏充分沟通，授课内容不够体系化，多位校外导师的授课风格不同、知识点分散，导致学生适应和消化课程内容的难度增加，对学生的课程考核缺乏整体性。因此，为解决校内老师单独授课和校外老师单独授课的弊端，学院引入同一门实践课由校内专任教师和校外导师联合授课的"双师制"教学模式。较为典型的如模拟法庭课，以校外导师授课为主，校内导师为辅。在同一课堂上，校内导师参与模拟法庭偏理论内容的讲解，在学生模拟实战时参与点评，统筹课程的体系性；校外导师提供模拟实战的案例素材，组织模拟实战并指导学生模拟实战技能。"双师制"即使课堂教学贴近法律实践，又有系统教学经验的支撑，便于学生高效地领悟相关知识，提升实践水平。此外，学位论文指导和专业实习也实行"双师制"。

"双师制"对法律硕士实践教学做出有益的探索，但也存在一些不足，主要表现为模拟法庭课的校内专任教师课堂参与度十分有限，在课堂上更多处于"听讲"的状态；而在学位论文指导中，校外导师的作用较为微弱。

四、法律硕士多元化实践教学体系重构

反思法学教育实践教学的现状与困境，总结典型法学院校法

律硕士实践教学改革经验，构建科学合理的实践教学体系并付诸实施，是解决实践教学普遍不足的首要路径，也就是首先要解决实践教学教什么，其次才是解决怎么教、谁来教的问题。实践教学体系的基本框架应当包括案例研习、模拟法庭、法律诊所、校外实习四大课程或环节，这四个环节各有侧重，使学生在教学训练中逐步完成从理论向实践的过渡。厘清四大课程或环节的功能与定位，构建实践教学一体化渐进模式；开设多元化实践教学课程，设置过渡性强化系列课程。同时，进一步探索完善每一实践教学环节的教学模式、考核办法等问题，推广"双师制"，为补充校内专任教师实践经验和实践教学素材等资源的不足，增强具有丰富实务经验的校外导师在法律硕士实践教学和培养中的参与度，使之与校内教师互相配合，优势互补。

（一）厘清实践教学体系中各课程或环节的功能与定位，构建实践教学一体化渐进模式

在案例研习、模拟法庭、法律诊所、校外实习四课程或环节中，各课程或环节的教学目标侧重点并不相同，实践程度也不同。厘清案例研习、模拟法庭、法律诊所、校外实习四大课程或环节的功能与定位十分必要。

首先，案例研习的功能与定位。"早在一百多年前，案例教学法在哈佛大学法学院推广使用后，成为英美法系法学院的主要教学方法。"[1] 案例研习主要为课堂研讨，以真实的法律案例为教学素材，旨在培养学生应用已学的基础理论和法律规范解决法律问题的能力，司法实践是由千差万别的一个个真实案例所构

---

〔1〕 李丹：《实践教学视角下法律案例教学思路的重塑》，载《高教探索》2020年第 6 期。

成，课堂上通过典型案例分析与研讨，让学生认识司法实践，解决司法实践的问题。在案例分析的时候学生可以没有立场，不做角色扮演，更多的是客观的、应然的、规范层面的分析，最终的案例分析结果可以是多元化，允许不同结论的存在。授课教师通过引导学生对个案的分析讨论，进一步讲解要点，归纳案例启示，最终传授的是分析案件的方法，打开学生的思维广度和深度，重点培养学生独立思考、研究能力。其次，模拟法庭课的功能与定位。模拟法庭课的主旋律是学生进行法律人角色扮演，课堂应该是一个具有"控辩审"三方构造的"法庭"，不再是教师与学生"face to face"的教学模式，其主旨是让学生在自己的立场里竭尽全力支持自己的观点，制定和实施诉讼策略，并清晰且富有逻辑地表达出自己的观点，熟知诉讼流程，侧重培养表达能力、程序意识、协作精神甚至心理素质。模拟法庭的教学素材也应当是真实案例，以案例分析为基础，但不是案例分析课上对案例平面化的分析。学生在模拟法庭课上不仅要选取法官、检察官、书记员、律师等诉讼角色，确定自己所主张的观点，并且要按照庭审程序表达观点，辅之以法律文书的起草。与案例研习课相比，学生能更加真实的感受庭审程序，将自己带入案例中进行实战演练。模拟法庭课是案例研习课程的进阶，是对学生掌握法律知识程度和实践能力的进一步检验和培训。模拟法庭是实践教学必不可少的环节，因为每个法律人从事不同的法律职业，扮演不同的角色，也会有不同的立场。模拟法庭课帮助学生在进入职场前预先进行角色模拟，为从事法律职业做进一步准备。教师主要是为学生提供案例素材、引导角色分配和对学生模拟实战进行专业指导、评析和校正。再次，法律诊所的功能与定位。法律诊所的定位应是"临床法律教育",教学目标很明确,就是如何以律师身份处理当事人的法律问题。就像在医学诊所中医生给病人看病一样,在法律诊所中是律师为当事人解决法律问题。法律诊所课程的开设首先需要一个能够接待当事人的场域,能够有社会中真实的当事人来咨询法律问题,法律诊所的实践性才更高。可以说,法律诊所使学生的一只脚踏出校门面向社会,但仍然未脱离授课教师的指导。法律诊所侧重培养的能力除了案件分析能力,还有沟通能力、职业道德伦理、职业责任感、职业风险防范能力等内容。法律诊所课程的特殊之处在于"做中学"。相比模拟法庭课程而言,法律诊所课上学生的角色扮演更加确定,经历的程序更加完整,不仅接触真实的案例,还会走出课堂与真实的当事人面对面交流,为当事人答疑解惑。法律诊所区别于案例研习、模拟法庭的要点在于它更接近实践,接触真实的人,让学生对法律职业有更为真实的感受。授课教师主要是旁观者和指导者,学生是对当事人提供法律服务的主体。法律诊所是学生步入校外实习前的最后一环实践教学,是独立踏入司法实践的临门一脚。最后,校外实习的功能与定位。校外实习旨在让学生进入真实的职场环境,面对真正的当事人,处理真实的实践问题,学生视域和实践体验更社会化。校外实习已经不再是一门课程,也没有特定的授课教师及统一的实习内容,学生在不同的实习单位,会遇到不同的实习内容,一般来说,实习单位会给实习学生安排一位本单位的实务工作人员作为实习指导老师。校外实习主要依靠学生自己,是学生在读期间最后的实践培训环节,实践性也最强。校外实习是学生脱离校园生活,融入社会的过程,不存在传统教育当中的教师授课,与前三阶段的实践课程相比,老师参与度更低，仅是稍作指导。

案例研习、模拟法庭、法律诊所、校外实习四大课程或环节学生和授课教师的参与度是一个此消彼长的关系，学生的参与度和执行度越来越高，主动性越来越强，最终可以独立发现、分析、解决各类法律问题；授课教师的参与度和主导性越来越低，逐步退出教学讲授和指导，总体呈渐变的递进趋势，如下图1所示。法学实践教学作为一种具有独特教学目的与手段并依托于课程而实现的教学模式，系统化是其应当坚持的首要原则。实践教学应是从全课堂教学到半实战再到全实战的渐进式培养过程，其中案例研习、模拟法庭、法律诊所、校外实习四个环节构成法律实践教学的一套完整体系，在教师的指导下，完成从理论向实践的过渡，这四个环节在法律实践教学当中都是不可或缺的，共同构成了实践教学一体化渐进模式。

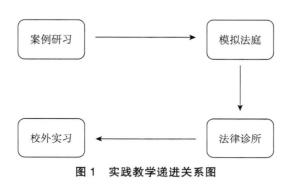

图1　实践教学递进关系图

（二）开设多元化实践教学课程，设置过渡性强化系列课程，丰富实践教学内容

实践教学上，除了案例研习、模拟法庭、法律诊所、校外实习四大课程或环节外，可以进一步丰富实践教学课程种类，增设

其他实践性教学课程供学生选择，构建多元化实践教学课程，丰富实践教学内容。

可以将实践教学课程分为必修课、"可以选修的"必修课、选修课三个范畴，此外，增设法律实务系列讲座、法律实践交流沙龙等形式。其中，案例研习、模拟法庭、法律诊所、校外实习属于实践必修课程或环节，也是实践教学体系的主干线，所有学生均需要参与，其中案例研习、模拟法庭、法律诊所可以更加多样化。例如，针对案例研习，可以开设民法与民事诉讼法、刑法与刑事诉讼法、行政法与行政诉讼法等不同研究方向的案例研习课，供学生从中选择其一进行研修；针对模拟法庭，除了刑事、民事、行政法律方向外，还可以开设模拟仲裁、模拟调解；针对法律诊所，可以开设刑事、民事、婚姻家事、金融法、娱乐法、知识产权法、涉外法律、公司企业法律、人工智能与法诊所等方向。"可以选修的"必修课是指学生在特定范畴的多门课程中自主选择其中几门课程，不需要每个课程都参与，但课程性质是必修课，设定学分。"可以选修的"必修课可开设法律文书写作、法律检索、法律谈判、法律职业核心技能、律师实务等课程，学生可根据自己的兴趣选择课程。实践选修课的设定可以更加灵活多样，依托教师资源和学院特色创新课程，课程计入选修课学分，以增加实务知识的广度，使学生有机会学习更多热门法律领域的实务知识和前沿法律实践问题。已有法学院校在实践教学的改革上做出一些有益尝试，如北京大学法学院法律硕士实践教学改革探索将"有效教学"理念融入实践教学当中，具体划分为以用代教和以用代学、学用相辅以及有效实践三个环节。[1] 其课程设置改革方向为：全新分类课堂教学，完善案例研习系列课程，增加实务讲座课程；丰富实践教学方式，增设法律诊所课程教学，鼓励模拟法庭演练，开设国际商事争端解决的实务训练。又如中南财经政法大学关于修订 2022 版研究生培养方案的指导意见明确：强化专业学位硕士研究生实践能力训练，行业专家应参与到专业学位研究生培养方案制定、课程开设、实践指导等环节，鼓励专业学位硕士研究生选修跨学科专业课。[2] 可见，设置丰富的、多元化的实践教学课程是法学院校法律硕士培养普遍追求的教学改革方向。

此外，设置过渡性强化系列课程，更有利于课程由基础理论教学向丰富的实践教学过渡。由于基础理论课程与实践教学课程在课程目标、课程内容、教学方式、考核方式上均有较大不同，为了帮助学生从理论教学向实践教学平稳过渡，特别是为了开设研究方向和内容更为丰富的实践教学课，有必要在中间环节设置过渡性强化系列课程。强化系列课程是将法学知识、实践技能、学生兴趣融为一体的半理论半实践课程。

在实践课程中应用知识的前提是充分掌握知识。实践教学的内容主要是让学生实践，授课教师不再进行大量基础理论知识的讲解，要求学生在实践教学之前已较好地掌握了基础理论和法律规范。但现有基础理论课程主要是民法、刑法、行政法等 14 门核心法律课程，缺少针对更为精细化的法律实务领域界分，也缺

---

〔1〕 徐晓颖：《法律专业学位研究生的实践教学改革——以北京大学法律硕士（非法学）项目为例》，载《法学教育研究》2019 年第 4 期。

〔2〕 参见中南财经政法大学研究生院官网：http：//yjsy. zuel. edu. cn/2021/0915/c3403a277415/page. htm，最后访问日期：2022 年 1 月 10 日。

乏对相关领域基础理论更为深入、详尽的讲授，有必要开设研究方向更为细化的强化系列课程对专业问题进行更深入的讲授，同时置入一定程度的实践教学内容。以中国政法大学法硕学院为例，法硕学院开设了金融法、国际法律、税法、劳动法、网络、人工智能与法、体育法、知识产权法、娱乐法等 20 余种不同的法律诊所，为了法律诊所的有效开设，法硕学院开设了 50 余门强化系列课程作为"可选修的"必修课。在理论教学与实践教学之间设置过渡性强化系列课程，促进基础理论知识与实践能力培养的衔接可使实践教学更为充分，教学培养效果更好。

（三）科学设置实践教学课程考核方式

课程考核是对学生能力培养程度的反馈，也是对教师教学效果的检视。根据实践教学的性质和特点设置科学合理的课程考核方式，是调动学生学习积极性、强化教学目标、推进教学质量和提升学生能力培养的重要路径。实践教学与理论教学的课程目标是不同的，理论教学侧重于学生对基础理论知识的记忆、理解和掌握，用书面试卷考试的方式进行考核是合理的；而实践教学侧重于培养学生运用法律知识解决实际法律问题的能力，不再适合以书面试卷考试的方式进行考核，因其无法全面考核学生的口头表达能力、协作能力、应变能力、实战心理素质等实践能力和素质。因此，实践教学的课程考核方式应区别于理论教学的课程考核方式，要体现出对学生实践能力的考察，强调对学生学习过程的考察。

首先，实践教学课程考核应由平时成绩和期末成绩两部分组成，且应提高平时成绩的占比。对于案例研习、模拟法庭、法律诊所这三门实践教学课程，可将平时成绩的比重设定为总成绩的

40%~60%。关注授课过程中学生对实战的参与度和所展现的实践能力，综合评价学生的独立思考能力、口头表达能力、逻辑思维能力、程序意识、协作能力、应变能力、沟通能力、文书写作能力及心理素质，等等。期末考核可以案例分析报告、模拟实战报告或课程报告等书面形式，也可就特定实践事项考察学生的处理能力。至于校外实习环节，针对校外实习往往流于形式的普遍问题，可以通过实习报告的方式验收学生的实习效果。如北京大学法学院在某些法律硕士培养方向尝试实习毕业报告考评形式，取消传统意义上的毕业论文，代之以"毕业报告"的形式，将实习与毕业报告相衔接，使学生在撰写过程中反思实习目的、介绍岗位职责并对实习过程进行报告。[1]

（四）推行"双师制"实践教学模式，探索校外导师选聘办法、考核标准和退出机制

"双师制"教学模式充分结合了校内专任教师丰富的授课经验和校外导师在法律实务方面的优势，有利于学生将理论与实践进行衔接，有更多机会接触法律实践中的人和事。西南政法大学在 2020 年开设高端法治人才联合培养试点班，实行校内导师与校外导师共同指导的"双导师制"。[2] 中国政法大学法硕学院对"双师制"进行了有益探索，取得了良好教学效果。以"双师制"模拟法庭为例，其授课模式以校内专任教师统领，辅之以不同领域的多位法官或律师身份的校外导师主讲不同方向的模拟实战，如下表 1 所示，既保证了课程体系化和统一性，又最大程度兼具

---

〔1〕　徐晓颖：《法律专业学位研究生的实践教学改革——以北京大学法律硕士（非法学）项目为例》，载《法学教育研究》2019 年第 4 期。
〔2〕　参见西南政法大学研究生院官网：https://yjsy.swupl.edu.cn/ggtz/284894.html，最后访问日期：2022 年 1 月 10 日。

实践性和专业性。通过调研了解，学生对"双师制"教学模式认同度非常高。

表 1 中国政法大学法律硕士学院"双师制"

《模拟法庭、模拟仲裁庭与模拟调解》课程任务书

课程名称	性质	课时	学分	授课人	周次	课程方向
模拟法庭、模拟仲裁庭与模拟调解	必修	48	3	校内教师	1	自主
				校内教师/校外教师 A	2~3	民诉
				校内教师/校外教师 B	4~5	刑诉
				校外教师 C	6	行政诉讼
				校内教师/校外教师 D	7	仲裁
				校外教师 E	8	调解
				校内教师	9~12	自主

"双师制"的推行离不开合理的校外导师选聘办法、考核标准和推出机制，详细内容见表 1 所示。

其一，探索校外导师选聘办法，从源头上保证校外导师的教学质量。校外导师的选聘总体上应把握"师德师风合格+理论基础扎实+实务经验丰富"的标准，基于多元化实践教学课程体系的设置，在校外导师的选聘上，还应当覆盖更多的职业领域和职业方向。

具体来讲，首先，校外导师应具有基本的道德素养和良好的行为作风，"师德师风建设应该是每一所学校常抓不懈的工

作"。[1] 其次，为了保证选聘校外导师的理论功底扎实、实务经验丰富，可以从学历、执业年限、学术成果三个方面来量化。比如，校外导师应具有相关学科硕士研究生或者博士研究生学历，有五年以上实际工作经验，近几年在本职工作领域有公开发表的学术论文、调研报告或在实际工作中形成的其他成果，专业能力足以胜任硕士研究生的教学指导工作。再次，校外导师的职业领域除了法官、检察官、执业律师，还可以考虑公安机关的人员、公司的法务人员等从事法律实务工作的人士。校外导师的职业方向既有刑法方向、民商事法律方向又有行政法方向等。校外导师的数量尽量充足才能满足多元化实践教学课程体系的需求。最后，在校外导师选聘程序上建立双向选择机制。法律实务单位进行推荐或者校外法律实务人士本人自荐，法学院校根据需要也可以向特定法律实务单位或校外法律实务人士发出邀请。法学院校综合评估校外导师的职业道德、学历、职业年限、学术成果、职业领域、职业方向、社会评价等因素，最终选定校外导师，校外导师应当采用聘用制，可以拟定聘期为三年至五年。

其二，设定校外导师的考核标准，建立退出机制，有利于保证校外导师的教学质量和教学效果。

良性运行的教学体系应该对授课教师设定合理的考核标准，无论对校内专任教师还是对校外导师均是如此。尽管校外导师基于公益和对学生培养的热情受聘参与实践教学，但由于校外导师时间、精力的限制或教学经验的欠缺等原因，可能出现不能达到教学要求的情况。对校外导师的考核标准应当为"师德师风+教

---

[1] 习近平：《在北京大学师生座谈会上的讲话》，载《人民日报》2018 年 5 月 3 日，第 2 版。

学质量"。法学院校要进一步健全学生对于校外导师意见反馈渠道，对出现较多负面反馈的校外导师进行解聘。法学院校可以定期向学生开展对校外导师教学质量的满意度调查，并将其作为校外导师教学质量的重要参考。法学院校可以对满意度较低的校外导师提出提升教学质量的建议或辅导，对经过调整仍无法达到教学要求的校外导师建议退出。在校外导师聘期内，如果出现严重的教学质量问题甚至发生教学事故，则应要求校外导师退出实践教学。校外导师聘期届满时，根据其在聘期内的教学质量和综合评价确定是否续聘。为了激励校外导师教学与指导学生的积极性，可按年度开展优秀校外导师评选工作，对表现突出的校外导师予以表彰。

结 语

新时代背景下如何深化法律硕士实践教学改革，推动我国高校的法学教育实践教学更加实质化、体系化是一项系统工程。高校作为法治人才培养和输出的重要阵地，应立足于我国经济社会发展所处的新方位，适应国家及社会各行业对法治人才的需求。在以卓越法治人才为要求的当下，对法律实践教学体系进行重构，进而构建法律实践教学的一体化渐进模式并非易事。法律硕士实践教学改革的道路漫长，要循序渐进地引导学生从传统理论学习向实践学习的过渡，在培养过程中着重实践能力和职业能力的培养，最终实现应用型、复合型法律人才的培养目标。

耶林对法学的戏谑与认真

——德国法学教育史上的重要一页

◎张焕然[*]

摘　要： 德国法学家耶林在 1884 年出版了《对法学的戏谑与认真——给法学读者的圣诞礼物》一书，这一事件在德国法学教育史上具有划时代的意义。该书运用书信体、对话体等多样的文体以及戏仿、反讽等丰富的修辞对 19 世纪的德意志法学展开了戏谑，同时也认真地提出了多项改革建议。耶林认为当时的多数理论著作仅关注法律规则是否符合体系和逻辑，而不顾其能否在实践中适用或适用后的结果是否合理。他将具有这一特征的法学命名为"概念法学"。为了防止概念法学继续蔓延，耶林的其中一项改革建议即为"将案例研习课设为法学院的必修课"，以便用具体实例去弥补抽象思

---

* 张焕然，德国波恩大学法学博士，中国政法大学民商经济法学院讲师。

维的缺失、以决疑式思维来检验先验式建构的正当性。该建议在德国后来的法学教育改革中得以实现。如今，案例研习不仅是德国法学院的必修课，而且也越来越受到中国法学院的重视。凭借该书，耶林成为德国法学教育改革的重要推动者和法律与文学运动的先驱。

关键词：耶林　法学教育　案例研习　概念法学　法律与文学

导　言

近年来，德国的法学教育模式越来越受到我国学者的关注。[1] 如果说我们此前对德国法的继受仅限于其法典和教科书，那么现如今我们所继受的范围即已深入到了其课程设置与教学方式，其中最受人瞩目的就是德国的"（鉴定式）案例研习"。短短几年间，这一德式案例研习就从几大政法院校的暑期课程跃升成为众多法学院的必修课。在此背景下，德国教授编写的案例研习教材也陆续被引进我国，[2] 以此类案例研习为主题的写作比赛亦逐年举办。[3]

然而在引进德式案例研习的过程中，一个重要的前置性问题似乎被有意无意地忽略了，即德国人为什么要把案例研习课作为法学院的必修课？要知道，在 19 世纪末、20 世纪初之前，德国

---

〔1〕　例如参见葛云松：《法学教育的理想》，载《中外法学》2014 年第 2 期；吴香香：《德国法学教育借镜》，载《中国法学教育研究》2014 年第 2 期；卜元石：《德国法学与当代中国》，北京大学出版社 2021 年版。

〔2〕　截至目前，北京大学出版社与中国法制出版社出版的德国法案例研习系列包括《德国民法总则案例研习》《德国债法分则案例研习》《德国物权法案例研习》《德国继承法案例研习》《德国商法案例研习》《德国公司法案例研习》等。

〔3〕　首届全国鉴定式案例研习大赛获奖作品现已结集出版，即于飞主编：《鉴定式案例研习：首届全国大赛优秀作品暨会议实录》，中国政法大学出版社 2021 年版。

各州都尚未把案例研习课规定为必修课，彼时只有少数法学家自愿开设这类练习课。换言之，作为必修课的案例研习课在德国也不过只有百年多的历史。那么，是谁最早提出这样的改革建议？他是在什么背景下提出这些建议的？他又给出了什么理由呢？

以上所有问题都指向了 1884 年出版的一部经典著作《对法学的戏谑与认真——给法学读者的圣诞礼物》。[1] 该书的作者正是我国法学界并不陌生的鲁道夫·冯·耶林（Rudolf von Jhering，1818—1892）。

目前，尽管耶林的《为权利而斗争》、缔约过失理论、占有学说、法人学说、人格权学说等均不断受到重视，[2] 但他在法学教育方面的力作《对法学的戏谑与认真——给法学读者的圣诞礼物》却仍未得到应有的关注。该书的特殊之处有三：第一，其成书时间约有四分之一个世纪，为什么耶林会为了一本小书花费如此多的精力？它与耶林同时期的其他作品有何关联？第二，该书一改耶林以往作品的严肃风格，而采用书信体、谈话体等文学形式来展开论述，其用意何在？第三，"耶林的思想发生过何种变

---

〔1〕 该书首版于 1884 年，1891 年第 4 版为最后增订版，本文引用的版本是 1924 年重印的第 13 版，即 Rudolf von Jhering, Scherz und Ernst in der Jurisprudenz. Eine Weihnachtsgabe für das juristische Publikum, 13. Aufl., Leipzig: Breitkopf und Härtel, 1924。若无特别说明，本文所指的"原著"均指该书德文第 13 版，详细的版本考证见下文。

〔2〕 例如杜如益：《"法律的斗争"抑或"为权利而斗争"——耶林本意的探求与百年汉译论争考辨》，载《中国政法大学学报》2018 年第 2 期；张金海：《耶林式缔约过失责任的再定位》，载《政治与法律》2010 年第 6 期；柯伟才：《耶林的占有构成理论》，载梁慧星主编：《民商法论丛》（第 52 卷），法律出版社 2013 年版，第 317~357 页；仲崇玉：《耶林法人学说的内涵、旨趣及其对我国法人分类的启示》，载《法学评论》2016 年第 5 期；李君韬：《法学建构与十九世纪的人格权论述——对耶林〈对抗侵辱行为的法律保障〉之解析》，载舒国滢主编：《法理》（第 2 卷），商务印书馆 2018 年版，第 130~160 页。

化"也是学者们一直以来的争议重点,[1] 那么耶林本人对此是什么看法？后期的耶林为什么要批判概念法学并主张将案例研习作为必修课？

由于汉语法学界先前较少论及此书,[2] 因此下文在简单介绍该书的基本情况之后（第一部分）即首先概括该书的内容，与此同时亦关注其与耶林其他作品之间的联系，并找出贯穿全书的主线（第二部分）。在此基础上再来回答"为什么耶林会选择用文学形式撰写该书""什么是耶林反对的概念法学"以及"耶林的思想发生了何种变化"这三个问题，以澄清过去的一些误解（第三部分）。解答了后面两个问题，案例研习的重要意义也就跃然纸上了。

一、《戏谑与认真》的书名和版本

（一）书名译法

耶林曾说，他十分重视文章或书的标题，因为一个好的标题往往能够吸引读者，从而为作者赢得知名度。[3] 这一点同样适用于标题的翻译：一个好的译名往往可以增加原作者在外国读者中的影响力。在我国法学界，本书已有不少译名，哪一个较为妥当呢？如果这些译名均存在一定问题，那么就应当"另起炉灶"。

---

〔1〕 对此参见吴从周：《概念法学、利益法学与价值法学——探索一部民法方法论的演变史》，中国法制出版社 2011 年版，第 56 页、第 150 页。

〔2〕 略微提及该书的，例如参见李建良：《戏虐与严肃之间：耶林的法学世界》，载《月旦法学杂志》2001 年第 75 期；吴从周：《概念法学、利益法学与价值法学——探索一部民法方法论的演变史》，中国法制出版社 2011 年版，第 102 页；张世明：《再思耶林之问：法学是一门科学吗？》，载《法治研究》2019 年第 3 期；舒国滢：《法学的知识谱系》，商务印书馆 2020 年版，第 1013 页。

〔3〕 参见原著第 126~127 页。

　　该书的主标题为"Scherz und Ernst in der Jurisprudenz"。其中"Scherz"作为名词是"玩笑""笑话"的意思，"Ernst"作为形容词的含义则是"严肃的""认真的"，而在这个标题中，后者被耶林用作名词，意为"严肃的东西"。因此，该标题直译应当是"法学中的玩笑话与严肃事"。与此不同，目前较为常见的一个译名是"法学上的诙谐与严肃"。[1] 但问题在于，"诙谐"与"严肃"在汉语中均为形容词，严格来说这个译名并不符合中文语法。

　　实际上该书分为四个部分。根据全书的内容可知，前三个部分都是在用"诙谐"的话开法学的玩笑，汉语里有一个非常合适的词与之对应，即"戏谑"；第四部分则是在"严肃认真"地探讨如何改善当时的法学教育。基于此，该标题另一个常见的译名是"法学的戏谑与认真"。[2] 但此译名仍有问题，因为它很可能被误解成"法学这门学科在戏谑什么或认真什么"。

　　其实在笔者看来，只要在这个译名前加上一个"对"字就能十分贴切地传达出原著的精神，因为耶林在该书里所做的正是"对法学的戏谑与认真"。同时，这样的意译也符合中文的语法，不会造成歧义。

　　另据杨仁寿先生的考证，日本法哲学家碧海纯一（1924—2013）将该书标题译为"法学戏论"。杨先生称该译名"颇为传

〔1〕　参见吴从周：《概念法学、利益法学与价值法学——探索一部民法方法论的演变史》，中国法制出版社2011年版，第102页、第553页；舒国滢：《法学的知识谱系》，商务印书馆2020年版，第1013页。
〔2〕　参见［德］鲁道夫·冯·耶林：《法学的概念天国》，柯伟才、于庆生译，中国法制出版社2009年版，第7页、第33页。

神",遂予以接受。[1] 然而正如耶林自己在初版前言中所提醒的,假如读者只看到他在"戏谑",那么就恰好忽略了此书的宗旨,因为全书的落脚点始终都是对法学"认真"——"戏谑"的目的。[2] 因此,虽然"戏论"的译法的确"颇为传神",但仍不足取。

综上所述,可供选择的书名译法有二:或者是直译成"法学中的玩笑话与严肃事",或者是意译成"对法学的戏谑与认真"。笔者认为,在中文的语境下,后者更符合耶林的本意,因此在书名的翻译上取此译法。[3] 为了论述的便利,下文亦将其简称为《戏谑与认真》。

(二)版本考证

1. 各版的变化

《戏谑与认真》的德文第 1 版于 1884 年 12 月出版,正好赶上当年的圣诞节,因此耶林将副标题取为"给法学读者的圣诞礼物"(Eine Weihnachtsgabe für das Juristische Publikum)。有趣的是,时任德意志帝国宰相的俾斯麦也是众多读者中的一位,因为据耶林本人回忆,他在 1885 年代表哥廷根大学授予俾斯麦荣誉法学博士学位时顺便把自己的这本新书送给了曾经在哥廷根学过

---

〔1〕 参见杨仁寿:《法学方法论》(第 2 版),中国政法大学出版社 2013 年版,第 42 页、第 64~65 页、第 102 页。

〔2〕 参见原著第 VI 页。

〔3〕 这一译法此前即已被笔者所采用,并且也得到了学界一定程度上的认同。对此参见 [德] 沃尔夫冈·费肯杰、乌尔里希·辛默曼:《耶林对私法教义学与方法论的影响》,张焕然译,载《中国政法大学学报》2019 年第 1 期;[奥] 恩斯特·A. 克莱默:《法律方法论》,周万里译,法律出版社 2019 年版,第 130 页。实际上在书名的翻译上,其他语种的译本亦在一定程度上采取了意译,例如法文版译成 "Satires et Vérités"(讽刺与真相),详见文末法译本书名。

法律的俾斯麦。[1]

很快该书就有了第 2 版和第 3 版，但这两个版本其实是第 1 版的逐字重印，不能算修订再版。有实质增订的只有 1891 年的第 4 版。在该版中，耶林在附录里对第二部分的第二幕和第三幕做了补遗，使得原书正文从 383 页增加到了 425 页。

该书的第 5 版到第 7 版都是对第 4 版的重印。直到 1899 年的第 8 版，出版社才在书后增加了三页"关键词索引"（Register），使之扩充到 428 页，如下表 1 所示，此后的第 9 版到第 13 版亦在重印第 4 版的同时保留了第 8 版增加的索引。[2]

表 1 《戏谑与认真》德文各版

德文各版	内容变化
1. Aufl. 1884.（1884 年第 1 版）	正文共 383 页
2. Aufl. 1885.（1885 年第 2 版）	重印第 1 版
3. Aufl. 1885.（1885 年第 3 版）	重印第 1 版
4. Aufl. 1891.（1891 年第 4 版）	增补第 4 版正文的遗漏，正文共 425 页
5. Aufl. 1892.（1892 年第 5 版）	重印第 4 版
6. Aufl. 1892.（1892 年第 6 版）	重印第 4 版
7. Aufl. 1898.（1898 年第 7 版）	重印第 4 版
8. Aufl. 1899.（1899 年第 8 版）	重印第 4 版，并新增 3 页索引，共 428 页

---

〔1〕 Vgl. Rudolf von Jhering über seinen Besuch bei Otto von Bismarck, Nachrichten der Gießener Hochschulgesellschaft 30（1961），S. 148.

〔2〕 到第 13 版为止，该书均由莱比锡的布莱特考普夫与哈特尔出版社（Breitkopf und Härtel）出版。

续表

德文各版	内容变化
9. Aufl. 1904. （1904 年第 9 版）	重印第 4 版，保留索引，共 428 页
10. Aufl. 1909. （1909 年第 10 版）	重印第 4 版，保留索引，共 428 页
11. Aufl. 1912. （1912 年第 11 版）	重印第 4 版，保留索引，共 428 页
12. Aufl. 1921. （1921 年第 12 版）	重印第 4 版，保留索引，共 428 页
13. Aufl. 1924. （1924 年第 13 版）	重印第 4 版，保留索引，共 428 页

2. 重印或再版

在 1924 年第 13 版之后，该书德文版在很长时间内都没有再重印。直到 1964 年，德国的几家出版社又开始重印，但未增加版次，而是写明重印第 13 版。例如，位于达姆施塔特（Darmstadt）的科学图书出版公司（Wissenschaftliche Buchgesellschaft）分别于 1964 年、1975 年、1980 年、1988 年和 1992 年重印了该书的第 13 版。[1]

值得注意的是，在《戏谑与认真》首版 125 周年之际，位于奥地利维也纳的林德出版社（Linde）亦将其再版。[2] 但此次再版与此前均有所不同，因为其并未采取重印的方式，而是将原著中的花体字（Frakturschrift）全部替换成了现代罗马字体。很明显，此举意在扩大读者群——毕竟现在只有少数专门从事学术研究的人才能（更准确地说是愿意去）阅读花体字。然而令人匪夷所思的是，此版主编尽管承认该书中存在印刷错误，但在再版时

---

[1] Rudolf von Jhering, Scherz und Ernst in der Jurisprudenz, 13. Aufl. Leipzig 1924 (Neudruck Darmstadt 1964, 1975, 1980 und 1992).

[2] Rudolf v. Jhering, Scherz und Ernst in der Jurisprudenz, neu hrsg. von Max Leitner, Wien: Linde, 2009.

却依然只字不改，而且也不加注说明，理由是这样才能与原版对应，便于读者引用。[1] 林德出版社所选的底本居然是 1884 年的第 1 版，而非经耶林最后增订的第 4 版（或其后的任何一个版本），因此在耶林研究方面的价值大打折扣。

二、《戏谑与认真》的主要内容

（一）第一部分：《一位不知名人士关于当今法学的秘密来信》

1. 写作背景与写作计划

1859 年 1 月 1 日，作为吉森大学法学院审判团成员的耶林为一个一物二卖的案子撰写了鉴定意见。[2] 在这份鉴定意见中，他收回了自己 15 年前的观点，即当标的物因意外事故灭失时，出卖人对两个买受人均享有价金请求权。[3] 他的法感告知他，这一结论是不合理的，因此他在鉴定中着力论证了出卖人此时仅有权获得一次价金。[4] 同年，耶林在自己主编的《年刊》上发表了一篇论文，该文正是以此案作为切入点，所得出的结论与上述鉴定意见相同，但是在论证上更为详尽。[5] 1860 年，耶林又以实务中的一个案子为出发点，反驳了当时关于种类物买卖风险

---

[1] Vgl. Leitner, Vorwort, in: Jhering, Scherz und Ernst in der Jurisprudenz, 2009, S. e.

[2] 这份鉴定的手稿现已被整理出版，即 Gutachten Rudolf Jherings, erstattet in der Rechtssache Pow & Fawcus gegen Brockelmann am 1. Januar 1859, abgedruckt in: Inge Kroppenberg, Die Plastik des Rechts, 2015, S. 60–87.

[3] Vgl. Jhering, Abhandlungen aus dem römischen Recht, 1844, S. 59, 71.

[4] Vgl. Gutachten Rudolf Jherings, in: Kroppenberg, Die Plastik des Rechts, 2015, S. 77, 81 ff.

[5] Jhering, Beiträge zur Lehre von der Gefahr beim Kaufkontrakt I. Über den Sinn des Satzes: Der Käufer trägt die Gefahr, mit besonderer Beziehung auf den Fall des mehrfachen Verkaufs, JherJb 3 (1859), S. 449–488. 对此参见耶林在原著第 339 页脚注里的说明。

转移的权威理论"分离说",并提出了自己的"送交说"。[1] 在以这两篇论文批判风险转移理论的同时,耶林还注意到,根据当时关于实质错误的通说,许多案件的处理结果均违背了法感。因此,他结合自己的方法论建构了一种全新的理论,即如今我们所熟知的"缔约过失"。[2]

由此可见,自 1859 年起,耶林即以学术论文的形式对当时的法学展开批判,尤其是对罗马(私)法学。正是在这个时间节点上,德意志法学家大会(Deutscher Juristentag)于 1860 年成立,耶林是第一届会议的成员之一。[3] 法官希尔泽门策尔(Karl Christian Eduard Hiersemenzel,1825—1869)在 1859 年创立的《普鲁士法院报》(Preußische Gerichtszeitung)随即成为德意志法学家大会的机关报。从 1861 年起,该报更名为《德意志法院报》(Deutsche Gerichtszeitung)。当时,因《罗马法的精神》[4] 前三卷而走红的耶林自然就成了希尔泽门策尔的约稿对象。于是,耶林就利用了这次机会继续他的学术批判,只不过形式发生了变化——这一次他采用的是书信的形式。因为在他看来,以学术形

---

〔1〕 Jhering, Beiträge zur Lehre von der Gefahr beim Kaufkontrakt II. Beim Verkauf generisch bestimmter Gegenstände geht die Gefahr nicht mit der Ausscheidung, sondern mit dem Moment über, wo der Verkäufer seinerseits Alles getan hat, was ihm kontraktlich oblag, JherJb 4 (1860), S. 366–438.

〔2〕 Jhering, Culpa in contrahendo oder Schadensersatz bei nichtigen oder nicht zur Perfektion gelangten Verträgen, JherJb 4 (1860), S. 1–112. 中译本为 [德] 鲁道夫·冯·耶林:《论缔约过失》,沈建峰译,商务印书馆 2016 年版。该文的准确发表时间应当是 1860 年,而非后来《耶林年刊》第四卷封面上所印的 1861 年,对此参见 Schanze, Culpa in contrahendo bei Jhering, Ius Commune 7 (1978), S. 333 f.

〔3〕 Vgl. Stölzel, Jhering und der Juristentag, DJZ 15 (1910), Sp. 904.

〔4〕 《罗马法的精神》(Geist des römischen Rechts) 第 1 版的出版时间如下:第一卷(I)出版于 1852 年、第二卷(II/1)出版于 1854 年、第三卷(II/2)出版于 1858 年、最后一卷即第四卷(III)出版于 1865 年。

式对错误的理论观点加以批判固然重要，但讽刺的手段亦颇具效果，[1] 而匿名信正是这一手段的绝佳载体。[2] 就这样，耶林正式开启了他的双线作战模式。

按照耶林的计划，他原本是打算写十二封信的，这些信将依次涉及当时的德意志法学所出现的问题、这些问题的成因以及解决的办法等。[3] 但是计划赶不上变化，在他写完第六封信之后，这个系列就结束了。

2. 第一封信和第二封信

在 1861 年发表的第一封信里，耶林首先交代了他为什么要选择书信的形式来表达自己的观点。一方面，当时已有不少学科成了书信的讨论对象，唯独法学没有；另一方面，当时的法学著作相当抽象、食之无味，而书信的形式恰好可以带来趣味。[4] 紧接着，他就开始嘲讽起流行于当时德意志民法学界的"建构方法"。首当其冲的是耶林自己在《罗马法的精神》第三卷中关于"法学建构"（Juristische Konstruktion）的论述。[5] 其次他又举了几个建构实例并对此加以戏谑，这些建构包括：把债定义成"在债务人行为之上的权利"，将遗产理解为"对被继承人人格的继承"，将旧屋顶、剧院门票和胎儿均纳入"法人"的概念之中，将自由解释成"在人身体之上的所有权"，以及把质权当作是"物在负担债务"等。[6] 最后，耶林用反讽的手法揭示出，建构

〔1〕　参见原著第 341 页。
〔2〕　例如孟德斯鸠的《波斯人信札》即为一部匿名书信体讽刺作品，耶林显然读过此书，详见下文。
〔3〕　参见原著第 72 页。
〔4〕　参见原著第 3~4 页。
〔5〕　参见原著第 7 页。
〔6〕　参见原著第 8~15 页。

破坏了许多概念在私法体系中原本所处的位置。[1]

第二封信同样发表在 1861 年。从这封信开始，耶林越发把自己伪装成一名实务人士。他先是虚构了自己在大学里如何学习罗马法：尽管同学们都觉得学说汇纂课很无聊，但他却非常享受。[2] 然而，当他读到甘斯和胡施克对一条相当简单的罗马法规则所做的解释时，他就几乎放弃了要当一个理论家。[3] 而彻底打破他人生理想的则是拉萨尔的《既得权体系》，因为该书所体现出的思辨水平比胡施克还要高。[4] 在这封信的结尾，耶林借用《魔鬼的迷魂汤》这部小说里的情节讽刺拉萨尔是自己的分身，而这个分身正是因为丢掉了理智才能达到那种思辨高度。[5]

3. 第三封信和第四封信

第三封信发表于 1862 年。需要注意的是，耶林在这一年还写了一篇关于所有权限制的论文，批判那种先验的、无限制的所有权概念，[6] 该书的第三部分还论及这一点。[7] 在第三封信的开头，耶林为自己作了一番辩护。在他看来，他在上一封信里所反对的并不是思辨方法本身，而是将这种方法运用到法学领域时所产生的错误，例如一味从理性中推演出法律规则，却不顾其与史实是否相符。[8]

---

〔1〕 参见原著第 16~17 页。
〔2〕 参见原著第 18~19 页。
〔3〕 参见原著第 20~24 页。
〔4〕 参见原著第 26~32 页。
〔5〕 参见原著第 26 页、第 33~34 页。
〔6〕 Jhering, Zur Lehre von den Beschränkungen des Grundeigentümers im Interesse der Nachbarn, JherJb 6 (1862), S. 81-130. 对耶林所有权理论的详尽考察，参见 Chun-Tao Lee（李君韬），Jherings Eigentumsbegriff, 2015.
〔7〕 参见原著第 304 页及该页第二个较长的脚注。
〔8〕 参见原著第 36 页。另可参见第 191~194 页。

接着，耶林为之后的几封信定下了一个主题，即"理论和实践在当前的关系"。他认为，基于劳动分工律，理论与实务的分离是不可避免的，实务人士参考理论家的工作成果是无可厚非的；然而，如果实务工作者毫无反思地把理论著作直接当成断案依据，那就有问题了，因为当时的权威教科书所提出的许多理论都是无法在实践中适用的。[1]

在第三封信剩余的篇幅以及次年发表的第四封信里，假扮成实务工作者的耶林先是描述了自己在大学的理论型考试里有多么成功，[2] 然后又讲述了自己在司法实践中是多么失败。这一强烈的反差使其最后意识到："必须放弃对理论的信仰，在运用它时才不会有风险"。[3] 具体而言，耶林用三个案子形象地说明了当时的理论在实践上是难以适用的，所以自己才会遭受失败。

第一个案子与借款理论及负债原因理论有关：根据普赫塔的理论，债权人如果想通过诉讼的方式让债务人还款，就必须证明自己对借出的钱是享有所有权的，或者是证明债务人已经用掉了这些钱，但这样的证明要求是极不合理的。[4] 此外，以施莱辛格为代表法学家们均主张，只有在当事人明确表达出负债的原因时才能认定债的成立。然而考虑到尊重意思自治和方便实务操作等方面的因素，耶林以反讽的方式表达出自己更赞同贝尔（Otto Bähr）的观点，即单纯的债务承认也应当产生债。[5] 这一无因

---

〔1〕　参见原著第38页。
〔2〕　参见原著第44~48页。
〔3〕　参见原著第54页、第57页、第104页。
〔4〕　参见原著第50页。
〔5〕　参见原著第51~53页。耶林对贝尔的赞同意见亦可参见 Jhering, Vortrag über den Anerkennungsvertrag（stenographische Berichte），Verhandlungen des 8. Deutschen Juristentages 1869, Bd. 2, 1870, S. 94–111.

债权理论此后逐渐成为通说，并被《德国民法典》第 781 条所规定。

第二个案子与一般抵押理论有关。根据当时的主流学说，如果债务人先后为多个债权人设立一般抵押，那么为了确定每个债权人对债务人的哪些财产享有优先受偿权，非债务人本人就必须要证明债务人具体是在哪一天获得这些财产的。很显然，这是相当难证明的；即使能够证明，那也是十分烦琐的。[1]

第三个案子与占有理论有关。众所周知，萨维尼在 1803 年出版了《论占有》。该书中他提出"所有权人意思"（Animus Domini）是构成"占有"的必备要素，而对物的单纯体控则只能构成"持有"。[2] 在 19 世纪中期以前，这种观点一直是绝对的通说。然而耶林认为，在实际的占有妨碍之诉中，要占有人去证明自己的"所有权人意思"是很困难的，萨维尼的理论恰恰忽视了诉讼中的证明问题。[3] 正因如此，后来耶林才写出了《论占有保护的根据》和《占有意思》这两部专著去批判这一通说。[4]

4. 第五封信和第六封信

在揭示了理论无法适用于实践的现象之后，耶林本来打算继续这一话题，紧接着论述这一现象的成因及其解决方案。[5] 但在这个时候，司法顾问弗科马（Leopold Volkmar）却为当时即将召开的第四届德意志法学家大会提交了一份议案，议题涉及法学课程与考试的改革。这就逼着耶林对此发表意见，于是他就写了

---

〔1〕 参见原著第 60~62 页。

〔2〕 Vgl. Savigny, Das Recht des Besitzes, 1803, S. 189.

〔3〕 参见原著第 64~68 页。

〔4〕 Vgl. Jhering, Über den Grund des Besitzschutzes, 2. Aufl. 1869, S. VIII; ders., Der Besitzwille, 1889, S. VI, XIV.

〔5〕 参见原著第 100 页、第 104 页。

第五封信。实际上由该书的第四部分可知，改革法学课程与考试在耶林的解决方案中占据极为重要的地位，[1] 只不过按照他原本的写作计划，他必须先揭示问题的成因，才可以对症下药。因此，尽管针对弗科马改革提案的第五封信（1863 年）发表在第六封信（1866 年）之前，但在概述二者的内容时，应先关注逻辑上承接前几封信的第六封信。[2]

在第六封信中，耶林继续对当时的罗马法文献展开嘲讽。他讽刺那些闲不住的理论家把一星半点的思想写成了巨著、讽刺那些没有自己观点的人不断重复着中世纪以来的罗马法研究。[3] 他认为，只有把这些人写的东西都暴露在公众面前，让大家都捧腹大笑，以后才不会再有人重蹈覆辙。[4] 这里暗含了全书的题眼，即 "对于某个病态的观点，只要笑过一次，就会永远免疫。"[5]

那么，为什么这些理论著作会变成这样呢？耶林认为，德意志大学的传统体制是难辞其咎的。根据这一体制，若要成为法学院终身任职的教授，写完博士论文之后的编外讲师还要再发表一篇教授资格论文。它在客观上导致了这样一种结果，即只要是能出版教授资格论文的人，无论其论文质量有多差，都可以当教授。[6] 在这一学术体制下，那些从未接触过法律实务的编外讲师们就会埋头于罗马法源，而忽略生活实践。[7] 耶林认为，只

〔1〕　参见原著第 366~379 页。
〔2〕　这也是耶林的本意，参见原著第 104 页："还记得我的第四封信吗？现在的这封信（指第六封信——引者注）就是紧接着它的。"
〔3〕　参见原著第 98 页、第 104~105 页、第 109~112 页。
〔4〕　参见原著第 101~103 页。
〔5〕　参见原著第 100 页。
〔6〕　参见原著第 106 页。
〔7〕　参见原著第 112~113 页。

有规定"书本权"和"写作权"才能防止编外讲师和教授写出来的书变得有害。当然，他生造的这两个权利是在戏仿古罗马的"孩子权"和"解答权"。[1]

现在再回过头看第五封信。如上所述，这封信是为了回应弗科马的提案而写的。在法学课程改革方面，弗科马建议增设几门理论课（例如文本分析、法学文献史等），并开设"法律诊所"这门实务课，同时将学制延长至四年；在法学考试改革方面，弗科马主张将大学里的考试减少到唯一的一场。[2] 对于这些建议，耶林既有认同、也有反对。

耶林赞同在大学里开设法律诊所这门课，而且还提出了完善的建议。他认为，法学也应当学习医学的做法，通过道具室来辅助直观教学。假如老师没有用不同的道具来代表不同的法律客体，那么法律关系的抽象性就不容易为初学者所理解。[3] 循着这一思路，耶林建议每所大学都应当建立"法学演示品陈列室"（Juristisches Demonstrationskabinet）或者叫"法律博物馆"（Juristisches Museum）。这一机构应设有两个分部：一是"客体陈列室"（Objektenkabinet），用于收纳法律客体，且主要是动产；二是"主体陈列室"（Subjektenkabinet）或者叫"研究所"（Institut），用于聘请各类法律主体，目的是让其表演出各种不同的法律关系。[4] 实际上早在 1847 年，耶林就已经在其《民法案例集》的前言中表达过类似的观点了，即必须通过具体的事物去记

---

〔1〕 参见原著第 114~116 页。

〔2〕 参见原著第 70~71 页。

〔3〕 参见原著第 81~82 页、第 91 页。

〔4〕 参见原著第 82~88 页。

忆抽象的规则，这样的记忆才会深刻。[1]

对于弗科马的其他几个提案，耶林均表示反对。首先，耶林认为增设理论课只会让理论所导致的问题变得更加严重；反之，法学课程必须是实践性质的。[2] 其次，耶林也不同意将学制从三年延长到四年，因为这只会让差生更加获益，同时还会打击优秀学生的学习积极性。[3] 最后，耶林极力反对将考试减少到一场的做法；相反，他认为考试应当增加，甚至是各行各业的法律人都要不定期地参加考试。后面这个建议当然是夸张的说法，但耶林的核心观点始终是：正确的考试形式能够确保考生掌握必要的知识，既然知识会遗忘，那么就一直都要有考试。[4]

值得一提的是，耶林在这两封信之间的空档期内也并没有停止思考，其成果就是 1865 年出版的《罗马法的精神》第四卷——毕竟严肃的学术著作才是他进攻的主要武器。在该书的第六十章中，耶林将矛头指向了关于权利的意思理论。相应地，他提出了自己的利益理论。[5]

（二）第二部分：《一位罗马法学者的闲谈》

1. 写作背景与写作计划

在写完上述第六封信之后，耶林经历了丧妻之痛。或许是因为这个原因，他再也没有心情去摘录那些"让人笑到肚子疼"的

---

[1] Vgl. Jhering, Civilrechtsfälle ohne Entscheidungen, 1847, S. IX.
[2] 参见原著第 78~79 页。
[3] 在这封信里，耶林没有来得及对此发表看法，这是该书第四部分里给出的理由，参见原著第 369~370 页。
[4] 参见原著第 92~96 页。
[5] Vgl. Jhering, Geist des römischen Rechts, III/1, 1865, § 60, S. 307 ff.

法学名言了。[1] 在发表了《罗马私法中的过错要素》[2] 一文之后，耶林于次年离开了任教了近 16 年的吉森大学，去往维也纳大学，其就职演讲为《法学是一门科学吗?》。[3]

在维也纳大学任教的 4 年里，他同样深受学生们的欢迎。在此期间，他又发表了三篇极有分量的教义学论文，分别是《论占有保护的根据》[4] 《法律事实对第三人的反射效力或反作用力》[5] 以及《权利的消极效力》。[6] 正是在这段时期，耶林在心中酝酿了一部更大的作品，即《法律中的目的》（ Der Zweck im Recht)。然而维也纳的生活过于充实，他用于写作的时间比先前要少得多，这让他不得不考虑搬到一个更安静的城市。[7] 耶林选择了他的母校哥廷根大学，而哥廷根也成为他人生的最后一站。

1872 年 3 月 11 日，在即将离开维也纳之际，耶林应维也纳法律协会之邀做了一次告别演讲，题目为《为权利而斗争》。同

---

〔1〕　这是耶林在第六封信末尾所做的承诺，参见原著第 112 页、第 117 页。

〔2〕　中译本为 ［德］ 鲁道夫·冯·耶林：《罗马私法中的过错要素》，柯伟才译，中国法制出版社 2009 年版。

〔3〕　该就职演讲已有中译本，即 ［德］ 鲁道夫·冯·耶林：《法学是一门科学吗?》，李君韬译，法律出版社 2010 年版。

〔4〕　Jhering, Beiträge zur Lehre vom Besitz. Erster Beitrag: Der Grund des Besitzschutzes, JherJb 9 (1868), S. 1–196. 该论文于次年经增订后作为单行本出版，即 Jhering, Über den Grund des Besitzschutzes, 2. Aufl. 1869.

〔5〕　Jhering, Die Reflexwirkungen oder die Rückwirkung rechtlicher Tatsachen auf dritte Personen, JherJb 10 (1871), S. 245–354.

〔6〕　Jhering, Passive Wirkungen der Rechte. Ein Beitrag zur Theorie der Rechte, JherJb 10 (1871), S. 387–586.

〔7〕　这一原因是耶林告诉他儿子赫尔曼·冯·耶林的，对此参见 Hermann von Jhering, Erinnerungen an Rudolf von Jhering, in: Helene Ehrenberg (Hrsg.), Rudolf von Jhering in Briefen an seine Freunde, 1913, S. 452.

年 7 月，经耶林修改扩充的同名著作发表。[1] 实际上，《为权利
而斗争》是其五年后出版的《法律中的目的》第一卷的其中一部
分，在体系上应归属于"利己式自我维护"中的"法律层面的自
我维护"，[2] 只不过耶林将前者先行发表而已。因此，任何脱离
《法律中的目的》去谈《为权利而斗争》的做法均在一定程度上
有失偏颇。

耶林离开维也纳的消息不仅催生了《为权利而斗争》，而且
还催生了《法律中的目的》的第二部分。1872 年初，维也纳的
《法学报》（Juristischen Blätter）恰逢创刊。正是在耶林做完《为
权利而斗争》这一报告的当晚，维也纳法律协会在酒店举办了晚
宴，为耶林践行。[3]《法学报》的主编之一洛塔·约翰尼（Lo-
thar Johanny，1835—1886）抓住了这次机会，当面向即将去往哥
廷根的耶林约稿。他和在场的许多人一样，都希望耶林将《一位
不知名人士的来信》续写下去，而当时心情大好的耶林很快就同
意了。[4] 然而，耶林到了哥廷根之后就一直在撰写他的新著
《法律中的目的》。这一巨著的第一卷于 1877 年问世，第二卷则
于 1883 年出版。除了《戏谑与认真》第二部分的第四幕和补遗
部分，他为《法学报》所写的前三次"闲谈"均发表于 1880 年，
而这个时间点正好处在两卷《法律中的目的》之间。对于理解
"闲谈"的内容而言，这一点非常重要。

---

[1] Jhering, Der Kampf ums Recht, 1872.《为权利而斗争》这本小册子在耶林生
前出到了第 10 版（1891 年）。一个较新的中译本为 [德] 鲁道夫·冯·耶林：《权利
斗争论》，潘汉典译，商务印书馆 2019 年版。

[2] Vgl. Jhering, Der Zweck im Recht, I, 1877, S. 80 f.

[3] Vgl. Jherings Vortrag in der juristischen Gesellschaft, Juristische Blätter 1 (1872),
Nr. 3, S. 30, 34 f.

[4] 参见原著第一版前言、第 121 页。

由于在此期间耶林的作者身份已经暴露，所以他没有继续当一位"不知名人士"，而是新开了一个系列，即"一位罗马法学者的闲谈"。按照导言里提到的计划，他本来是要写两个子系列的：一个是关于法律史的闲谈，另一个是关于教义学的闲谈。[1] 然而一方面，他同时还在撰写更为重要的《法律中的目的》第二卷，时间上较为紧张；另一方面，《法学报》的一部分读者明确表示嫌弃他的"闲谈"，这多少破坏了耶林的心情。[2] 因此，他在写完《罗马法史上的景象》第三幕之后就停止供稿了，关于教义学的"闲谈"最终搁浅。

2. 第一幕

在第一幕里，耶林先表达了自己的一个喜好，即总是喜欢作比较。但比较的结果往往让他不那么高兴，因为在某些方面，当代是比不上过去的。就所有权取得方式之一的先占而言，情况就是如此。[3] 就动产的先占而言，普鲁士通过一系列的立法将原本属于无主物的野生动物和森林均收归国有、将士兵"战时先占"的权利废除等；就不动产的先占而言，产生于河流或大海中的小岛、被弃置的河床等也都成了国家所有。[4] 因此在最后，耶林通过戏仿席勒的诗句表达了自己的哀叹。

在这一幕里，耶林还顺带讽刺了当时所流行的学说汇纂教科书。先占权在普鲁士明明已经所剩无几了，这些教科书却依然将罗马法上关于先占的规定作为当今有效的法。[5] 这体现了耶林

---

〔1〕 参见原著第 123~124 页。

〔2〕 参见第二部分第三幕之前"给编辑的一封信"，即原著第 172~174 页。

〔3〕 参见原著第 127~128 页。

〔4〕 参见原著第 129 页、第 132 页、第 135~136 页。

〔5〕 参见原著第 132 页、第 136 页。另参见第 230 页、第 279 页对安茨（Arndts）和范格罗（Vangerow）的嘲讽。

一以贯之的思想：法是具有历史性的，不同时代的法具有不同的特征，不能一味地强调罗马法在当代的可适用性，因为其中的部分内容已经不再符合现实的需要，部分内容则已经被人为地立法所废止了。

3. 第二幕和第四幕

在第一幕里，耶林曾做了一个预告，说自己还有一种所有权的无偿取得方式没有讲，这也就构成了第二幕的主题，即罗马法上《以继承人名义的获利性时效取得》（Usucapio pro Herede Lucrativa）。[1] 根据盖尤斯所描绘的这一制度，若某人死亡时未留下自家继承人，那么任何想要这笔遗产的人都可以抢在有资格继承的人之前占有遗产的客体，这样的行为并不构成盗窃；并且无论是对动产抑或不动产，占有人均只需占满一年就能时效取得其所有权。[2]

为什么罗马人会规定这样一种看似在鼓励人们当小偷的制度？在本次闲谈中，耶林正是要探究这一规则背后的目的，这与他此时正在撰写的《法律中的目的》息息相关。《法律中的目的》是在法哲学层面上论证法律规则不是通过先验演绎，而是基于人的主观目的或者说"实践动机"而产生的，[3] 与此同时，作为罗马法学家的耶林当然也就选择了罗马法上的例子来加强这一论证。换言之，在第二幕里，他要证明上述规则是出于特定的目的才被这样制定的。

耶林首先回顾了盖尤斯本人的观点。盖尤斯认为，以上规则的目的在于敦促有继承资格的人尽快接受遗产。然而在耶林看

---

〔1〕　参见原著第 134 页、第 137 页。
〔2〕　参见 Gaius 2, 52-58 和 Gaius 3, 201.
〔3〕　参见耶林在原著第 9 页脚注里的附加说明。

来，这一观点混淆了"目的"和"结果"：以上制度在被创设之后的确能导致"有继承资格的人会尽快接受遗产"这样的结果，但是立法者在创设该制度时的目的却并非如此。[1] 相反，在耶林看来，立法者之所以要规定以继承人名义的时效取得遗产，其真正的目的是在"防止人们将他人的遗产占为己有"。因为根据这一制度，在取得时效经过后，占有人就会自动成为该遗产的继承人和所有人，这样一来，祭司和被继承人的债权人就可以找这些人要回属于自己的钱了，而其数额往往要大于占有人实际获得的财产数额。[2] 这就是"古代继承法中的陷阱"，要是谁只看法条的表面，就很可能会掉进去。[3] 在论述过程中，耶林还顺带嘲讽了萨维尼对西塞罗原文的错误校勘。[4] 最后，耶林还戏仿了《盖尤斯法学阶梯》的发现过程，伪造出一份能够佐证自己观点的赞美诗抄本。[5] 在 1891 年的补遗中，一位读者为耶林提供了支持其观点的证据，即古苏格兰法上也有"防止侵占他人遗产"的规定。[6]

1884 年成书时新写的第四幕在逻辑上承接了第二幕，[7] 所以在此一并论述。在这一幕里，耶林继续探寻罗马法上某些法律规则的目的，这次他选择的是《十二铜表法》第三表第六条。[8] 该条规定："到了第三个集市日，'债权人'应将'债务人'切成块，无论块大或是块小，都不算欺诈。"这一规定背后的目的

---

〔1〕 参见原著第 144~145 页。
〔2〕 参见原著第 151 页、第 158~160 页。
〔3〕 参见原著第 159 页。
〔4〕 参见原著第 165~167 页。
〔5〕 参见原著第 168~171 页、第 175~176 页。
〔6〕 参见原著第 384~385 页。
〔7〕 参见原著第 155 页、第 175 页、第 232 页。
〔8〕 参见原著第 232 页。

是什么呢？是鼓励债权人在债务人不还钱时将其切成块吗？通过一场虚拟的对话，耶林表达了自己的看法："将债务人切成块"的情形是不可能发生的，并且其他可能的解决方案也是不可行的。[1] 立法者规定"切成块"的真正目的是促使各债权人达成和解，因为其隐藏的前提是"若各债权人不能达成和解"。[2] 因此，假如哪个债权人只看到了法律的表面，一定要把债务人"切成块"，那他就中了这一"罗马民事诉讼法里的圈套"。

4. 第三幕及其补遗

在第三幕中，耶林继续追问古罗马民事诉讼法背后的目的。以下仅以誓金法定诉讼为例概括耶林的核心思想。根据相关的罗马法源，耶林发现在誓金法定诉讼中发生了如下两个变化：第一，败诉方在诉讼前寄存的誓金从归宗教基金所有变成了归国库所有，相应地，负责收取誓金的主体也由祭司变成了裁判官；第二，收取誓金的时点从诉讼开始之前变成了诉讼结束之后。[3] 为什么会出现后面这一变化呢？耶林认为，这与平民（穷人）和贵族（富人）之间的阶级斗争有关。

在发生这一变化之前，无论富人抑或穷人都需要在诉讼前以现金的形式寄存誓金。然而，这对于穷人来说是非常困难的，因为他们手头没有足够的现金。[4] 这样一来，作此规定的罗马立法者就把穷人关在诉讼的大门之外了。换言之，这一规定的目的就是"要让富人在诉讼中比穷人更具优势"。[5] 换言之，穷人和

---

〔1〕　参见原著第 233~240 页。
〔2〕　参见原著第 243 页。
〔3〕　参见原著第 178~182 页。
〔4〕　参见原著第 188~190 页、第 210 页。
〔5〕　参见原著第 200 页、第 202 页。

富人在古罗马的民事诉讼法上是受到区别对待的。正是在这一背景下，护民官们才会不断提议要改革罗马的民事诉讼法，以减轻穷人在诉讼上的困难。其措施有二：一是将誓金的现金寄存改为誓金的临时信贷，即把誓金的收取推迟到诉讼结束后；二是将誓金的数额降得尽可能地低，这通常是通过降低币值来实现的。[1] 通过这些措施，即便是手头没有现金的穷人也可以参与诉讼了，并且其败诉的风险也没有那么大了，而这正是护民官的法案所追求的目的。[2]

1891 年，耶林又为第三幕增加了两个补遗。补遗之一修正了其先前关于誓金诉讼起源的说法，补遗之二则研究了罗马私犯法的目的。后者属于民事实体法领域，与第三幕讨论的民事诉讼法领域恰好对应，因此应当先加以论述。

通过分析《十二铜表法》的相关规定，耶林发现：针对穷人才会实施的私犯，罚金数额都被定得很高；反之，对于富人才可能实施的私犯，罚金数额则被定得很低。更有甚者，《十二铜表法》根本没有规定对强奸的处罚，因为这种行为只有富人才做得出来。[3] 由此，耶林揭示了这些规定背后的目的，即"富人不想为自己对穷人实施的违法行为承担不利后果，所以他们就把法律设计成有利于自己的样子。"[4] 换言之，"贫富有别"这种解释在此同样成立。但是后来，这种"富人的财产价值远远高于穷人的人身价值"的现象就发生了变化。随着罗马国民财富的巨大增长和财富获取方式的改变，人格的价值越来越高、财产的价值

---

[1]　参见原著第 213 页、第 223 页。
[2]　参见原著第 226 页、第 231 页。
[3]　参见原著第 409~415 页、第 416~417 页。
[4]　参见原著第 416 页。

则越来越低，这导致了侵辱之诉的适用范围被不断地扩大，而立法者这么做的目的正是为了加强人格保护的力度。[1] 耶林对一问题的关注要追溯到他 1885 年发表的一篇关于"侵辱行为"的教义学论文，[2] 此处不赘。

最后再说回到补遗之一。在 1889 年出版了《占有意思》这一专著之后，耶林就彻底告别了教义学研究，他开始着手撰写《罗马法发展史》一书。[3] 根据耶林自己的说明，该书与《罗马法的精神》的重点有所不同。如果说《罗马法的精神》更关注"是什么"的问题，即抽象出不同阶段的罗马法在其具体制度中所蕴含的普遍共性；那么《罗马法发展史》就更侧重"为什么"的问题，即追问究竟是何种外部因素致使罗马法在不同阶段体现出不同的特征。[4] 为此，耶林结合了当时最新的比较人类学资料，从"古雅利安人的迁徙对早期罗马法的影响"这部分开始写。[5] 1892 年，耶林即因病去世，这一作品也就成了一部未竟之作。该书第三幕的补遗之一就是耶林在研究印欧人史前史过程中的意外收获，因为他借此修正了自己以前的观点。

关于誓金法定诉讼的起源，耶林先是认为誓金与誓言有关，

---

〔1〕 参见原著第 418~421 页。

〔2〕 Jhering, Rechtsschutz gegen injuriöse Rechtsverletzungen, JherJb 23（1885），S. 155-338. 对该论文的详细解读，参见李君韬:《法学建构与十九世纪的人格权论述——对耶林〈对抗侵辱行为的法律保障〉之解析》，载舒国滢主编:《法理》（第 2 卷），商务印书馆 2018 年版，第 130~160 页。

〔3〕 该书是耶林应好友、德国刑法学家宾丁（Karl Binding, 1841—1920）之邀而写的，是后者主编的《德意志法律科学体系手册》（Systematisches Handbuch der Deutschen Rechtswissenschaft）系列中的一本。对此参见 Wieacker, Rudolph von Jhering, ZRG RA 86（1969），S. 13, Anm. 37.

〔4〕 Vgl. Jhering, Entwicklungsgeschichte des römischen Rechts, 1894, S. 4 f. , 36.

〔5〕 Vgl. Jhering, Entwicklungsgeschichte des römischen Rechts, 1894, S. 45. 相应的成果是其去世后被编辑出版的《印欧人史前史》，即 Jhering, Vorgeschichte der Indoeuropäer, 1894.

后来又认为，由于要处理世俗世界的法律事务，祭司们常常会无暇顾及神明事务，因此当事人交到祭司手里的誓金就是对神明的一种补偿。然而，经过对印欧各民族古代法的比较研究，耶林收回了先前的观点。现在他认为，誓金诉讼起源于神判，誓金是罗马人换取神明裁判权而支付的一种对价。[1] 其理由是：第一，神判制度在古雅利安人的各分支里都出现了，唯独没有出现在罗马人那里，这很有可能是因为罗马人用另一种制度去替换了它。[2] 第二，在誓金诉讼中，誓金的数额只有两种，且彼此差距很大，神判中同样仅有火审和水审这两种验罪法，并且其各自的危险性亦相差甚大。[3] 第三，誓金诉讼的判决用语是 "sacramentum justum, injustum esse"，这句拉丁语既可以理解为 "誓金是合法的或是不合法的"，也可以解读成 "誓言是真的或是假的"，而后者正与神判里的无罪起誓有关。[4] 第四，收取誓金的机构后来变成了 "三人死刑审判庭"，而神判恰好就是事关 "生死" 的。[5]

（三）第三部分：《在法学的概念天国中——一幅幻想景象》

1. 写作背景

在该书的第一部分和第二部分中，耶林在讽刺胡施克的思辨方法时就已多次提到，这种极尽抽象的思维方式会逐渐把思考者拽离地球，将其带到一个只有纯粹的概念才能存活的 "法学天国"。[6] 因此，当耶林决定不再向《法学报》供稿之后，他就继

---

〔1〕　参见原著第 385~386 页。

〔2〕　参见原著第 387 页、第 406 页。

〔3〕　参见原著第 400~403 页、第 407 页。

〔4〕　参见原著第 391~395 页、第 406 页。

〔5〕　参见原著第 390 页、第 406 页。

〔6〕　参见原著第 20~21 页、第 193~194 页。

续搜集这方面的例子，准备一并放进这个"概念天国"里加以戏谑。

1883 年，《法律中的目的》第二卷面世；1884 年，《法律中的目的》第一卷的第 2 版也得以出版。此时，耶林终于又能抽出一小段时间开玩笑了。他先是补写了第二部分的第四幕，第四幕的结尾为"概念天国"的出场做了铺垫：原本他是需要抽法律史雪茄才能看到"罗马法史上的景象"的，但是现在他只要在梦中就可以幻想出各种景象了。[1] 该书的第三部分"在法学的概念天国中———一幅幻想景象"就是这样诞生的。[2]

2. 在概念天国中的所见所闻

通过让自己的灵魂与向导精灵对话的这一方式，耶林首先向读者描绘了概念天国的总体特征，这些特征均在暗讽概念法学所犯的错误。第一，在这里，概念是纯粹的、完美的，它们只为自己而存在，是天国的最高统治者。[3] 这是在讽刺这样一种观念，就好像只要法律概念在逻辑上正确，法学就可以不关注其他重要因素似的。第二，概念天国远离太阳系，因为概念一旦接触空气就无法存活。[4] 这是在批评概念法学家的思考是先验式的、抽象式的，脱离了现实、忽视了生活。第三，概念天国被黑暗所笼罩，但天国上的理论家都能在黑暗中看得见。[5] 这是在嘲笑当时的多数罗马法学者都热衷于研究模糊的法源片段，而缺乏更为

---

[1] 参见原著第 243 页。
[2] 《戏谑与认真》的第三部分此前已有中译本，即 [德] 鲁道夫·冯·耶林：《法学的概念天国》，柯伟才、于庆生译，中国法制出版社 2009 年版。以下的分析仍基于德文原著。
[3] 参见原著第 249~250 页、第 255 页、第 259~260 页、第 310 页。
[4] 参见原著第 250 页、第 252~253 页。
[5] 参见原著第 251 页。

重要的任务。第四，进入概念天国的前提是忘掉尘世的一切。这是对萨维尼、普赫塔等法学家的戏谑，因为在耶林看来，这些人纯粹是根据法源或概念来建构法律制度的，而不顾其在实践中能否适用。[1]

灵魂在解说精灵的带领下参观了概念天国。其中的各种建筑、机构和设备等都是耶林虚构的，目的是影射罗马法研究的主流模式所存在的问题。以下按参观顺序做一简要说明。

解说精灵提到的第一个建筑物就是遗忘井，他是喝了里面的忘尘水才得以进入天国的，[2] 其讽刺意涵上文已述。随后它们来到了运动场，这里有许多考试用的设备。第一个设备是头发分割机（Haarspaltemaschine），用于将一根头发分成 999 999 等份，这是在暗讽概念法学家对传统的法律概念作了钻牛角尖式的细分。[3] 第二个设备是极为光滑的法律难题爬杆（Kletterstange der Schwierigen Juristischen Probleme），考试的要求是取下上面的问题然后又放回去，并且考题完全不涉及实践，这是在讽刺多数罗马法学家没有解决问题的意识，而只研究纯理论的东西。[4] 解说精灵着重介绍的第三个设备是建构器（Konstruktionsapparat），借此耶林暗讽诸多法学建构把简单的关系复杂化了，并且只在乎概念是否符合逻辑的一致性。[5] 第四个设备是辩证解释液压机（Dialektisch-Hydraulische Interpretationspresse），借由其中的输液装置和消除装置，耶林批评某些学者恣意地解释罗马法源。[6]

---

〔1〕 参见原著第 254 页。
〔2〕 参见原著第 253 页、第 256 页。
〔3〕 参见原著第 257 页、第 346 页。
〔4〕 参见原著第 257~259 页。
〔5〕 参见原著第 261~262 页。
〔6〕 参见原著第 262 页。

第五个设备是辩证钻孔机（Dialektische Bohrmaschine），这是在嘲讽那些固执己见的研究者即使错了也要继续往里钻。[1] 最后，它们参观了围起整个运动场的眩晕墙（Schwindelwand），这面墙越往上路就越窄。运用这一形象的比喻，耶林再度讽刺了那种极尽抽象的思辨方法。[2]

离开运动场之后，解说精灵带着耶林的灵魂来到了法律史科学院（Rechtshistorische Akademie）。它有两个分部，一个是文本复原部（Text-Restitution），另一个是套语复原部（Formeln-Restitution），它们只参观了前一个部门，因为精灵觉得它更为有趣。[3] 首先，它们看到了一块缺了好几个字母的板，上面现有的字母连起来正好是"Unfruchtbare Spielereien"（徒劳无益的游戏），这是在影射那些能力不足、却又争相创造法源的法史学者。[4] 其次，它们又看见复原精灵在复原《盖尤斯法学阶梯》和《保罗观点集》。然而，由于这个精灵不了解罗马法，它所复原的文本是漏洞百出的。[5] 最后，灵魂对科学院感到不耐烦了，于是它们就去往概念大厅。

解说精灵先带着灵魂参观了大厅的其中一侧，即大脑研发室（Cerebrarium）。耶林虚构这一机构的用意在于，他试图为这样一个问题提供一种诙谐的解释，即在尘世上，为什么有些法学家特别擅长观念论思维？这种思维的特征在于运用概念进行先验演绎，而在建构体系时忽视具体的经验事物。耶林戏谑道，这是因

[1]　参见原著第263页。
[2]　参见原著第263~264页。另参见第一部分的第二封信。
[3]　参见原著第264~265页。
[4]　参见原著第266~267页。
[5]　参见原著第267~271页。

为他们的母亲在怀孕时吸进了散发在空气中的特殊脑髓质，只有这样，他们的大脑中才会长出观念隆起，而正是这个大脑里的特殊构造赋予了他们观念思维。[1] 此外，耶林还顺带嘲讽了那些用诗来破坏法学的冒牌诗人法学家，他认为这同样是因为他们的脑子跟正常人的有所不同。[2]

由于概念大厅只有天国的成员才能进入，所以解说精灵只能让灵魂到长廊上先看看大厅里的概念。这些概念的表情是极其单一的，因为它们的情绪是始终如一的，这是在暗讽概念法学家们将概念当作了理念王国中永恒不变的存在。[3] 接着它们观察了好几个法律概念，尤其是"占有"。通过对话，耶林又一次指出了萨维尼理论的矛盾之处，还讽刺了当时对占有最有研究的两位法学家，即布伦斯与贝克尔。[4] 最后，灵魂主动要求来一场模拟测试，通过对"准占有"这一概念的纯逻辑思考，它已经逐渐适应了天国里的思维方式。[5]

最后，它们去到了大厅的另一侧，即概念病理解剖室（Anat-omisch-pathologisches Begriffskabinett）。与大厅里那些纯粹、完美的概念不同，存放在这里的概念标本都是畸形的。黑色代表未违反概念本身的实证法规定，红色和蓝色则代表违反了概念本身的实证法规定。在后两种颜色中，颜色越深，其与概念的逻辑矛盾就越大。[6] 接下来，耶林运用反讽的手法表达了自己的核心观点，即为了满足实践的需求，有时法律概念不一定非得遵循逻辑

---

[1]　参见原著第 272~274 页。
[2]　参见原著第 275~276 页。
[3]　参见原著第 277~278 页。
[4]　参见原著第 283~286 页。
[5]　参见原著第 290~296 页。
[6]　参见原著第 297~298 页。

一致性。他举了一系列的例子来证明这一点，例如在罗马法上，若严格遵循逻辑，那么埋藏物的所有权本应属于所有权人的继承人，可是罗马人却规定发现者也可以拥有其所有权的一半；[1] 再如按照逻辑，必须得先有顺位在前的抵押权，才能设立顺位在后的抵押权，然而当时的实践中却出现了与之相反的做法，即可以先设立顺位在后的抵押权；[2] 又如从逻辑上看，债权人作为人的身份属性是不可转让的，但在近代的立法中，债权却是可以被转让的。[3] 最终，灵魂对解说精灵滔滔不绝的介绍感到了厌倦，于是它决定去别的天国。

3. 法学的另外两个天国

按解说精灵的说法，除了法学的概念天国，法律人还可以去往法哲学家的天国或实务工作者的天国。与概念天国不同，在法哲学家的天国，理性是最高统治者，一切法律规则都要从理性中推导出来。对此，灵魂感到并不难，因为只要拿黑格尔的一句名言就可以应付那里的所有考试了。[4] 然而，解说精灵又举了几个自然法方面的考题，以证明那里的考试并不简单，但灵魂答得都很好。实际上耶林又是在反讽，因为由这些问题可知，这些自然法学家把生活中原本属于法外领域的事项也都统统纳入了自然法的规范范围，甚至还对此作了详细论证。[5] 最后吓走灵魂的并非法哲学天国的考题，而是进入该天国时所要宣誓的内容，即表明自己的这一信仰：法感是天生的，法感的内容是不变的。[6]

---

〔1〕 参见原著第 298~299 页。
〔2〕 参见原著第 306~307 页。
〔3〕 参见原著第 308~309 页。
〔4〕 参见原著第 310 页。
〔5〕 参见原著第 311~313 页。另参见第 15 页。
〔6〕 参见原著第 313~314 页。

因为耶林在 1884 年还发表了一场关于"法感"的演讲，其主要观点正好与此相反，即法感并不是天生的，而是后天形成的，并且法感的内容会随着时代、民族的不同而发生变化。[1]

这样一来，灵魂就只能去往最后一个天国了，即实务工作者的天国。与前两个天国不同，这里的最高统治者是生活，这里的考试涉及案例。实际上，这个天国就是地球。[2] 这就引出了该书的第四部分——"重返尘世"。

(四) 第四部分:《重返尘世——如何改善现状?》

1. 诊断结论

回到尘世，耶林对当时德意志的（罗马）法学下了诊断结论：只关注法律概念是否符合逻辑，而不顾根据逻辑推出的法律规则能否适用于实践、适用之后的结果合不合理。具有这种特征的法学被耶林称为"概念法学"（Begriffsjurisprudenz），这也是"概念法学"一词最初的含义。[3]

那么，为什么当时的概念法学家往往都是罗马法学者呢？耶林认为其原因有二：第一，随着理论与实务在职业层面上的分离，理论家越来越局限在教学活动上；第二，罗马法本身的特殊性，即它是一门具有历史性的学科，因此与当下生活的关系不像其他部门法那样密切。正是这两个因素共同导致了概念法学在罗马法研究领域的出现，而这样一种思维方式并不能追溯到古代的罗马法学家，它是从萨维尼这里才开始的。[4]

---

〔1〕 Vgl. Jhering, Über die Entstehung des Rechtsgefühls, hrsg. von Okko Behrends, 1986, S. 17 ff.
〔2〕 参见原著第 314~315 页。
〔3〕 参见原著第 346~347 页。
〔4〕 参见原著第 363 页。

2. 所开药方

既然已经知道了病因，那么该如何医治呢？耶林首先否认了这样一种做法，即让理论家同时也去从事实务。因为一个人的精力是有限的，这会导致他最终又只从事一种职业。换言之，理论工作者与实务工作者这两个职业的分离确实是符合劳动分工律的。[1]

接着，耶林提出了自己认为正确的改善措施。一是理论工作者必须在法定期限内接受实务训练,[2] 二是在大学里增设案例研习课（Praktikum）或练习课（Übungen）以作为理论课的必要补充,[3] 三是将考题尽可能地改成实践类型的，同时将考试委员会的成员设定为具有实务背景的法律人。[4] 以上所有措施的目的均在于促进理论与实践的沟通，以最大限度地遏制概念法学的滋生和蔓延。

（五）小结:《戏谑与认真》的三条主线

在概括了全书内容之后，可以归纳出耶林从 1861 年以来始终关注的重点，其构成了贯穿全书的主线。

第一条主线是理论与实践的关系。在耶林看来，罗马法研究领域的问题正是理论和实践的脱节所导致的。理论家的活动仅仅局限在教学和写作，他们只关心通过先验演绎所建构的体系是否完整、通过逻辑推演所得出的规则是否正确，而不关心经验素材（例如罗马法源和德意志当时的法律规定）是否和这个体系相符、不关心这些规则在适用后是否合理。因此，耶林所开的药方即是

---

〔1〕　参见原著第 364 页。
〔2〕　参见原著第 365 页。
〔3〕　参见原著第 366~368 页、第 371 页。
〔4〕　参见原著第 371~383 页。

要拉近理论与实务的距离，[1] 用"具体"去弥补"抽象"的缺失，用"经验"去修正"先验"的错误。

第二条主线是法学的研究方法。具体而言：第一，应将实体法与程序法相结合。为什么依据教科书所做的判决会失败？因为这些教科书并未留意到诉讼中的证明问题。因此在耶林看来，一个好的民法学者必须兼具实体法与诉讼法的知识，而不能仅仅满足于静态的实体法理论。实际上，他自己的占有学说就考虑到了动态的证明问题，因而在实践上更具有可操作性。

第二，应当追问法律规定背后的目的。如果只知道法律规则"是什么"，而不去问"为什么"，那么这一规则就容易被降格成纯概念的组合，进而成为概念法学的取材对象；相反，探究规则背后的根据则意味着要将该规则置于特定的历史阶段，如此一来，其背后的经济、政治、文化因素也就被生动地揭示出来了。

第三，应采用经验式的研究方法，而非先验式的。萨维尼、普赫塔等罗马法学家深受康德、谢林等观念论哲学家的影响，均从先验的"自由"概念出发去推导出整个私法体系，[2] 这就导致了他们对许多无法被纳入该体系的罗马法源作了恣意的解释；与此相反，耶林则总是以经验材料为出发点，例如罗马法上的既有规则、古罗马作家所记载的内容、人类学家的最新发现等，并运用比较法、词源学、决疑术等经验式的方法去确定不同规则在

---

〔1〕　当时亦有学者赞同耶林的这一观点，例如他的好友贝尔。Vgl. Bähr, Rezension von Jhering: Scherz und Ernst in der Jurisprudenz, in: ders., Gesammelte Aufsätze, I, 1895, S. 462 f.

〔2〕　关于康德对萨维尼的影响，参见 Kiefner, Ideal wird, was Natur war, 1997, S. 63 ff. 关于谢林对普赫塔的影响，参见 Haferkamp, Georg Friedrich Puchta und die, Begriffsjurisprudenz ", 332 ff.; Mecke, Begriff und System des Rechts bei Georg Friedrich Puchta, 2009, S. 470 ff.

不同时代的真实属性。

第三条主线是法学与其他学科的关系。耶林一生都对各种学科保持极大的兴趣，只要是其他学科中有利于法学的内容，他都乐于去借鉴。[1] 例如在《戏谑与认真》一书中，耶林即赞同开设法律诊所，试图将医学的直观教学法引入法学；又如当他看到其他领域的学者通过书信形式来增加学科趣味时，他也希望以该形式讨论法学。

当然，尽管耶林始终在吸纳其他学科的成果，他也并未忽视法学这门学科的独特性，这尤其体现在他从未将法学等同于自然科学。例如耶林在该书中多次强调，不能将法学提升为一门数学，因为它并非纯粹的概念计算，而是还有其他更高的目标；再如他通过诸多实例揭示出，法律规范属于"应当"的范畴，而不是自然科学所研究的"是"的范畴。关于相同事项的法律规则可以不遵循逻辑一致性，因为自然界的因果律在规范领域是不适用的；[2] 法律规定属于立法者主观任意的产物，仅存在合不合理的问题。

三、还原一个真实的耶林：以《戏谑与认真》为中心

（一）作为文学家的耶林

1. 耶林的文学梦

只要你读过耶林的作品，就会马上发现，在他所有的著作

---

〔1〕　Vgl. auch Klippel, Rudolf von Jhering als Wegbreiter der modernen Rechtswissenschaft, FS Dieter Schwab, 2000, S. 123, 134.

〔2〕　对法律规范领域不适用因果律的详细分析，参见 Kelsen, Reine Rechtslehre, Studienausgabe der 2. Auflage 1960, hrsg. von Matthias Jestaedt, 2017, S. 25 ff., 49 ff., 149 ff.

里，《戏谑与认真》是唯一一本如此"文艺"的书。即使用现在的眼光看，该书也是独树一帜的，因为在德语法学文献里几乎再也找不到类似风格的作品了。为什么耶林会"突然"想到用文学的方式去写跟法律有关的话题？这一点无疑要追溯到他大学时代的经历。

1836 年，18 岁的耶林来到海德堡大学学习法律。但那时他对法学并没有太大的兴趣，相反，他对文学的兴趣却与日俱增。在那里，他遇到了他的师兄、日后的德国文学家黑贝尔（Friedrich Hebbel，1813—1863）。当时，黑贝尔就已经十分欣赏耶林的讽刺能力了。到了第三个学期，耶林转到慕尼黑大学就读。在慕尼黑期间，他完全放弃了去上法学课，而是如饥似渴地读起文学书，特别是一些经典的讽刺作品。[1] 就是在这个时候，耶林决定成为一名文学家，尤其是讽刺作家。巧合的是，此时他又遇上了同样转学过来的黑贝尔。于是耶林就把自己创作的幽默小说拿给黑贝尔看。黑贝尔看完之后认为耶林具有很高的讽刺天赋，鼓励他继续往这个方向深造。[2]

但是当耶林将自己的文学梦告诉家人时，他的母亲非常生气。她指责耶林不务正业，并勒令其立即转到哥廷根大学。在哥廷根，尽管耶林在听了特尔的案例课之后对法学逐渐产生兴趣，但他还是对自己的文学梦念念不忘，甚至还写诗讽刺过罗马法大家胡果（Gustav Hugo，1764—1844）上课很无聊。[3] 然而，当

---

〔1〕 Vgl. Kunze, Rudolf von Jhering, in: Behrends（Hrsg.），Rudolf von Jhering: Beiträge und Zeugnisse aus Anlass der einhundertsten Wiederkehr seines Todestages am 17. 9. 1992, 2. Aufl. 1993, S. 12.

〔2〕 Vgl. Jhering an Windscheid（Anfang 1864），in: Helene Ehrenberg（Hrsg.），Rudolf von Jhering in Briefen an seine Freunde, 1913, S. 162.

〔3〕 这一点也体现在《戏谑与认真》一书中，参见原著第 45~46 页。

他在 1839 年再次遇见活得像乞丐似的黑贝尔时，他就知道必须
先养活自己才能谈理想。[1] 所以，耶林自那时以来就只打算做
个汉诺威的公务员，然后在业余时间里写一写文学作品。[2] 即
便如此，他还是没能实现这个妥协后的理想，因为当时汉诺威的
法律规定兄弟不能同时在此任职，而之前他已经有一个兄弟当上
那里的公务员了。这样一来，耶林就只剩最后一条路可以走了，
即学术之路。于是，他在 1840 年踏上了去往柏林的旅途，走上
了真正的法学之路。[3]

尽管后来成了一名法学家，耶林也从未放弃自己年轻时的梦
想。通过《戏谑与认真》一书所戏仿的文学作品可知，耶林由始
至终都保持了他的文学兴趣——他从未停下自己的文学脚步，也
从未放弃自己的天赋，他只是在等待一个时机。因此，以文学形
式、尤其是讽刺手法撰写该书并非出于耶林的"突发奇想"。[4]
相反，对他而言，用这样一种方式去批判当时的法学是一件"自
然而然"的事情，甚至可以说该书的出版是他离自己的文学梦想
最近的一刻。最后值得一提的是，耶林在该书第二部分第一幕的
结尾处戏仿了黑贝尔的戏剧《玛利亚·玛格达莲》，[5] 这或许是
为了纪念他与黑贝尔曾经的友谊吧！

2. 多样的文体

那么，《戏谑与认真》这本小书里到底包含了多少文学因素？

---

〔1〕　Vgl. Kunze, Der Student Jhering, FS Brauneder, 2008, S. 260.

〔2〕　Vgl. Kohut, Rudolf von Jhering, Westermann's illustrierte Monatshefte 60 (1886),
S. 362 f.

〔3〕　Vgl. Kunze, Der Student Jhering, FS Brauneder, 2008, S. 266.

〔4〕　德国罗马法学家维亚克尔即认为耶林的《戏谑与认真》属于一部"即兴之
作"，对此参见 Wieacker, Rudolph von Jhering, ZRG RA 86 (1969), S. 1. 这一误解实则
是不了解耶林的经历所致。

〔5〕　参见原著第 136 页。

对此可以从文体和修辞两方面稍加分析。首先，耶林在第一部分采用了匿名书信体的写作手法，这是当时的法学文献中所缺少的一种文体。上文已经交代了他之所以选择这一文体的原因，这里再补充一些细节。

在 19 世纪中期前后，德国的书信体文学是相当流行的。例如，全书第一句话里的"著名人士"就是在暗指德国作家、旅行家赫尔曼·冯·普克勒-穆斯考（Hermann von Pückler-Muskau，1785—1871），他在 1830 年至 1831 年间匿名出版的四卷本著作《一位已死之人的来信》（Briefe eines Verstorbenen），一举成为英、德、法三国的热销小说。再如，耶林在吉森大学的同事、德国著名化学家李比希（Justus von Liebig，1803—1873）亦于 1841 年起为一般读者撰写《化学信札》（Chemische Briefe），扩大了化学这门自然科学的受众。又如，孟德斯鸠出版于 1721 年的匿名讽刺小说《波斯人信札》（Lettres Persanes）同样给了耶林不少灵感。该书的前言里说道："我把第一批信件拿出来，是为了试探公众的口味，皮包里还有许多信件，随后可以奉献给公众。不过，条件是读者不知道我是谁，读者一旦知道我的名字，我就将缄默不语。"[1] 耶林在《戏谑与认真》一书中也说过完全类似的话。[2]

当时的许多法学著作虽有十分正经的标题，但实际内容却是枯燥乏味、故作高深、无病呻吟的。为了给法学读者带来趣味，

---

〔1〕 ［法］孟德斯鸠：《波斯人信札》，许明龙译，商务印书馆 2019 年版，第 4 页。

〔2〕 例如参见原著第 123 页："这样的鸭蛋我有很多，我想我可以成打地向您供货。"原著第 4 页："正是为了无损这种不偏不倚的原则，我同样要非常严格地保持我的匿名身份。这是一种登台表演的形式，众所周知，就像那些高贵的先生和旅行的冒险家一样，这种做法在作家那里也并不少见，他们都是基于充分的理由才这么做的。"

耶林有意地将书信体"从其他学科那里引入了法学"。[1] 与充斥着抽象语词的严肃法学著作相比，书信体作品的语言更为生动，而且谈论的话题也更为随意，因此更能激发读者的阅读兴趣。

在该书的第二部分，耶林又刻意使用了另一种法学文献里尚未出现的文体，即谈话体的连载文章（Feuilletonartikel）。[2] 这一系列的总标题里带有"闲谈"（Plaudereien）二字，这显然是在向古罗马作家贺拉斯（Quintus Horatius Flaccus，公元前 65 年至公元前 8 年）的《闲谈集》（Sermones）致敬，因为"闲谈"在贺拉斯那里正是"讽刺"的代名词。[3]

另外在闲谈的过程中，耶林还运用了戏剧的写作手法。通过躺在沙发上抽雪茄，他想象出一幕幕戏剧，[4] 并让自己参与其中，用第一人称的视角近距离观察古罗马的立法过程和诉讼进程，给读者身临其境的感觉。随着多场戏剧的不断上演，读者也就一起作同步思考了。耶林这么做的用意在于：只有亲眼见到发生在生活中的具体场景，才不会忽略规则背后的现实因素。

最后，在该书的第三部分，耶林还通过对话体形象生动地展现了概念天国里的各种景象。在灵魂与精灵一次又一次地交谈中，读者很快就能置身于这个虚构的场景之中，清楚地看到暴露在其面前的荒谬之处，进而开始反思。法国罗马法学家吉拉尔（Paul Frdéric Girard，1852—1926）认为，"概念天国"是在戏仿

---

〔1〕 参见原著第 4 页。

〔2〕 参见原著第 122 页。

〔3〕 参见［美］吉尔伯特·海厄特：《讽刺的解剖》，张沛译，商务印书馆 2021 年版，第 42 页。

〔4〕 这个经典的学术形象也被韦伯所论及，参见［德］马克斯·韦伯：《马克斯·韦伯全集》（第 17 卷），吕叔君译，人民出版社 2021 年版，第 85-86 页。

但丁的名作《神曲》,[1] 即但丁在贝阿特丽切的带领下游历天堂的情节。这一观点值得赞同,因为据耶林的学生所言,他的确十分喜爱但丁的作品。[2]

3. 丰富的修辞

除了运用多种文体,耶林在《戏谑与认真》一书中还使用了丰富的修辞手法。这些修辞都在服务于同一个目的,即对概念法学加以戏谑。用得最多的要属"戏仿"和"反讽"这两种修辞,这一点在上文概括该书内容时已有所涉及,此处不再赘述。

第一,"夸张"也是该书经常使用的一种修辞。例如在第一部分的第一封信中,耶林对遗产的"人格继承说"加以放大,得出了"现在我们每个人身上都还带有亚当的一部分人格"这样一种荒诞的结论;[3] 又如为了说明当时的罗马法研究水平低下这一现象,耶林夸张地嘲讽道,一千个法律人里也不会有一个愿意去买书。[4]

第二,"比喻"同样是耶林偏爱的修辞手法。思想家们具有这样一种共性,即他们都能借已知的具体事物将抽象的陌生事物解释清楚。为此,恰当的比喻是必不可少的。例如,在论及罗马民事诉讼法在制度设计上即已偏袒富人时,耶林拿轮盘赌的规则做比喻,既贴切又有趣;[5] 再如,耶林把罗马法研究比喻成榨葡萄汁,瞬间就揭示了该领域几个世纪以来的变化情况。

第三,该书还在多处运用了"对偶"。这些对偶句读起来朗

---

〔1〕 Cf. Girard, Critique de Rudolf von Ihering: Le plaisant et le serieux dans la jurisprudence, Revue historique de droit français et étranger 9 (1885), p. 691.

〔2〕 Vgl. Max Rümelin, Rudolf von Ihering, 1922, S. 15.

〔3〕 参见原著第 11 页。

〔4〕 参见原著第 107 页。

〔5〕 参见原著第 210 页。

朗上口，便于读者记忆。例如"没孩子就不能拿遗产"与"没写书就不能当教授"；[1] 再如"没有法律，就没有诉讼"与"没有金钱，就没有诉讼"。[2] 这种对偶手法还广泛体现在耶林的其他著作中，构成一种独特的语言魅力。

第四，"拟人"手法也几乎贯穿了全书。例如，该书第三部分将法律概念这一抽象事物拟人化，形象地暴露出概念法学中所隐含的问题。有趣的是，甚至还有当代的法学家基于这一点创作了多幅关于概念天国的漫画。[3]

第五，"一语双关"和"文字游戏"亦是该书的亮点。此处试举一例：在讽刺某本罗马法专著无聊到让人睡着时，耶林引用了歌德《魔王》（Erlkönig）里的一句诗作为自己的评价——"In dürren Blättern säuselt der Wind"。[4] 在德语里，"dürr"既指"干枯的、枯萎的"，也指"干巴巴的、枯燥乏味的"；"Blätter"既指"树叶"，也指"报纸或书籍的页面"。因此，虽然这句话在原诗里意为"枯萎的树叶被风吹得沙沙作响"，但在耶林的语境下则又多了另一重含义，即"枯燥的书页被风吹得沙沙作响"。

总之，在耶林所有的作品中，《戏谑与认真》最能展现其文学素养与文学功底。[5] 按照通说关于法律与文学的分类，该书无疑可以被归入"通过文学的法律"（Law Through Literature）这

---

〔1〕 参见原著第 113 页。
〔2〕 参见原著第 199 页。
〔3〕 Vgl. Marfels, Im juristischen Begriffshimmel nach Rudolf von Jhering, FS Klaus F. Röhl, 2003, S. 200 ff.
〔4〕 参见原著第 316 页。
〔5〕 对《戏谑与认真》一书的文学赏析，还可参见 Fuhrmann, Rudolf von Jhering als Satiriker, DVJS 70 (1996), S. 91 ff. 当然，也有一些德国法学家无法欣赏耶林所使用的文体和修辞，因而给了该书一个很低的评价，例如参见 Erik Wolf, Große Rechtsdenker, 4. Aufl. 1963, S. 657.

一分支，即通过文学的手段来讨论法律问题。[1] 从这个意义上说，耶林是法律与文学运动当之无愧的先驱。

（二）什么是耶林反对的"概念法学"？

1. "概念法学"的原意

在法学史上，"概念法学"一词正是由耶林在《戏谑与认真》一书中首次提出，学界对此并不存在争议。[2] 然而有分歧的是，不同学者对"概念法学"的含义有着不同的理解。为了对这些观点展开评价，首先应明确什么才是耶林意义上的"概念法学"。在该书的第四部分，为了避免读者的误解，耶林在提出这一概念时立即作了一番解释：

> 由于所有的法学都是借助概念运作的，所以"法学思维"和"概念思维"是同义的。因此从这个意义上说，所有的法学都是概念法学，罗马法学就是其中最重要的一种。假如是这样的话，我根本就不用在"法学"前面加上"概念"两字。但我之所以还是要称其为"概念法学"，是因为我想用它来指称我们当今法学所犯的上述错误，这个错误就是：不考虑法律在实践上的最终目的和适用条件，而仅仅在其中看到了唯一的一个对象，并用它来测试那随心所欲、自带魅力和自成目的的逻辑思维。[3]

---

〔1〕 关于法律与文学运动的四个分支，参见苏力：《法律与文学——以中国传统戏剧为材料》，生活·读书·新知三联书店 2017 年版，第 9 页。

〔2〕 参见王伯琦：《近代法律思潮与中国固有文化》，清华大学出版社 2005 年版，第 145 页；〔德〕汉斯-彼得·哈佛坎普：《概念法学》，纪海龙译，载《比较法研究》2012 年第 5 期。

〔3〕 引自原著第 347 页。

以这段话为中心，再结合耶林在该书中所举的例子，即可归纳出关于概念法学的"是"与"不是"。按照耶林的标准，概念法学指的是具备这一特征的法学：只关注由概念组成的或由概念的演绎所得出的法律规则是否符合逻辑，而不考虑其在生活中能否适用或适用后的结果是否合理。据此，以下情形均不属于耶林意义上的"概念法学"。

第一，在法学中运用概念进行思考。此点已明显体现在上面这段引文中，无须赘述。

第二，法学建构本身。在该书中，尽管耶林对自己在1858年提出的法学建构理论加以嘲讽，但他同时又在1884年的补充注释里为自己的这一论述加以辩护，强调作为法学技术的法学建构并非其所批判的概念法学。[1] 这一看似矛盾的现象应如何解释？答案仍要回到耶林对概念法学的定义：如果某一法学建构仅关注概念本身在逻辑上是否正确，而不顾建构出来的理论能否适用于实践或适用后的结果是否合理，那么这确实是耶林所反对的概念法学；反之，若某一法学建构除了考虑逻辑要素，还吸纳了其他重要因素（例如利益要素、目的要素等），并经过了实际案例的检验，那么这样的建构就不是概念法学。

法学建构作为方法是中性的，不能将其与概念法学画等号。实际上，耶林在1859年所抛弃的只是前一种意义上的法学建构。他在1859年之后的教义学论文中所使用的则为后一种意义上的法学建构，无论是其前期对缔约过失的建构（1860年），还是其中期对反射效力的建构（1871年），抑或是其后期对人格权的建

───────────

〔1〕 参见原著第7页与第9页的脚注。

构（1885 年）。[1] 这也就解释了，为什么耶林在此后几版的《罗马法的精神》里未对法学建构的相关段落做出任何修改。因此，将法学建构不加区分地归入概念法学是极不妥当的做法。[2]

2. 对耶林"概念法学"的误解

明确了耶林的本意，下面再来判断目前常见的几种说法是否准确。

第一种观点认为，所谓的"概念法学"就是运用概念进行法学思考，由于法学脱离概念是不可能的，所以概念法学就是法学中不可或缺的方法。[3] 很显然，这种观点完全是对"概念法学"的望文生义，是对耶林的极大误解。

第二种观点认为，耶林在《罗马法的精神》第三卷（1858年）中所提出的"法学建构"属于概念法学的方法论，概念法学即等同于"建构法学"（Konstruktionsjurisprudenz）。[4] 这一观点同样有失偏颇，因为如上所述，耶林在 1859 年之后从未放弃法学建构，他所批判的仅仅是那种只注重逻辑因素、将简单的法律

---

〔1〕 一个最有力的证据就是，耶林在 1864 年时还对好友温特沙伊特说道："（法学）建构我用得倒是越来越多了，只不过在法律里还有比逻辑因素更为重要的东西，我很高兴通过自己的努力认识到了这一点。"Vgl. Jhering an Windscheid（20. März 1864），in: Helene Ehrenberg（Hrsg.），Rudolf von Jhering in Briefen an seine Freunde, 1913, S. 166.

〔2〕 这一错误做法的典型是克拉维茨（Krawietz）主编的《概念法学的理论与技术》（Theorie und Technik der Begriffsjurisprudenz, 1976）一书。该书选取了《罗马法的精神》第三卷有关法学建构的章节作为概念法学的代表（见该书第 11 页至第 82 页），完全忽视了耶林在《戏谑与认真》一书中所做的声明。

〔3〕 Vgl. Sohm, über Begriffsjurisprudenz, DJZ 14（1909），Sp. 1021 ff.；王卫国：《超越概念法学》，载《法制与社会发展》1995 年第 3 期。

〔4〕 Vgl. Heck, Grundriss des Schuldrechts, 1929, S. 473 ff.；Schlosser, Grundzüge der Neueren Privatrechtsgeschichte, 10. Aufl. 2005, S. 165 ff.；吴从周：《概念法学、利益法学与价值法学——探索一部民法方法论的演变史》，中国法制出版社 2011 年版，第 84 页及以下；[德] 卡尔·拉伦茨：《法学方法论》（全本·第六版），黄家镇译，商务印书馆 2020 年版，第 34 页及以下。

关系重塑得极为复杂的法学建构。其先前借鉴博物学方法
（Naturhistorische Methode）[1] 所提出的法学建构理论确实暗含这
样的危险，因此成了《戏谑与认真》的嘲讽对象。但我们绝不可
将法学建构本身当作概念法学，因为耶林在 1859 年之后已经改
造了这一方法，[2] 使之与概念法学绝缘。

第三种观点认为，萨维尼、普赫塔等罗马法学家并未重理论
而轻实践，相反，他们始终都关注到了生活中的"实践需求"，
因此不属于耶林意义上的概念法学家；进一步的推论即为，耶林
所谓的"概念法学"在整个 19 世纪都是不存在的，因为当时的
理论家多少都关注到了实践，其中有不少人还同时担任法官职
务。[3] 这一说法看似十分有说服力，实则混淆了"主观意愿"
和"客观结果"。耶林从未否认概念法学家的出发点有可能是为
了实践，因为在当时，德意志各地的法律复杂混乱，由先验演绎
得出的法律体系确实能够在一定程度上简化法律适用的难度。[4]
相反，耶林强调的仅仅是从客观上看，这些学者所提出的理论在
实践中是无法适用的或适用后的结果是不合理的，因为他们在建

---

〔1〕 此前的通译为"自然历史方法"，不妥。德文的"Naturhistorisch"来源于拉
丁文的"Historia Naturalis"，其中的"Historia"一词不含有"历史"的意思，而是
"记录""探究"的意思。在科学界，这个拉丁文词组及其同源词通常被译为"博物
学"或"自然志"。对此参见吴国盛：《自然史还是博物学?》，载《读书》2016 年第 1
期。

〔2〕 Vgl. auch Möller, Die juristische Konstruktion im Werk Rudolf von Jherings, JZ
2017, S. 777.

〔3〕 ［德］汉斯-彼得·哈佛坎普：《概念法学》，纪海龙译，载《比较法研究》
2012 年第 5 期；Haferkamp, Die sogenannte Begriffsjurisprudenz im 19. Jahrhundert, in:
Depenheuer（Hrsg.）, Reinheit des Rechts, 2010, S. 92 ff.；ders., Die Historische Rechts-
schule, 2018, S. 218 ff.；Meder, Rudolf von Jhering und der Aufstand gegen den rechtswis-
senschaftlichen Formalismus, JZ 2019, S. 694.

〔4〕 参见王伯琦：《近代法律思潮与中国固有文化》，清华大学出版社 2005 年版，
第 146 页、第 174 页。

构这些理论时仅仅局限在静态的法源里、仅仅在乎规则在体系中是否符合逻辑，而没有关注动态的生活、没有用具体案例去检验其正当性。

3. 耶林意义上的 "概念法学"：以债的概念为例

在澄清了若干误解之后，下面不妨以实例加以说明，什么才是真正意义上的概念法学。在《戏谑与认真》一书中，耶林不止在一处提到了普赫塔对于债的定义，即 "债（权）是在债务人行为之上的权利"。[1] 那么，该定义为何会被耶林视作概念法学的典型代表呢？这就需要回到普赫塔提出此概念时所用的方法上。

与萨维尼相同，普赫塔在建构私法体系时并未从任何经验素材（如具体的罗马法源）出发，他的理论起点是先验的 "自由" 概念。[2] 普赫塔认为，法律上的自由体现为个人意志能够对各种对象施加支配力，因此整个私法体系应当以意志的作用方向和作用对象来划分。具体而言，若意志指向的是主体自身，则体现为人格权（占有权亦属于人格权）；若意志指向的是外界的物，则体现为所有权和他物权；若意志指向的是他人的行为，则体现为债权；若意志指向的是除权利人自己之外的人，则体现为家庭权；若意志指向的是人格被权利人所代表的人，则体现为继承权。[3]

由此可知，上述这种债的概念就是通过这种先验演绎的方法得到的。在此过程中，普赫塔并未考虑任何的实证法规定。相反，仅仅是在建构完这一体系之后，他才尝试将罗马法源纳入其

---

〔1〕 参见原著第 10 页、第 261 页。

〔2〕 Vgl. Puchta, Cursus der Institutionen, I, 1841, § 4, S. 9.

〔3〕 Vgl. Puchta, Cursus der Institutionen, I, 1841, § 30, 84 ff. ; ders., Pandekten, 3. Aufl. 1845, § 46, S. 65 f.

中。例如在普赫塔看来，罗马法上关于"不可能之事不构成债"
（inpossibilium nulla obligatio est）的法谚（D. 50，17，185）就是
从这一债的概念中推导出来的规则，其逻辑为：既然"债是在债
务人行为之上的权利"，那么当债务人不可能做出某一行为时，
债就应当消灭，否则即违反了债的本质。[1] 之后，弗里德里
希·蒙森（Friedrich Mommsen，1818—1892）就是以这种债的概
念为基础提出了影响后世的给付不能理论。[2]

　　然而，尽管上述债的概念在逻辑上是完全正确的，但有很大
一部分罗马法源却是无法用这一概念去解释的，例如罗马法上关
于双重获利原因竞合（concursus duarum causarum lucrativarum）
和给付障碍的规定。更关键的是，以这一概念为前提的给付不能
理论在实践中造成了诸多不合理的后果。因此，这一先验的债的
概念同样遭到了耶林的同事古斯塔夫·哈特曼（Gustav Hart-
mann，1859—1938）的猛烈批判。[3]

　　综上，耶林对于概念法学的批判并非空穴来风，[4] 而是有
真凭实据的。透过对普赫塔式债的概念的分析，可以清楚地看
到，先验演绎的理论体系正是概念法学的温床，这也是为什么耶
林要把"概念法学"称为"先验哲学式法律观"的原因。[5]

---

〔1〕　　Vgl. Puchta, Pandekten, 3. Aufl. 1845, § 220, S. 315 f.

〔2〕　　Vgl. F. Mommsen, Die Unmöglichkeit der Leistung in ihrem Einfluss auf obligato-
rische Verhältnisse, 1853, S. 1 und passim. 不能将此蒙森与同为罗马法学家且获得过诺
贝尔文学奖的特奥多尔·蒙森（Theodor Mommsen, 1817—1903）相混淆，二者并非同
一个人。

〔3〕　　Vgl. G. Hartmann, Die Obligation, 1875, S. 7 ff. , 166 ff. 哈特曼的这一专著正
是以双重原因竞合和给付障碍作为切入点来反驳"先验的债的概念"的。

〔4〕　　Vgl. Wieacker, Gründer und Bewahrer, 1959, S. 206.

〔5〕　　参见原著第 9 页的脚注。

（三）"转向""转移"抑或"转变"？

1. 转向说

不仅"概念法学"出自《戏谑与认真》一书，"耶林的思想发生何种变化"这一问题也必须从该书中寻找答案。结合全书内容，以下逐一评述以往较有代表性的三个观点。

最早出现的是"转向说"（Bekehrung），首先提出这一观点的是德国法史学家、刑法学家康特洛维茨（Hermann Kantorowicz, 1877—1940）。在 1914 年的一篇短文中，他指出 1859 年是耶林发生转向的时点：在此之前，耶林信奉的是将法学作为一门技术的概念法学；在此之后，耶林则开始反对这种概念法学，进而转向了目的法学。[1] 这一观点为此后的多数学者所认同，例如法哲学家拉德布鲁赫（Gustav Radbruch, 1878—1949）亦认为，耶林在这个时点从建构法学转向了目的法学。[2] 罗马法学家维亚克尔（Franz Wieacker, 1908—1994）同样认为，耶林在 1859 年经历了"大马士革转向"（Damaskus），此后耶林开始批判概念法学或建构法学是无意义的。[3]

很显然，"转向说"将法学建构直接等同于概念法学，其不当之处有三：第一，该观点误解了概念法学的含义。耶林在该书中说得很明确，他自己关于法学建构或法学技术的论述并非概念法学，[4] 他所嘲笑的仅仅是那种以逻辑为唯一要素的法学建构；第二，该观点忽略了耶林在写作《法律中的目的》时仍未放弃建构的事实。第三，该观点将耶林前后期的思想断然两分，割裂了

---

〔1〕　Vgl. Kantorowicz, Iherings Bekehrung, DRZ 6 (1914), Sp. 85 ff.

〔2〕　Vgl. Radbruch, Vorschule der Rechtsphilosophie, 3. Aufl. 1965, S. 17.

〔3〕　Vgl. Wieacker, Privatrechtsgeschichte der Neuzeit, 2. Aufl. 1967, S. 451.

〔4〕　参见原著第 9 页的脚注。

他整体思想中的连续性,[1] 例如寻找蕴含在各民族法之中的普遍性、追问法的终极推动力以及探究法学的科学性等。

2. 转移说

随着耶林研究的深入,"转向说"的支持者现已越来越少。1976 年,德国法学家费肯杰（Wolfgang Fikentscher, 1928—2015）基于对耶林早期匿名文章的分析提出了一种新的学说,即"重心转移说"（Verschiebung）。他认为,耶林的思想是一以贯之的,其后期的"目的思想"早在其学术初期就已露出端倪;耶林思想的变化之处仅仅在于其研究重心,即前期强调"逻辑"、后期重视"目的"。据此,他将耶林的整体思想分为"建构方法阶段"（konstruktionsmethodische Phase）和"目的方法阶段"（Zweck-methodische Phase）。[2] 目前,不少学者均持"转移说"。[3]

然而,该观点的不妥之处在于,它是以方法论的变化来划分耶林前后期思想的,而这种划分并不准确。首先,如上所述,耶林从未放弃法学建构这一方法论根基,在撰写《法律中的目的》期间仍在建构其人格权理论,因此不能说只有 1859 年之前才是"建构方法阶段"。其次,就方法论层面而言,在耶林后期的法学建构中,目的仅仅是除逻辑之外的额外要素之一,其并非一种独立的法学方法。最后,建构和目的不是同一层面的问题。法学建

〔1〕 Vgl. Rückert, Das Methodenorakel Rudolf von Jhering (1818—1892), AcP 219 (2019), S. 459, 478, 481.

〔2〕 Vgl. Fikentscher, Methoden des Rechts, III, 1976, S. 187 ff., 201 ff. 另参见 ［德］沃尔夫冈·费肯杰、乌尔里希·辛默曼:《耶林对私法教义学与方法论的影响》,张焕然译,载《中国政法大学学报》2019 年第 1 期。

〔3〕 Vgl. etwa Rückert, Rudolf von Jhering (1818—1892), in: Rechtsleben in Hannover, 2016, S. 201; Jansen/Reimann, Begriff und Zweck in der Jurisprudenz, ZEuP 2018, S. 106; Meyer-Pritzl, Rudolf von Jherings Kieler Jahre, in: 350 Jahre Rechtswissenschaftliche Fakultät der Christian-Albrechts-Universität zu Kiel, 2018, S. 129.

构是耶林在教义学领域的工具，其目标是借由罗马法重构出适应时代发展的新理论；而《法律中的目的》则是耶林在法哲学层面对抗概念法学的武器，他试图以此证明，推动法律形成的终极驱动力并非概念的先验演绎，而是实践中的目的。

3. 转变说

除了以上两种观点，自 1986 年以来，德国罗马法学家、维亚克尔的学生贝伦茨（Okko Behrends，1939—）基于对耶林手稿的研究又提出了另一种解释框架。他认为，1859 年之前属于耶林的"前批判阶段"（Vorkritische Phase），1859 年之后则属于其"批判阶段"（Kritische Phase）。在前批判阶段，概念是具有统治地位的，而在批判阶段，概念则仅具有服务者的角色；但即便是在批判阶段，耶林也并未完全放弃理论、概念和建构，他所批判的概念法学仅仅指高估了逻辑要素的建构，他反对的是法律中的概念先验主义；1858 年末那个关键案件的真正意义在于，耶林由此认识到概念和理论应受到目的和法感的检验。[1]

贝伦茨将以上论点总结为耶林的"转变"（Umschwung），[2]而这一说法恰好对应了耶林在《戏谑与认真》一书中对自己的评价。[3] 综合观之，贝伦茨的"转变说"准确把握了耶林思想变

---

〔1〕　Vgl. Behrends, Das „ Rechtsgefühl " in der historisch‑kritischen Rechtstheorie des späten Jhering, in: Jhering, Über die Entstehung des Rechtsgefühls, 1986, S. 75, 81; ders., Rudolf von Jhering（1818–1892）. Der Durchbruch zum Zweck des Rechts, in: Loos（Hrsg.）, Rechtswissenschaft in Göttingen, 1987, S. 246 ff.

〔2〕　Vgl. Behrends, Jherings „ Umschwung ", ZRG RA 134（2017）, S. 547, 551.

〔3〕　参见原著第 338 页："但是后来，我发生了转变（Umschwung）。这个转变不是由内部的刺激，而是由外部的刺激所导致的。"

化的本质,因而得到了诸多耶林研究者的支持,[1] 笔者亦赞同该说。结合全书内容和"转变说"的框架,以下对耶林思想的转变做一总结。

4. 小结:耶林发生了哪些转变?

第一,耶林的思想的确在 1859 年发生了变化,但这一转变并非一蹴而就的,而是他频繁接触实务、长期讲授案例研习课的产物。[2] 1858 年末的一物二卖案是"压死骆驼的最后一根稻草",这个案件促使耶林迈出了反思和批判的第一步。

第二,在 1859 年之前,耶林确实犯了概念法学的错误,但这并非指他在 1858 年提出的法学建构本身,而是指他 1844 年在《罗马法论文集》里所发表的某些观点、1857 年在《我们的任务》一文中所坚持的某些立场以及他尚未出版的关于物和损害赔偿的学说。[3] 因此一方面,不能将法学建构等同于概念法学;另一方面,也不能仅凭法学建构不是概念法学就否认耶林曾是自己所批判的"概念法学者"。[4]

第三,1859 年之后,耶林放弃了对理论和概念不加反思的信

---

〔1〕 Vgl. Kunze, Rudolf von Jhering, in: Behrends (Hrsg.), Rudolf von Jhering, 2. Aufl. 1993, S. 17; ders., Rudolf von Jhering. Ein Forschungsbericht, in: Luf/Ogris (Hrsg.), Der Kampf ums Recht, 1995, S. 141; Chun-Tao Lee(李君韬),Jherings Eigentumsbegriff, 2015, S. 18 f.; Mecke, Begriff des Rechts und Methode der Rechtswissenschaft bei Rudolf von Jhering, 2018, S. 242 ff., 638.

〔2〕 参见原著第 338~339 页。

〔3〕 参见原著第 10 页、第 337~339 页。

〔4〕 近来德国学者塞内克(Seinecke)多次主张耶林从来都不是一个"概念法学者",对此参见 Seinecke, Rudolf von Jhering anno 1858, ZRG GA 130 (2013), S. 280; ders., Methode und Zivilrecht beim „ Begriffsjuristen " Jhering (1818—1892), in: Rückert/Seinecke (Hrsg.), Methodik des Zivilrechts, 3. Aufl. 2017, Rn. 427. 这一观点走得太远,不符合耶林本人对自己的评价,因而并不准确。

仰,[1] 但并未放弃建构这一法学技术,而是将其改造了。除了逻辑要素,耶林后期的法学建构还吸收了利益、目的等要素,并由法感来控制建构的方向。法学建构由始至终都是教义学层面的工具,用于"经由罗马法并超越罗马法"。

第四,1859 年之后,耶林拒绝了概念先验主义,他希望通过《法律中的目的》一书揭示出,法律不是通过先验演绎产生的;相反,任何法律规范均是由人出于特定目的而创造的。目的本身不构成一种法学方法,没有独立的"目的法学"一说。

总而言之,作为一位追求真理的法学家,耶林的思想变化通常都被他忠实地记录在自己的作品之中。因此,如果想真正地理解耶林,就不能过度依赖他人的转述,而是应当沉下心来仔细研读原著。

四、《戏谑与认真》对德国法学教育的影响

由前文可知,"将案例研习课增设为必修课"的改革建议与耶林的思想转变密不可分。易言之,这门课是他用来对抗概念法学的重要武器。尽管耶林认为自己的建议难以被同行们所接受,[2] 但实际上他做的这个"梦"很快就得到了一定程度的实现。例如在《德国民法典》颁布之前,案例研习课就已经成了德国诸多法学院的必修课,拜仁和普鲁士的政府也开始将实践型问题作为第一次国家考试的题型,并且逐渐以笔试形式取代了论文形式,[3] 而这些改革成果一直延续至今。

---

〔1〕 参见原著第 54 页、第 57 页、第 104 页。

〔2〕 参见原著第 383 页。

〔3〕 Vgl. Kühn, Die Reform des Rechtsstudiums zwischen 1848 und 1933 in Bayern und Preußen, 2000, S. 53 f., 154 f.

　　此外，耶林为自己的案例研习课所编写的《民法案例集》和《日常生活中的法学》也影响了后来许多著名的法学家，[1] 例如齐特尔曼（Zitelmann）、施塔姆勒（Stammler）以及赫尔维克（Hellwig）等。他们纷纷效仿耶林的做法，编写案例集并讲授案例课。不仅如此，耶林构思的不少案例（例如"菜单案"）甚至已经超越了时空的界限，成为一代又一代法律人耳熟能详的经典。

　　综上所述，耶林对德国法学教育影响甚巨。在我国法学院主动引进德式案例教学的当下，[2] 应当尤其关注耶林在这一方面的贡献，而《戏谑与认真》一书显然是我们无法绕过的经典。正因该书在法学教育领域具有开创性意义，它早已被译成法语、意大利语、西班牙语以及日语。[3] 笔者相信，《戏谑与认真》的中译本也离我们不远了。

〔1〕　《日常生活中的法学》一书已有中译本，即［德］鲁道夫·冯·耶林：《生活中的法学——法律问题与法律思维》，于庆生、柯伟才译，中国法制出版社 2019 年版；《民法案例集》现由笔者翻译，中国法制出版社即出。

〔2〕　参见田士永：《"民法学案例研习"的教学目的》，载《中国法学教育研究》2014 年第 4 期；于程远：《论鉴定式案例分析方法的本土化价值》，载《中国法学教育研究》2021 年第 1 期；卜元石：《德国法学与当代中国》，北京大学出版社 2021 年版，第 231 页及以下。

〔3〕　法译本为 R. von Jhering, Satires et Vérités: Cadeau de noël au public juridique, in: Études complémentaires de l'Esprit du droit romain, IV: Mélanges, traduit par O. de Meulenaere, Paris: Librairie A. Marescq aîné. 1902, pp. 69-422；意大利文译本为 RUDOLF VON JHERING, Serio e Faceto nella Giurisprudenza, traduzione di GIUSEPPE LAVAGGI, Introduzione di FILIPPO VASSALLI, Firenze: Sansoni 1954；西班牙文译本为 Rudolf von Jhering, Bromas y veras en la ciencia jurídica: Un presente navideño para los lectores de obras jurídicas, traducción del alemán por Tomás A. Banzhaf, concordada con la decimotercera edición alemana por Mariano Santiago Luque, Madrid: Editorial Civitas, 1987；日译本为ルードルフ・フォン・イェーリング 著，眞田芳憲・矢澤久純 訳『法学における冗談と真面目：法学書を読む人へのクリスマスプレゼント』（中央大学出版部，2009）。

刑法鉴定式案例分析的思路与方法

◎潘文博*

摘　要：鉴定式案例分析方法保障了案件审查过程的完整性和全面性，使论证更为高效、有条理且可检验。鉴定式依靠演绎推理即"大前提—小前提—结论"的三段论逻辑完成，在解决刑法案例时，对构成要件中的每一概念均应按照"设问—定义—涵摄—结论"的逻辑顺序进行审查。学习刑法教义学应具有体系性思维，掌握从分论到总论的分析方式，对犯罪论的各阶层依次展开分析。以故意的作为犯为标准形态，未完成形态、共同犯罪和竞合在此基础上予以修正，对过失犯、不作为犯也可举一反三。鉴定式案例分析对知识水平、时间精力投入要求极高，因此教学和训练是一个长期的过

* 潘文博，德国马克斯−普朗克外国与国际刑法研究所/弗赖堡大学法学博士，中国政法大学法律硕士学院讲师，硕士生导师。

程，或可从培养方案、训练强度、考核方式和教学投入等方面改进。

关键词：鉴定式案例分析　涵摄法　体系性思考　法学教育

一、刑法鉴定式分析的原理

大陆法系以高度抽象的法教义学作为依托。法教义学，是指"运用法律自身的原理，按照逻辑的要求，以原则、规则、概念等基本要素制定、编纂与发展法律以及通过适当的解释规则运用和阐释法律的做法。"[1] 在这个意义上，法教义学"被认为是原本意义或狭义上的法学/法律科学"，[2] 各个部门法学的知识、体系和方法即构成了相关学科的法教义学。因此，刑法学也称为刑法教义学（Strafrechtsdogmatik），是研究刑法领域中法律规定、学术见解，并进行解释、体系化和进一步发展的学科。[3] 刑法教义学为解释和运用刑法提供了完整的思维方法，分析案例时必须以刑法教义学的原则、规则和具体理论为基础，才能够保障结论的准确性。

以刑法教义学为基础的学科知识和技能的训练通常采用了鉴定式（Gutachtenstil）的案例分析方法。教学和考试中一般会给出一个确定的案件事实，并要求对相关人是否具有刑事可罚性以及如何具有刑事可罚性提出专业意见。[4] 鉴定式即案例分析时的

---

〔1〕　许德风：《论法教义学与价值判断——以民法方法为重点》，《中外法学》2008 年第 2 期。

〔2〕　参见雷磊：《法教义学的基本立场》，《中外法学》2015 年第 1 期；陈兴良：《刑法教义学方法论》，《法学研究》2005 年第 2 期。

〔3〕　Roxin, Strafrecht, Allgemeiner Teil, Band I, 4. Aufl., C. H. Beck, 2006, S. 194.

〔4〕　Vgl. Roxin, Strafrecht, Allgemeiner Teil, Band I, 4. Aufl., C. H. Beck, 2006, S. 195.

特定结构，将所有论证过程均置于教义学的框架之下，从而避免毫无根据地、随意地得出结论。按照特定思维顺序和逻辑规则对过程进行把控，也可以保障以及提升结论的正确性。"只有逻辑严密、层次清晰的案例分析方法，才能最终有效地发挥法教义学的这项法治国机能，即最大限度地确保案件处理的透明性与可检验性，最大限度地保证判决结论的可信度。"[1] 本文即为一份刑法鉴定式案例分析的"说明书"。

每一门学科都有各自的方法论。刑法学是构建出精密的犯罪论体系，将案例中的具体问题放到体系中进行检验。[2] 以"构成要件符合性—违法性—罪责"构建起来的犯罪阶层体系就是审查犯罪的基本框架。在刑法中进行体系性思考，也意味着任何问题都必须在体系中的正确位置展开分析。因此，鉴定式案例分析方法的优势与犯罪论体系紧密相连：首先，鉴定式方法沿着犯罪阶层体系的逻辑递进，减少审查案件的难度，使分析过程更加高效和条理分明；其次，鉴定式方法保障了分析步骤的完整性和全面性，[3] 分析者必须思维严谨，不进行多余的讨论也不遗漏必要的分析。

从教义学出发的鉴定式方法是规范的分析，必须以法规范为依据，而不能根据直觉、一般观念或者朴素的正义感来认定。如果"拿到一个具体案件（哪怕一个非常简单的案件）时常常手足无措，最常见的就是将自己仍然基于普通人的公平感而获得的粗

---

〔1〕 陈璇：《刑法鉴定式案例分析方法导论》，载《燕大法学教室》2021 年第 1 期。

〔2〕 Vgl. Welzel, Die deutsche strafrechtliche Dogmatik der letzten 100 Jahre und die finale Handlungslehre, JuS 1966, 421 f.

〔3〕 Vgl. Roxin, Strafrecht, Allgemeiner Teil, Band I, 4. Aufl., C. H. Beck, 2006, S. 211 f.

浅结论",[1] 则可能尚未掌握规范分析的思路与方法。虽然几乎所有人在面对某一案件事实时可能会先对结果产生预判,但这一预判必须经过程式化的检验。鉴定式"作为方法上的监督,可以检验借助直觉对案件形成的初步判断是否正确,不至于漏掉相关的法律问题以及过快直奔(可能是错误的)结论,从而保证司法判决论理的逻辑性和严密性。"[2] 面对纷繁多样的犯罪形态或者错综复杂案件事实时,只能运用法教义学展开规范分析,进行实质性论证。

鉴定式案例分析依靠演绎推理(也称为涵摄法、归入法)完成。通过"大前提—小前提—结论"的三段论逻辑对某一事物是否属于某一概念之内进行判断,即对命题进行证明或者证伪。在演绎推理的过程中,如果先有一般性的结论(大前提):所有的 x 都是 a,而(小前提):y 属于 x 的情形之一,那么可以得出(结论):y 是 a。例如大前提:所有人都会死;小前提:苏格拉底是人;结论:苏格拉底会死。[3]

具体到刑法领域:大前提为刑法规范,小前提为案件事实。[4] 通过将案件事实与法律规定进行对比,从而得出小前提是否符合大前提的结论。例如《中华人民共和国刑法》(以下简称《刑法》)第 232 条规定:"故意杀人的,处死刑、无期徒刑或者十年以上有期徒刑……"在本条规定中,刑法规范的构成要件是"故意杀人的"。如果张三满足了前述构成要件,即张三故

---

〔1〕　葛云松:《法学教育的理想》,载《中外法学》2014 年第 2 期。

〔2〕　参见卜元石:《德国法学与当代中国》,北京大学出版社 2021 年版,第 22~23 页。

〔3〕　Vgl. Schimmel, Juristische Klausuren und Hausarbeiten richtig formulieren, 14. Aufl., Vahlen, 2020, S. 12 f.

〔4〕　参见张明楷:《案件事实的认定方法》,载《法学杂志》2006 年第 2 期。

意杀人了，则应承担相应的法律后果，即"处死刑、无期徒刑或者十年以上有期徒刑……"随之而来的问题是：为什么张三满足法律上的故意杀人，则必须根据故意杀人罪的构成要件来判断。大前提：故意杀人罪，是指故意非法剥夺他人生命的行为；小前提：张三故意非法剥夺了他人生命；结论：张三构成故意杀人罪。

鉴定式案例分析中的审查顺序是正向的，结论必须经过逐一检验之后得出，而不能采取倒推的方式。[1] 就如同解答数学题，需要通过严密的分析和计算过程得出答案；一个人是否具有刑事责任，也需要环环相扣地加以推导，这种从已知到未知的判断逻辑和实务中分析案件的基本思路相符合。运用演绎推理对案例进行解析时通常应有四个步骤：设问—定义—涵摄—结论，即"大胆设问，小心求证"。论证的过程从零开始，所有对于事实的法律评价必须通过涵摄加以推导。法律上的评价要全面，即事实应当在所有值得被讨论的观点下接受检验，[2] 最后得出明确的结论。

二、鉴定式案例分析中的三段论构造

鉴定式案例分析首先要从案例给出的事实中找到具有法律意义的事实。"一个事实是否重要，取决于是否具有法律意义，而

〔1〕 论述观点时有两种常用的结构。与鉴定式分析相反的是判决式（Urteilsstil）结构，即先阐述结论再给出理由。例如："张三构成故意杀人罪，因为张三……"这种论述方式通常运用于判决书的说理过程中，法官在给出裁判结论后对理由进行阐释。Vgl. Kindhäuser/Zimmermann, Strafrecht, Allgemeiner Teil, 10. Aufl., Nomos, 2022, S. 35.

〔2〕 Vgl. Stuckenberg, Der juristische Gutachtenstil als cartesische Methode, Frisch-FS, Duncker & Humblot, 2013, S. 169.

这又取决于法律规范。"[1] 进行检验的四个步骤应依次进行。以如下案例进行展开：张三将李四的戒指扔入海中。试分析张三可能成立的犯罪。

第一步是设问。设问即引出问题，表明后续的分析即对此问题加以展开。任何一项检验必须从设问开始。刑法案例中的设问通常需要交代出行为事实和条文罪名，例如"张三将李四的戒指扔入海中，可能构成《刑法》第 275 条的故意毁坏财物罪。"由于鉴定式案例分析是经过检验才得出结论，因此在设问时不能直接给出案例的确定结论，而应该表述为"可能构成"，[2] 以表明该命题尚未验证。在此只需假设该犯罪成立，无须回应其他犯罪不成立。设问不能是疑问句，如"张三将李四的戒指扔入海中，构成《刑法》第 275 条的故意毁坏财物罪吗？"设问不应进行罪名区分，如"张三将李四的戒指扔入海中，构成盗窃罪还是故意毁坏财物罪？"设问不是规范判断，不需要运用刑法中的专业词汇，如"张三故意毁坏李四财物的行为，可能构成《刑法》第 275 条的故意毁坏财物罪。"以上均为错误的设问方式。

由于每一构成要件之中包含了若干构成要件要素，如客观的构成要件要素与主观的构成要件要素、记述的构成要件要素与规范的构成要件要素。除了对整个案例的设问之外，后续还需不断对构成要件中的各项概念进行设问。

第二步是定义。如上案例应写明《刑法》第 275 条故意毁坏财物罪的定义。客观构成要件中包括毁坏、财物等概念，主观构成要件要素为故意。对概念的定义应使用刑法上的中性专业术

---

〔1〕 葛云松：《法学教育的理想》，载《中外法学》2014 年第 2 期。
〔2〕 在德语中为第二虚拟式。

语。定义可能会有争议，当某一概念存在 A 说、B 说、C 说、D 说时，应当对各种学说进行说明、辨析和论证，同时还必须知晓通说和判例的立场。

第三步是涵摄。检验一个行为是否符合某一犯罪的构成要件，需要将案件事实代入法律规范之中，考察是否符合法律的规定，即"审查待决案件事实是否可归属在某一法律规范的构成要件之下，得出法律效果是否发生的结论。"[1] 成立某一犯罪需要完全符合该罪的构成要件，则应将构成要件中的所有概念逐一进行涵摄，审查案件中的情形是否均与构成要件相匹配。当案件事实并不能理所当然地与构成要件直接对应时，则必须进行解释，例如文义解释、体系解释、历史解释、目的解释。通过对相关规范中构成要件的解释，"一方面要将案件事实向刑法规范拉近，另一方面要将刑法规范向案件事实拉近"，[2] 以进行涵摄。

对相关问题的阐释必须是必要的，如果对于解析案例无用则会被认为多余而判定为错误答案。[3] 阐述时不能重复案例，而应进行分析和论证。鉴定式案例分析中也不应带有感情色彩，不能使用第一人称以及添加个人评价。教学过程中经常发现一种解题的写法："张三可能成立正当防卫。……（将题中的案例抄写一遍）因此，我认为张三成立正当防卫。"此种表述完全没有运用涵摄的方法，应予以避免。

第四步是结论。通过涵摄的方法检验后，对设问进行肯定或

---

〔1〕 朱晓喆：《请求权基础实例研习教学方法论》，载《法治研究》2018 年第 1 期。

〔2〕 张明楷：《案件事实的认定方法》，载《法学杂志》2006 年第 2 期。

〔3〕 Vgl. Stuckenberg, Der juristische Gutachtenstil als cartesische Methode, Frisch-FS, Duncker & Humblot, 2013, S. 169.

者否定，即设问中的"可能构成"是否真的符合。在此只写涵摄的结果，不做多余的分析。

针对上述故意毁坏财物的案例，可以对构成要件进行如下分析：

1. 客观构成要件

张三可能毁坏了他人的财物。（设问）

戒指可能是财物。（设问）财物是指有体物。（定义）戒指是有体物。（涵摄）戒指是财物。（结论）

戒指可能是他人的财物。（设问）他人的财物是指他人所有之物。（定义）戒指属于李四所有，而不是张三所有。（涵摄）戒指对于张三而言是他人的财物。（结论）

张三可能毁坏了财物。（设问）关于毁坏的含义，刑法理论上存在不同学说，包括物质的毁弃说、有形侵害说、效用侵害说等。物质的毁弃说认为，从物理上破坏、毁损财物，因而侵害财物本来效用的行为，才是毁坏。但是这种观点不当缩小了处罚范围。有形侵害说认为，通过对财物的有形作用，毁损财物的无形价值，以及毁损财物的物体完整性的行为，就是毁坏。但是，"有形的作用"的界限并不明确，与效用侵害说没有实质区别。效用侵害说认为，凡是有害财物效用的行为，都属于毁坏。因为故意毁坏财物罪的核心就是损害财物的效用，财物效用的减失与财物的物质性破坏在反价值性上是完全等同的，都是导致财物不能使用。因此，效用侵害说为合理的选择。效用侵害说中的"毁坏"既包括从物理上变更或者消灭财物的形体，也包括通过对财物施加有形力或者影响力，使财物的效用丧失或者减少的一切行为。[1]（定义）将他人的戒指扔入海中，即因为物理上、客观上的损害而导致财物的效用减少或者丧失。（涵摄）张三将戒指扔入海中是毁坏行为。（结论）

张三毁坏了他人的财物。（结论）

2. 主观构成要件

张三可能是故意地行为。（设问）故意是指明知自己的行为会造成危害社会的结果，并且希望或者放任该结果发生。（定义）张三明知，戒指是财物且不属于他，并希望将戒指扔入海中。（涵摄）张三具有故意。（结论）

在检验任何一个概念时，应按照"设问—定义—涵摄—结论"的思维方式进行。当构成要件中的所有概念均得以验证后，才可以得出案件事实完全符合法律规定的结论。由于刑法教义学中的观点对立十分常见，当存在争议或疑难问题时，在检验过程中需要尽可能全面地对相关学说进行分析和论证，确立予以支持的观点并给出理由。这一过程极为烦琐，"特别在法律规定有冲突、不明确或是需要自由裁量，或是案件事实比较复杂时，法律适用对法律知识的掌握程度与思维能力要求实际是非常高的。"[2] 因此，解答案例分析不仅需要熟悉各种知识点以及通说、判例的立场、有力说，也要求对其加以理解和运用。鉴定式案例分析并不提供唯一的标准答案，可能因观点选择上的差异而产生不同的结论，但结论不能是开放性的，必须予以明确。[3]

---

〔1〕 参见张明楷：《刑法学》，法律出版社 2021 年版，第 1342～1343 页。

〔2〕 卜元石：《德国法学与当代中国》，北京大学出版社 2021 年版，第 239～240 页。

〔3〕 Vgl. Stuckenberg, Der juristische Gutachtenstil als cartesische Methode, Frisch-FS, Duncker & Humblot, 2013, S. 169.

当然，如果在解题时对每一个概念均重复以上四个步骤，会使整个案例分析过程异常庞杂，耗费大量精力在程式化的框架中。对过于明显或者毫无争议的内容，机械地重复则毫无必要，可以省略分析。哪些问题要详细论述、哪些问题可以省略，需要权衡问题的重要程度以及繁简加以确定，对于初学者而言可能难以把握，这就要求对刑法学中的知识点非常熟悉并伴以长期练习，才可能在解题时游刃有余。通常来说，讨论的问题越是重要和复杂，则论述应该越为详细。

三、从分论到总论的思维应用

根据三阶层犯罪论体系的构造，判断完刑法分则所规定的构成要件后，需要继续考察是否具有违法性以及罪责，例如行为人是否进行正当防卫、紧急避险，或者行为人是否具有禁止错误、期待可能性等。阻却违法的事由和阻却责任的事由应分别放到犯罪论体系的不同阶层中考虑。对于解决刑法案例而言，重要的是将犯罪论体系的构造牢记在脑中，任何的推理和论证都必须在体系中进行。如果将某一内容放到错误的位置讨论，则可能会得出错误的结论。而根据阶层式犯罪论体系的逻辑，当作为先决条件的某一概念在涵摄时被否定，则不需要对后续的概念进行推论。[1] 例如在进行违法性判断之前要先考察构成要件符合性，如果构成要件并不满足，则不用判断是否成立正当防卫或者紧急避险。

在可能成立正当防卫的案例中，应首先回顾正当防卫的成立

---

[1] Vgl. Roxin, Strafrecht, Allgemeiner Teil, Band I, 4. Aufl., C. H. Beck, 2006, S. 212.

条件，再依次运用涵摄法进行检验。成立正当防卫必须满足如下条件：正当防卫情形、正当防卫行为和防卫意图。[1] 以防卫情形为例，要求正在发生针对受法律保护利益的攻击。对于"攻击""针对受法律保护的利益""正在发生"以及"攻击的违法性"等条件应加以阐明，且每一项均有刑法上的标准和需要注意的情形，都可能成为案例分析的给分点。尽管正当防卫的内容较为繁多，仍应逐一进行考察。

在总论的知识点中，还必须熟记符合或者不符合某项条件的法律后果。如果不符合刑法分则的构成要件，则不构成该项犯罪；如果不符合总则中的某一条件，可能并不会简单地排除其可罚性，而是形成更为复杂的结论。例如行为人实施行为时未能认识到行为的不法，应在罪责阶层上考察是否产生了禁止错误，需分情况予以讨论：当该错误不能被避免时，排除罪责；当该错误可以被避免时，应减轻处罚。[2] 回答此类问题同样需要以牢固的基础知识为支撑。

在刑法学的教学活动中，通常是以故意的作为犯为模板，打好基础之后再进行特殊形态的讲解。对过失犯和不作为犯可以参照故意的作为犯的构造举一反三，特殊形态也以故意的作为犯为标准形态进行修正。根据刑法理论的通说，故意的作为犯对应于意志归责，过失犯和不作为犯对应于规范归责。相比于故意的作为犯而言，过失犯和不作为犯属于不同的犯罪类型，应具有不同

---

〔1〕 Vgl. Kindhäuser/Zimmermann, Strafrecht, Allgemeiner Teil, 10. Aufl., Nomos, 2022, S. 152.

〔2〕 Kindhäuser/Zimmermann, Strafrecht, Allgemeiner Teil, 10. Aufl., Nomos, 2022, S. 241.

的体系构造。[1] 故意犯由于对因果流程的意志操纵而被归责；过失犯以注意义务为核心、不作为犯以保证人地位和保证人义务为核心构建，由于对风险状态的支配而被归责，因此在构成要件符合性、违法性和罪责阶层均具有不同的考察要素。

由于刑法分则是按照"一人／一罪／既遂"的形态加以规定，对于复杂的案例可能会有犯罪尚未完成、多人共同实施或者实行多项犯罪行为等特殊形态同时出现，在刑法理论上会涉及未完成形态、共同犯罪、竞合等内容，应分别予以讨论。

1. 未完成形态

犯罪未完成形态的体系构造与既遂形态相比更为复杂。鉴定式案例分析的审查框架与犯罪形态的特征息息相关。由于客观构成要件没有（或者没有完整地）实现，特别是在印象理论的影响下，未完成形态更为强调主观不法，而非客观不法。与既遂犯中客观判断优先于主观判断的顺序相反，在未完成形态中，主观审查应当优先于客观审查。对于未遂犯，需要在构成要件之前进行预审查，即行为没有既遂和未遂具有可罚性。[2] 如果行为已经完成，则应直接适用既遂犯的判断标准；如果未遂不可罚，则不需要进行下一步判断。在构成要件的判断中，根据主观优先于客观的审查规则，应依次考察行为决意和直接着手的标准。中止作为人身性的刑罚取消事由，被放置于罪责的判断之后。

2. 共同犯罪

根据区分制的构造，解决共同犯罪问题的第一步是区分出正

---

〔1〕 Vgl. Jescheck/Weigend, Lehrbuch des Strafrechts, Allgemeiner Teil, 5. Aufl., Duncker & Humblot, 1996, S. 232.

〔2〕 Vgl. Puppe, Kleine Schule des juristischen Denkens, 4. Aufl., Vandenhoeck & Ruprecht, 2019, S. 311; Kindhäuser/Zimmermann, Strafrecht, Allgemeiner Teil, 10. Aufl., Nomos, 2022, S. 254.

犯与共犯。由于刑法理论上坚持共犯的限制从属性原则，成立共犯必须以正犯故意且违法地实现构成要件为前提，则通常应先分析可能的正犯，再考察狭义共犯。正犯中包括直接正犯、间接正犯和共同正犯三种类型，共犯中有教唆犯和帮助犯两种类型，应熟记各种类型正犯和共犯形态的成立条件。根据限制从属性说，如果正犯行为不成立不法，则不用进一步考察教唆、帮助行为是否成立犯罪；但如果正犯成立不法但不具有责任，则仍要考察教唆和帮助行为，因为此时共犯仍然可能成立。在区分制中，对正犯或共犯的处罚方式是直接与犯罪形态本身挂钩的，因此只要确认属于正犯或共犯的某一类型，即得出相应的量刑规则。

3. 竞合

对某一事实，如果同时符合多个构成要件时，则需要考察成立一罪还是数罪，从而确定最终的罪名。

四、鉴定式案例分析的教学反思

鉴定式案例分析方法由于论证上的可检验性，有助于对审查过程进行逻辑上的检验。近年来裁判文书释法说理引起重视。最高人民法院印发的《关于加强和规范裁判文书释法说理的指导意见》中指出："裁判文书释法说理的目的是通过阐明裁判结论的形成过程和正当性理由，提高裁判的可接受性，实现法律效果和社会效果的有机统一；其主要价值体现在增强裁判行为公正度、透明度，规范审判权行使，提升司法公信力和司法权威，发挥裁判的定分止争和价值引领作用，弘扬社会主义核心价值观，努力让人民群众在每一个司法案件中感受到公平正义，切实维护诉讼当事人合法权益，促进社会和谐稳定。"虽然鉴定式方法并不同于判决体，但加强鉴定式案例分析的思维训练，将有助于说理水平的提升，提高司法判决的规范化、法律适用与论证规则的统一。

刑法鉴定式案例分析对教义学的知识水平要求极高，既要有全局意识，对审查犯罪的阶层式构造具有体系化认知，也要对基本原理、基本概念和法律效果等知识细节非常熟悉，还要对争议问题的学说和判例十分了解，才可能获得不错的成绩。在德国的作业、测验和考试中通常采用 18 分制进行考核，获得 4 分以上为及格。参考答案中根据知识点的分布设置得分点，例如某一案例分析中共有 55 个得分点，答对 53 个至 55 个为 18 分，答对 50 个至 52 个为 17 分，以此类推。一般来说，达到 7 分就已经超过平均水平，达到 10 分以上的成绩已经十分突出。[1] 理论上，4 分至 18 分的成绩档次应较为分明，但实际上 12 分至 18 分基本上很难达到。[2]

我国的刑法和民法学界也在大力推行鉴定式案例教学的方法论。对于刑法学科而言，德国法学院的经验可以为我国的教学活动给予以下启示：

一是训练前提。鉴定式案例分析中的"设问—定义—涵摄—结论"四个步骤只是解题和论证的方法，而答案的质量需要建立在扎实的教义学知识之上。现阶段教学的普遍问题仍然在于基础知识不扎实，特别是本科（以及非法学法律硕士）法学教育在司法考试的指挥棒下成为"法考培训班"，大多数人并无兴趣了解

[1] 参见卜元石：《德国法学与当代中国》，北京大学出版社 2021 年版，第 216 页。
[2] 我国的鉴定式案例分析培训很少对分数进行统计。一般而言，给分点设置越细化，则分数越低。

争议问题中的各种学说，只希望获得一个固定的正确答案。虽然德国大学的基础法学教育本质上也是一种应试教育，但存在较为合理的考试命题方式。鉴定式案例分析并不提供所谓答案采纳的观点，而要求具有对各种学说展开辨析和论证的能力。然而，要解决以上问题确实存在实际的困难。当前我国对于犯罪论体系的构造仍然没有相对确定的形态，对二阶层抑或三阶层、结果无价值抑或行为无价值等基本问题缺乏定论，无疑也增加了刑法教义学本身的难度，使学生脑中的体系混乱，导致学习效果不佳。

二是训练强度。刑法教义学思维方法的训练是一个长期的过程，不能一蹴而就。鉴定式案例分析要求简洁清楚的表达和有条理的论证逻辑，只有通过不断训练才能掌握其中的方法和技能，且只有具备一定强度的训练才有助于形成敏锐的判断力。德国法学院本科生从入校开始就着手鉴定式案例分析思维方法的训练，从一句话案例到长难案例，从初级练习课到高级练习课，从刑法案例到刑法与刑事诉讼法结合的案例，从第一学期到最后一学期。可以说，高强度的训练使鉴定式案例分析的思维模式根深蒂固生长在脑中。缺乏足够的训练时长和强度而要求交出令人满意的答卷恐难以实现。

三是训练方式。当前的鉴定式案例教学错误地认为鉴定式就是长难案例，从而以戏剧性为指引制造离奇的案情。案情越复杂对解题者的要求也就越高，在缺乏基础练习的情形下直接进入到高阶的长难案例会加大理解难度。对于初学者而言，应从最基础的案例开始训练鉴定式的分析方法，打下犯罪论体系、理论知识和方法技能的坚实基础之后再逐步进阶。如果学科知识体系尚不完备，"过早地面对疑难问题，会牵扯过多精力，妨碍对基础知识的全面学习。"[1] 现有的鉴定式案例分析培训普遍使用了长难案例，很难从最基本的解题方法和技巧开始练习，给出的参考答案与普通的案例分析课程并无实质性差别，也使教学效果大打折扣。

四是训练配套。传统的案例教学通常只是以案例作为理论的补充，举例以说明原理，仍然以讲授的方式为主；鉴定式案例分析需要大量的练习，"但仅练习是不够的，甚至是有害的，这是因为个人保留的知识是他本人产生的，如果学生在练习时发生理解错误，他就会学习到错误的东西。"[2] 因此，鉴定式案例分析不仅需要学生本人在训练时投入大量的时间和精力成本，对于教学过程中实时指出错误、批改和讲解同样会耗费巨大的成本。由于鉴定式案例分析并不存在标准答案，对于其它的解题思路也应当仔细评判。如果要求批改时必须给出扣分理由，则工作量非常大；再加上讲解和辅导，则负担更加沉重。"在如火如荼的鉴定式案例分析教学中，至今还没有一所学校可以完整复制德国的模式，无论是开设暑期班还是选修课，显然都只能完成鉴定式案例分析教学的初步阶段。"[3] 在以上条件尚不具备的情形下，对我国的鉴定式案例分析训练还需抱有耐心，今后或可从优化培养方案、提高训练强度、改变考核和命题方式、加大教学投入等方面加以改进。

---

[1] 葛云松：《法学教育的理想》，载《中外法学》2014 年第 2 期。

[2] 何美欢：《理想的专业法学教育》，载《清华法学》2006 年第 3 期。

[3] 章程：《继受法域的案例教学：为何而又如何?》，载《南大法学》2020 年第 4 期。

地方财经类院校法律硕士培养机制研究[*]

◎冯　姣[**]

摘　要： 地方财经类院校法律硕士的培养目标包括法律硕士培养的基础目标和财经类院校的特色目标。对照培养目标，地方财经类院校法律硕士的培养机制仍然存在不少问题，包括课程特色不鲜明、实务导向不突出、师资倾斜度不足等。从地方财经类院校法律硕士培养的路径优化来看，在目标层面需要突出财经特色，服务地方经济；在过程层面需要坚持实务导向，强化学术训练；在结果层面需要设立多元化的分流机制。

关键词： 财经类院校　法律硕士　培养机制　财经特色

---

　　[*]　本文系浙江省教育规划项目"地方财经类院校法律硕士培养模式改革研究"的研究成果（项目编号：2022SCG237）。

　　[**]　冯姣，浙江财经大学法学院副教授、硕士生导师，法硕中心主任。

近年来，随着依法治国进程的不断推进，全社会对法科类毕业生的需求日益突出，法律硕士的招生院校和招生人数都呈现不断增多之势。截至 2019 年，中国已有法律硕士专业学位授权点 247 个。在法律硕士不断扩招但仍无法满足现有需求的背景下，有学者开始呼吁设置法律博士专业学位，为培养高素质法治人才提供保障。[1] 虽然法律硕士培养规模不断扩大，但仍存在不少问题。本文以财经类院校法律硕士培养机制为研究对象，对地方财经类院校法律硕士培养机制的问题予以审视，并提出相应的对策建议，以进一步优化财经类院校法律硕士的培养机制，并为后续更高层次专业学位的设置提供经验支撑。

一、地方财经类院校法律硕士培养的目标厘清

目标，是指"想要达到的境地或标准"。[2] 对法律硕士培养目标的厘清，有利于为后续培养方案的制定、实施和完善提供方向性的指引。对地方财经类院校法律硕士培养而言，其目标可以拆分为两个层面：一是法律硕士培养的基础目标；二是财经类院校的特色目标。

（一）基础目标：法律硕士的培养目标

根据《法律硕士专业学位研究生指导性培养方案》的表述，法律硕士（法学）"主要培养立法、司法、行政执法和法律服务领域德才兼备的高层次的专门型、应用型法治人才"；法律硕士（非法学）"主要培养立法、司法、行政执法和法律服务以及各行

---

〔1〕　王健：《设置法律博士专业学位　为培养高素质法治人才提供保障》，载《民主与法制》2022 年第 7 期。
〔2〕　中国社会科学院语言研究所词典编辑室编：《现代汉语词典》（第 7 版），商务印书馆 2016 年版，第 928 页。

业领域德才兼备的高层次的复合型、应用型法治人才"。对目标进行文本解读，可以发现法律硕士的培养目标至少包括如下三个层次：

一是总体层面的要求，即目标表述中的"德才兼备"。从品德上，需要具备优秀的品格，具体包括遵守宪法和法律、具有良好的政治素质和道德品质、遵循法律职业伦理和法律职业道德规范、自觉践行社会主义核心价值观等行为性要素；在才能上，需要具备较高的才能，即掌握法学基本原理，具备从事法律职业所要求的法律知识、法律术语、法律思维、法律方法和法律技能，具有独立从事法务工作的能力。"德才兼备"是对法律硕士综合素质的要求，对其的培养，需要进行政治类课程的学习，辅之于日常各类型潜移默化的价值观教育。尤其要明确的是，在"德""才"方面，对法律硕士而言，除了需要具备一般性的德行要件外，还需要掌握法律职业伦理和道德修养方面的知识。

二是法学基础知识的能力，即目标中的"专门型"或"复合型"面向。无论是法律硕士（法学）还是法律硕士（非法学），具备基础的法学专业知识和能力，是其作为法科生日后在社会上安身立命之本。对于法律硕士（非法学）而言，其在本科阶段缺乏相应法学学科的训练，故对法学基础知识的系统学习以及顺利通过国家司法考试成为其在校期间的重要任务；对法律硕士（法学）而言，其大多已经具备基础的法学素养，故此，在本科学习的基础上，进一步深化对某一类问题的研究，成为其在校期间的重要任务。通过专业知识的学习，促使法律硕士全面掌握法律专业知识，掌握诉讼主要程序。

三是具备一定的实务能力，即目标中的"应用型"面向。不同于法学硕士的学术性的培养机制，"应用型"构成了法律硕士的显著特色。"应用型"面向体现在各个方面，如运用法律思维分析和解决法律实务问题、在具体案件中进行法律推理、熟练从事法律事务代理和辩护业务等。具体而言，法律应用型能力包括法律文书写作能力、案例处理能力、辩论能力、法条适用能力、法律谈判能力等。实务能力的培养可以基于多种途径，如课堂实战训练、模拟法庭、实务导师指导、赴司法机关实习等。

（二）特色目标：财经特色的法律硕士

就地方财经类院校的法学院而言，借助财经类学科的天然优势，培养具有财经特色的法律硕士，成为其核心竞争力所在。在法律硕士培养层面，财经特色主要体现在如下几个方面：

一是特色研究方向的设置。不同于学术类硕士对专业方向的明确限定，在法律硕士的培养过程中，一般允许各个高校在法学传统部门法分类的基础上，根据自身的特色设置相应的研究方向。如不少财经类高校根据自身特色，设置了对外贸易、国际金融、财经法律等研究方向。在具体培养过程中，各个高校根据特色研究方案组建导师群，针对特色财经类专题展开研究，以切实提升法律硕士生解决财经类法律问题的能力。

二是特色课程设置。通过在培养方案中有意识地添加财经类课程，各个财经类高校系统性地强化金融、财务、会计等方面的训练。通过上述方式，进一步夯实学生财经方面的专业基础，以充分实现法学与其他专业的有机融合，实现财经类"复合型"人才的培养。具体而言，不少财经类高校在培养方案中设置特色类的选修课，如金融学、财税学、会计学、国际商贸等课程，从课程机制上确保培养目标的实现。

三是服务当地的地方特色和经济。"法律硕士培养制度的建构必须围绕公共治理和社会需求进行。"[1] 作为地方类高校，服务当地经济发展成为其人才培养的重要目标。对于法律硕士的培养而言，结合地方经济特色，展开针对性的培养，有利于对当地经济的持续发展输送人才。具体而言，以浙江省为例，针对浙江省民营经济发达的特点，开展民营经济保护主题的专题研究，如中小企业合规；针对一带一路和对外法治等方面的现实需求，北京和上海等地的财经类高校积极培养涉外类的法律硕士。将具有财经特色法律硕士的培养目标定位于服务本地经济发展，有利于充分实现法律硕士的"应用型"价值。

二、地方财经类院校法律硕士培养机制的问题梳理

"除了分类招生考试得到较好的落实外，在学位论文评阅标准、课程体系设置、教学内容方式、师资队伍建设、实践基地建设等方面，虽然不断改进，但法律硕士的教育培养没有实现实质性的创新。"[2] 在对培养目标进行梳理的基础上，对地方财经类院校法律硕士的培养机制进行审视，可以发现现有机制呈现出一系列的问题，阻碍培养目标的实现。

（一）课程特色不鲜明

一方面是整体课程的设置。从各大高校法律硕士的课程设置来看，基本分为学位公共课、学位基础课、专业必修课、专业选修课和实践教学环节等几个部分。根据《法律硕士专业学位研究

---

〔1〕 宗婷婷：《新时代法律硕士教育的制度性困境与创新逻辑》，载《中国法学教育研究》2020 年第 2 期。

〔2〕 洪冬英、戴国立：《我国法律硕士研究生培养模式的改革叙事与当代思考》，载《法学教育研究》2020 年第 3 期。

生指导性培养方案》的规定，各培养单位可以根据培养目标及本单位特色，自行设置特色方向板块并开设相应的选修课程。从各个财经类高校的培养课程来看，设置的财经类特色课程包括金融法理论与实务、证券法理论与实务、基础会计、破产法理论与实务、中级西方经济学、银行法、国际金融法专题等。但从整体的比重来看，财经类课程所占比重仍然较低。以法律硕士（非法学）而言，在 76 个学分中，一些高校财经类特色课程仅有 4 个学分，财经类特色被极度弱化。

另一方面是特色方向的设立。在法律硕士培养过程中，有些学校设立了特色的研究方向，但大多数学校并未设立。从一些典型财经类院校的培养方案来看，上海财经大学法学院法律硕士（非法学）专业分为财经法和自由贸易法治两个方向；法律硕士（法学）专业分为财经法和国际金融法两个方向。对外经济贸易大学的法律硕士则专设涉外律师方向。上述特色方向都显示出浓郁的当地经济色彩。但从不少地方财经类高校的培养方案来看，并未设立单独的研究方向，致使法律硕士专业毕业生的同质化程度过高，在就业市场上缺乏竞争力；在有些财经类高校，虽然设置了企业法务、财经法律等财经类特色研究方向，但与此同时也设立了地方立法与政府法务、司法社会工作等研究方向，导致研究方向难以聚焦，财经特色被稀释。

（二）实务导向不突出

第一，大多数任课教师并无实务工作经验。从现有法学院师资的准入标准来看，一般需要具备博士以上的学历，并要求发表特定级别的文章，具有参与或主持特定课题的经历；但对于实务经验，入职条件却并无硬性的规定。由此导致的现象，是大量法学院的教师，本身遵循从学校到学校的成长轨迹，实践经验极度缺乏。"在法学理论、法律实践和法学教学各个方面都十分出色的天才且为全才的教师即便有，那也只是凤毛麟角。"〔1〕从法律硕士培养方案的设置来看，不少院校设置了模拟法庭、法律谈判等实训类课程；但上述课程仍然由法学院老师承担，任课老师在课程的讲授过程中，遵循从理论到理论的授课模式，课程设置的初衷难以实现。

第二，虽然聘请了实务导师，但实务导师难以承担实质性的指导职责。从法硕的师资配备来看，不少法学院校已然意识到实务导师的重要性，故聘请具有一定实务经历的实务界人士，如资深法官、检察官、律师、公司法务人员等担任指导教师，实行"校内+校外"双导师制。基于财经类院校的特色，不少法学院还聘请上市公司的董事等担任实务导师。但从实际效果来看，实务导师大多忙于本职工作，较难抽时间对学生进行系统性指导，校外实务导师事实上成为摆设；在实践中，实务导师的效用限于为法硕学生安排规定时间的实习，整体制度的功能难以充分发挥。

第三，毕业论文与法学硕士一样的写作要求。从硕士论文的写作要求来看，不少学校对法学学术类硕士和法律类硕士规定了几乎一样的要求。法律硕士的论文字数、外审程序、答辩要求等，都与法学硕士同等对待。这就导致法律硕士不仅需要具备相应的实务经历，还需要在学术层面达到一定的造诣。从实然层面来看，上述美好的愿望可能遭遇瓶颈，两者都难以实现初衷。与学术硕士同等对待的毕业论文要求，对于缺乏法学基础知识的法

---

〔1〕 宁清同：《我国法学教育培养目标的偏失与矫正探析》，载《中国法学教育研究》2018 年第 3 期。

律硕士（非法学）而言，显得过于严苛。此外，从硕士论文最终的成稿来看，法律硕士的选题与写作方式，与法学硕士的选题与写作，同质性较强，实务性色彩不突出。

（三）师资倾斜度不足

第一，从任职条件来看，法律硕士导师的任职要求相对较低。从硕士生导师的任职资格来看，法学硕士研究生导师的任职条件，一般要求副教授以上的级别；如果是讲师，则需要具备相应的破格条件，如主持国家级项目或发表权威类刊物。相较而言，法律硕士导师的任职资格相对较低。如果作为讲师，在不少院校，仅需要主持省部级项目或发表核心刊物文章。由此可能导致的结果，是法律硕士学生有更为充分的选择导师的空间，但导师的综合素质和水平可能更为参差不齐；不少新聘任的导师一方面缺乏理论积累，另一方面实务经验也相对欠缺。

第二，导师在指导学生时，较少针对法律硕士开展有针对性的指导。一般情况下，法学类院校在遴选法律硕士导师时，更看重的是导师的科研能力，而较少考虑导师的研究方向。就财经类院校而言，大量的非财经类法学方向的教师聘为硕士生导师，可能导致法律硕士的财经色彩不显著，进一步强化了各个高校法律硕士培养模式的同质性。此外，从导师的指导过程来看，基于职业惯性，其对于法学硕士和法律硕士遵循大致相同的指导模式。很多导师对法律硕士（非法学）的指导，还较多采用放养的模式，对其的学术训练较为不足。导师学科背景的多元、实务能力的缺乏和放养式的指导方式，进一步影响了财经类院校法律硕士培养目标的实现。

三、地方财经类院校法律硕士培养的路径选择

在法律硕士一再扩招的背景下，就地方财经类院校而言，亟需突破现有的制约和瓶颈，以进一步优化培养模式，提升其自身的影响力和知名度，在法学院校中获得自己的一席之地。

（一）目标界定：突出财经特色，服务地方经济

一是凝聚特色，突出财经类课程。将法律专业学位研究生教育与学校自身的优势相结合，培养更具有专业优势、面向社会实际需要的专业型、复合型人才，走出一条符合本校特点的人才培养道路。[1] 就财经类院校而言，在必修课程的基础上，开设尽可能多的财经类的选修课，打通不同专业之间的限制，吸收财经类背景的教师（如会计学、金融学的硕导）担任校内导师，以更好地培养精通经济又精通法律的专业型人才。

二是对接地方经济发展，设立特色的研究方向。以浙江省为例，民营经济发达，企业合规问题越来越受制度设计者的关注。在此背景下，不少法学院校和律所、检察机关等实务部门合作，设立企业合规研究中心。在法律硕士的培养中，探索确立企业合规的研究方向，针对企业合规问题展开研究，这一方面有利于解决企业合规的理论争议，回应企业的现实需求；另一方面有利于为学生后续的就业等夯实基础。

（二）过程控制：坚持实务导向，强化学术训练

一是加强实战类的课程，实现理论与实务的充分结合。除聘请实务人士担任授课教师外，还可以在现有培养方案中添加实战

---

〔1〕　王利明：《我国法律专业学位研究生教育的发展与改革》，载《中国大学教学》2015 年第 1 期。

类的课程，改编现实案件，让学生亲身感受司法实践。以西南财经大学法学院为例，其专任老师开设《刑事庭审技能训练》等实务课程，采取线上学习与线下操练有机结合、校内老师与实务导师相结合的模式。具体而言，校内老师传授基础理论知识，实务导师则分组指导学生展开训练，对真实的案件进行模拟训练，取得了良好的授课成效。就法律硕士的培养而言，有必要探索上述新的授课训练模式，如开展金融类案件的审理技巧训练，以切实提高学生的实操能力。此外，发挥法律诊所等现有机制的功效，对接现有的多元化纠纷解决机制，让学生接触第一手的司法前沿信息。

二是强化师资培育，鼓励高校教师赴各地司法实务机关挂职锻炼。近年来，不少法学院已充分意识到法学任课教师实务能力的重要性，将其作为教师职称评审的前置条件；从实务部门而言，也逐渐意识到学术理论的重要性，寻求理论与实践的有机融合。以浙江省检察系统为例，其自 2018 年以来，大力推动检校合作，给法学教师提供大量的挂职锻炼机会。从检校合作的成效来看，挂职教师和检察机关实现了优势互补，与时俱进开展合作，形成了双赢的局面。[1] 鼓励高校教师赴实务机关挂职，对于切实提升法律硕士培养成效，具有现实性的意义。

三是调整毕业论文的写作要求，突出论文选题的实务性，确保论文写作的实证化。从形式上来看，就毕业论文的字数而言，适当降低毕业论文字数方面的要求，如各个高校对于法学硕士的毕业要求字数一般为 3 万字，对于法律硕士而言，可探索将毕业

---

〔1〕　贾宇:《推进检校合作研究 更好服务高质量发展》，载《法治日报》2022 年 3 月 7 日，第 4 版。

论文字数控制在 2 万字左右；从选题上来看，强化毕业论文选题的实践性，尽量避免将纯粹的理论和思辨问题作为毕业论文的选题，突出毕业论文选题的财经类色彩；从研究方法来看，在教义学研究和比较研究等传统法学研究方法的基础上，重点突出实证研究方法，由此保证学生实习成果的转化。从一些法学院校的实践来看，已经开始在法律硕士培养过程中，试水实习毕业报告，取消传统的毕业论文。[1]

（三）结果输出：多元化分流机制的设立

一是在职业准入机制上，减少对法律硕士的择业歧视。从法硕学生的去向来看，不少学生选择企业法务、律师、法官、检察官等职业。如上所述，相较于一般的法科学生，法律硕士（非法学）毕业生具有跨学科背景的优势，而特色方向的法律硕士更有成长为某一领域专家的巨大潜力。但基于现有的体制机制，不少地区的公务员考试人为地对报名条件加以限定，致使不少法律硕士（非法学）的学生被排除在公务系统之外。就体制内而言，新型行业的纠纷日益增多，证券、金融、会计等专业领域的纠纷处理迫切需要专业领域的人才。对报名条件的不当限定，致使就业市场的供需矛盾突出。故此，有必要在职业准入机制上，对法律硕士设置更为友好的条件。

二是在升学机制上，探索建立法律博士的培养机制。作为专业类学位，其升学空间在一定程度上被限缩。从一些代表性法学院校的机制来看，专业类学位的学生较难像学术类学位的研究生一样，直接获得博士入学资格。即便已有院校打通两者之间的壁

---

〔1〕 徐晓颖：《法律专业学位研究生的实践教学改革——以北京大学法律硕士（非法学）项目为例》，载《法学教育研究》2019 年第 4 期。

垒，但专业类硕士研究生的培养模式与学术类硕士的培养模式存在显著差异，由此可能导致其难以适应学术类博士的培养方式。在实务层面，我国专业博士研究生教育发展滞后，不能适应法律实务部门对于博士层次应用型专门人才的需要。[1] 故此，有必要探索和试点法律类博士的培养模式，扩展法律硕士研究生的升学空间，以切实回应社会对于高层次法律应用类人才的需求。

四、结语

在法律硕士培养规模日益扩大的当下，对于地方财经类高校而言，亟需结合自身的学科优势，走出一条符合学校特色的培养道路。此外，如何更好地服务当地经济社会的发展，亦是财经类高校法学院在人才培养中需要考虑的问题。在"专门型、应用型、复合型法治人才"的培养目标下，不少财经类高校已经有所作为，且取得不俗的成绩。将各地财经类院校法律硕士的培养经验加以整合和梳理，形成可复制、可推广的经验，有利于进一步优化法律硕士的培养结构，为经济社会的高质量发展提供法治人才保障。

---

〔1〕　袁钢等：《我国法律博士专业学位研究生培养模式的探索》，载《学位与研究生教育》2021 年第 6 期。

人工智能时代背景下高校法学教育的现状和未来

——以教育部第四轮法学学科评估 A 级高校为例

◎刘　柯*

摘　要： 大数据、互联网+、云计算、人机交互等人工智能技术的发展迅猛带动社会的全面发展，将人类社会带入人工智能时代，自此人类社会的发展打上了人工智能技术的深深烙印，其中受到影响的也包含法学教育。人工智能时代对法学教育的影响首先做出回应的是法学教育水平、人工智能研究水平较高的高校。我们看到人工智能技术已经对上述高校科研机构设置、人才培养目标、法学教学模式等方面产生了一定的影响，也表现出了一定的特点，如法学教育逐渐适应人工智能时代的要求，影响仍然处于萌芽阶段、影响层次较低，具有

　　* 刘柯，武警海警学院教员。本文系教育部高等教育司 2021 年第一批产学合作协同育人项目"人工智能背景下法学本科专业教学创新路径研究"的阶段性成果（项目编号：202101227006）。

学科交叉的特点、本质上属于人工智能技术融入法学教育等。通过以上特点，我们认为人工智能对法学教育的影响仍然处于萌芽阶段、远没有达到成熟时期，因而我们未来的法学教育还应当继续跟随科技的脚步、跟随人工智能时代的发展而继续完善我们的教育举措，以期通过人工智能技术的介入达到法学智慧教育的目标。同时我们也应该清醒地认识到，人工智能对法学教育有一定的影响，但是这种影响不是彻底的，传统教育仍然是法学教育的基础，法学教育人才培养的目标也没有发生本质的改变。

关键词：人工智能时代　法学教育　人才培养

前　言

改革开放以来，尤其是进入新世纪以来，人工智能技术在我国进入飞速发展时期，从普通汽车到自动开关门的智能汽车再到研发中的自动驾驶汽车；从现金交易到微信支付宝第三方支付再到数字货币的产生；从简单人工统计到计算机统计到大数据分析，无不昭示着人工智能对社会发展所起到的作用。随着第四次工业革命的到来，大数据、互联网+、云计算、人机交互、泛在网络、移动通信等高新技术迅猛发展，引领着时代发展的潮流，人们迅速进入到人工智能时代。人工智能时代背景下，社会关系发生广泛而深刻的变革，尤其是在未来科技方面为社会带来了强大的推动力，这无疑也对紧跟时代发展潮流的法学教育产生了影响。本文拟对人工智能时代背景下，大数据、互联网+等相关科技的发展对法学教育的影响现状及未来做一个探讨。

一、人工智能时代概述

人工智能（Artificial Intelligence，以下简称"AI"）的概念

起源于美国，1956 年举办的学术研讨会上首次提出"人工智能"这个概念。人工智能是研究使计算机来模拟人的某些思维过程和智能行为（如学习、推理、思考、规划等）的学科，主要包括计算机实现智能的原理、制造类似于人脑智能的计算机，使计算机能实现更高层次的应用。

人工智能的发展历经了三个阶段：第一阶段是以图灵测试为标志，其特征是"在人工智能研究方法上，以抽象符号为基础，基于逻辑推理的符号主义方法盛行，其突出表现为：在人机交互过程中数学证明、知识推理和专家系统等形式化方法的应用"。第二阶段是 20 世纪 80 年代，相关研究者基于图灵测试的相应理论和技术基础，在语音识别、机器翻译上迈进了一大步。第三阶段兴起于 21 世纪初，并在 2015 年取得实质性进展。2015 年基于深度学习的人工智能算法在图像识别准确率方面第一次超越了人类肉眼。自此，人工智能在数据识别、深度学习方面有了技术基础，有力地推动了人工智能的发展进步。2017 年，无人驾驶、智能助理、新闻推荐与撰稿、搜索引擎、机器人等应用已经走进社会生活。因此，2017 年也被称为人工智能产业化元年。[1] 人工智能技术引领第四次科技革命，把我们带入人工智能时代，人工智能时代是继工业时代之后、科技迅猛发展下第四次科技革命的产物。随后也正式进入人工智能时代。

人工智能引爆全球舆论的事件莫过于阿尔法狗（AlphaGo）与韩国选手、围棋世界冠军李世石的围棋比赛。在这次比赛中，阿尔法狗通过深度学习战胜了李世石，引发了人们对人工智能的

---

〔1〕　梁迎丽、刘陈：《人工智能教育应用的现状分析、典型特征与发展趋势》，载《中国电化教育》2018 年第 3 期。

讨论。支持者认为人工智能必将有力地推动社会的发展，反对者担忧人工智能有可能会反噬人类，不可否认的是，人工智能的发展已经对社会发展起到了一定的影响。具体到法律司法应用领域，通过大数据、互联网+等技术的运用，人工智能也在发挥越来越重要的作用。如上海"206"系统、北京"睿法官"系统都是通过人工智能即智能体深入学习相关判例，可以进行简单的辅助审判活动。另外，在新冠肺炎疫情影响期间，网上开庭也变得越来越平常，这些场景无不彰显人工智能的重要作用。除了在司法应用领域，人工智能对法学教育也产生一定的影响，这些影响主要基于两种原因：一是人工智能相关技术的发展带来的法学教学模式的变革，主要体现在技术的更新导致的教学设施设备、教学知识储存的增加等；二是人工智能技术的发展导致相关社会关系的调整，如无人驾驶汽车技术的问世势必导致相应领域法律关系发生相应的变化，从而引发立法、执法、司法领域的深刻变革，这种变革促进法学教育的变革。这两种原因导致的法学教育的变革并不是泾渭分明的，而是相辅相成的。

人工智能时代背景下法学教育的发展离不开国家政策的支持。国家加强法学教育顶层设计，对于法学的未来发展具有指引作用。2017 年 7 月，在具有前瞻性的《新一代人工智能发展规划》中提出了人工智能法律的研究、智慧法庭建设、"人工智能+X"复合专业培养模式的新规划。2018 年 4 月，教育部印发了《高等学校引领人工智能创新行动计划》，提出重视人工智能与计算机、控制、数学、统计学、物理学、生物学、心理学、社会学、法学等学科专业教育的交叉融合，探索"人工智能+X"的人才培养模式。2018 年 10 月，教育部、中央政法委联合发布了

《关于坚持德法兼修实施卓越法治人才教育培养计划 2.0 的意见》，提出"拓渠道，发展'互联网+法学教育'，推动法学专业教育与现代信息技术的深度融合"。2021 年，教育部印发了《关于实施第二批人工智能助推教师队伍建设行动试点工作的通知》，通知指出，为深入推进人工智能等新技术与教师队伍建设的融合，推动教师主动适应信息化、人工智能等新技术变革，积极有效开展教育教学，决定在北京大学等单位实施第二批人工智能助推教师队伍建设试点工作。我们也看到通过前期的顶层设计，我们在法学教育方面取得了一定的成绩，我们希望在未来国家层面继续加强顶层设计为法学教育的发展提供方向性的指引。

2018 年教育部发布了《全国高校学科评估》（以下简称"第四轮法学学科评估"），其中"0301 法学学科"参评高校共 144 所，中国人民大学、中国政法大学 2 所高校获评 A+级别代表了中国法学教育的最高水平，北京大学等 5 所高校获得 A 级、对外经贸大学等 7 所高校获得了 A-级，以上 14 所获得 A 级评估的高校法学学科整体上作为我国法学学科发展的排头兵，代表了法学教育的"国家队"。[1] 本文对人工智能时代背景下的法学教育的研究，以法学学科评估为 A 级的上述 14 所高校为例，主要是因为上述高校法学教育一定意义上代表了国内高校法学教育的最高水平，方便获取最先进、最代表前沿的实践经验、做法。同时，因为探讨的时代背景放置在人工智能时代，因而对法学教育水平较高的相关理工科高校法学院纳入研究范围，如北京航空航天大学

---

〔1〕　在教育部公示的第四轮法学学科评估中，中国人民大学、中国政法大学获评 A+级，北京大学、清华大学、华东政法大学、武汉大学、西南政法大学获评 A 级，对外经济贸易大学、吉林大学、上海交通大学、南京大学、浙江大学、厦门大学、中南财经政法大学获评 A-级。

法学院、天津大学法学院等。因为这类高校的理工科水平较高，人工智能研究较为突出，在这种交叉背景下，其法学教育受人工智能的影响较深，因而也纳入到本文的研究范围之中。

二、人工智能时代下法学教育的现状

大数据、互联网+、人机交互、云计算等人工智能技术如火如荼地发展，势必对法学教育产生潜移默化的影响，而这种影响则是从法学教育水平较高、理工科教育水平较高的高校中首先开始的，因而考察这两类高校中的法学教育人工智能因素对整体研究具有提纲挈领的作用。而纵观上述高校可以发现，人工智能技术已经对上述高校科研机构设置、人才培养目标、法学教学模式等方面产生了一定的影响。

（一）人工智能技术对法学教学科研机构设置的影响

人工智能技术影响法学院系的安排。人工智能时代的到来对高校教学、科学研究都提出了更高的要求，各高校在发展中也紧密布局人工智能，其中一个方面就体现在人工智能学院的开设，部分高校法学院也主动对接人工智能学院，开展各种形式的合作交流。中国政法大学成立法治信息管理学院，该学院的主要任务是法治信息管理专业人才的培养，依托学校法学专业优势资源，实行计算机技术、法学、管理学等多学科交叉培养是其特色，其目标是完成全校学生的科学素养和科学精神的培养。西南政法大学成立人工智能法学院，人工智能法学院（应用法学院）以"回应国家战略、坚持错位竞争"为发展理念，以"智慧法治研究前沿、法律实务教育高地"为发展目标，以培养"通识和专才皆备、知识和技能并举"的高层次"人工智能+法律"横向复合型人才为己任。学院于 2018 年在全国率先增设"人工智能法学"二级学科，涵盖数据法学、网络法学、算法规制和计算法学四个方向，旨在培养深谙"规则"和精通"技术"的复合型双料人才，以满足人工智能时代对"人工智能+法律"横向复合型人才的渴求。

人工智能技术影响法学教育科学研究机构的设立。各高校法学院系加快成立人工智能法律规制研究院或其他类似研究院。如北京大学法学院成立北京大学法律与人工智能研究中心，该中心系由杨晓雷教授于 2018 年建设的虚体科研机构。据公开资料显示，该机构旨在建立国际和国内一流的法律与人工智能产学研一体化基地，努力为法律与人工智能行业发展提供智力支持，并致力于高端法律人工智能复合型人才的培养，与国家 AI 战略规划高度契合。2017 年 9 月 8 日，中国人民大学法学院正式成立未来法治研究院，该院聚焦新一轮科技革命为法学领域带来的挑战及社会发展中的重大法治前沿问题，积极促进法学与当代科技发展及司法实践的紧密结合与交融汇通，建构对科技革命带来的新问题具有回应能力、对中国法律实践和法律体系具有解释力、对国际学术发展具有影响力的研究和教育平台。据公开资料显示，中国人民大学未来法治研究院目前拥有多名具有跨学科背景、海外留学背景、学缘结构多元的优秀学者，研究方向涵盖个人信息保护与数据治理、人工智能与法律规制、平台责任与平台监管，金融科技与技术驱动型监管、网络犯罪与网络安全、智慧司法理论及技术等重要领域。北京航空航天大学法学院拥有网信办—教育部研究基地"网络空间国家治理研究基地"、工信部重点实验室"北航工业和信息化研究院"、北京市哲社基地"北京科技创新研究基地"等相关研究基地。武汉大学法学院设立"网络治理研究院"。吉林大学法学院设立"吉林大学司法数据应用研究中心",该中心创建于 2015 年 10 月,是由吉林大学和吉林省高级人民法院共同建立的法学界与法律实务界协同创新机构,是全国首家由高校和法院共同建立的司法数据应用研究中心。中心致力于司法数据信息库建设、司法数据统计分析研究、审判质量评估指标体系研究、法律决策科学化研究和法治环境研究。天津大学法学院2018 年成立"天津大学中国智慧法治研究院",由孙佑海教授担任院长。研究院的成立目的是根据"全面依法治国"战略布局的要求,积极响应"培养高素质的现代化人才""建设网络强国""大数据战略",重点围绕国家法治体系建设中亟待解决的问题,以信息技术、互联网技术、人工智能和大数据等为手段进行人才培养和法治理论研究、重大技术公关和应用示范,形成一批具有中国特色、世界一流的优秀成果,为培养高素质的人才,实现科学立法、公正司法和司法为民,建成公正、透明的法治体系提供法治理论和科技支撑。中南财经政法大学设立"法律与科技研究所"。上海交通大学凯原法学院设立智慧法院研究院。厦门大学法学院设立"厦门大学现代法律服务研究中心"。2018 年 11 月,为了更好地适应全面依法治国、深化司法改革的新要求,积极应对科技革命给法律服务行业带来的机遇和挑战,合作各方在总结实践经验基础上,以更开阔的视野、更高的格局、面向未来的目标,调整研究中心的定位和发展方向,并决定将其更名为"厦门大学现代法律服务研究中心"。研究中心将在今后工作中始终坚持"产学研"一体化发展道路,充分凝聚合作各方力量,广泛借助政府、社会、教学科研资源,建立多领域、多层次的良性互动合作机制，聚力打造"服务高校、服务行业、服务社会"的三位一体的功能格局。从中可以看出以上高校均敏锐察觉到人工智能技术的发展对社会产生的影响，并在法学教育中予以回应，并力争在新一轮布局中抢占先机，详细内容见下表 1 所示。

表 1　人工智能时代背景下各高校设置法学教学科研机构一览表

序号	高校	机构名称
1	中国政法大学	法治信息管理学院
2	西南政法大学	人工智能法学院
3	北京大学法学院	北京大学法律与人工智能研究中心
4	中国人民大学法学院	未来法治研究院
5	北京航空航天大学法学院	网络空间国家治理研究基地
6	北京航空航天大学法学院	北航工业和信息化研究院
7	北京航空航天大学法学院	北京科技创新研究基地
8	武汉大学法学院	网络治理研究院
9	吉林大学法学院	吉林大学司法数据应用研究中心
10	天津大学法学院	天津大学中国智慧法治研究院
11	中南财经政法大学	法律与科技研究所
12	上海交通大学凯原法学院	智慧法院研究院
13	厦门大学法学院	厦门大学现代法律服务研究中心

（二）人工智能对法学教育人才培养目标的影响

法学教育应当顺应时代发展的潮流，回应时代的要求，培养符合时代要求的高素质法治人才。高校对法律人才的培养要在贴合未来时代对人才的要求下进行。未来时代是智能时代，法治也是在智能的基础上运行的法治，因此未来培养的法治人才一定是要能适应智能技术的人才。比如司法系统推出的智慧法院、网上法院等，以后智慧法院、网上法院在立案、审判、处理纠纷等领域必将发挥更大的作用，这时候高校培养的法治人才不能适应智慧法院、网上法院，不能主动贴合时代的要求那么必将遭到社会的抛弃。因此，法学教育应当具有一定的前瞻性，预见或可能预见人工智能时代背景下未来时代的发展趋势并主动贴近。

人工智能技术影响高校《法学培养方案》和培养目标。随着人工智能时代的到来，各大法学院校也开始纷纷跟进。虽然法学教育的反应整体上仍滞后于人工智能技术的发展，但是各院校已经意识到该问题，并且开始调整自己的培养方案和培养目标，以期更加符合未来发展的方向。如清华大学在其 2016 级法学本科培养法案中"基本能力"一块，写到"具备应对现代社会的发展所需要的自然科学、管理科学以及人文社科知识和外语能力"，即要求法科学生对社会发展所需要的自然科学、管理科学进行明确规定，法学与其他科学交叉发展态势明显。中国政法大学作为我国法学教学的第一方阵，承担着我国法学教育人才培养的排头兵和引领人才培养的头部力量的重任。中国政法大学在其 2020 年新修订的人才培养方案中"培养目标"明确"学生具有广泛的人文社会科学和自然科学领域的知识基础"。

（三）人工智能对法学教学模式的影响

传统的法学教学模式是课堂授课教学，即教师讲解学生听课，这个模式从古社会一直传承到现在。在课堂上，法学教师将自己所掌握的专业知识传授给学生，学生通过课本、笔记、习题等形式学习。而人工智能时代，法学教学模式发生了变革。比如，在设施设备上，以前法学教学是在教室里依靠教师粉笔板书，而后发展了 PPT 和投影仪，于是教师开始准备课件上课，现在出现了智能黑板平板，它就是一块可触屏，教师将自己的课件投放到平板上，在上面可以自由地更改、增添、删减内容，功能十分强大。除了这小小的设备变化之外，人工智能时代对法学教育带来了一系列的变革。

人工智能技术影响法学课程体系安排。人工智能之前，法学教育的课程安排主要体现在传统法学学科之中，诸如《民法学》《刑法学》《宪法学》《法理学》等课程，随着人工智能时代的到来，随着对人工智能的逐步深入理解和社会对人工智能的逐步普及，法学课程安排也在逐步往人工智能角度贴近，最典型的例子是《法律资料检索》的安排。《法律资料检索》是一门新课程，目前部分法学院校在研究生阶段开设，也有部分院校在本科生教育阶段开设，该课程主要是通过学习信息化的手段，如中国知网、北大法宝等数据库的学习，使学生更加适应信息化技术背景下的法学学习。中国政法大学在顺应人工智能时代的课程安排中做的较为突出，其本科生课程安排在其"通识必修课"中包含计算机基础和计算机应用等选修课程，包括"多媒体技术与应用""数据库技术与应用""社会科学大数据分析"等课程，学生可以根据需要进行学修。

人工智能技术影响法学教师。在人工智能的时代背景下，教学对教师提出更高的要求。国家积极推进人工智能、大数据、第五代移动通信技术（5G）等新技术与教师队伍建设的融合，形成新技术助推教师队伍建设的新路径和新模式，打造高水平专业化创新型教师队伍。具体表现在：第一，对教师信息化教学手段的使用提出更高的要求。以前传统教学时代，教师只需要埋头苦读，把自己的专业知识学懂弄通，只需要拥有较高的专业素养，即可在课堂上传授相关的知识、经验。互联网时代下，教师不仅要具备较高的专业知识，还要掌握相应的互联网信息技术教学手段，如多媒体教学技术等。第二，更加关注社会热点。随着人工智能时代的到来，人们获取信息的手段更加多元，传统形式下只有教师讲学这样一种获取知识的途径已经过时了，学生通过互联网获得各种鱼龙混杂的信息，有合法的也有非法的，这就要求法学教师要关注热点，对学生及时进行引导，传达正确的价值观、合法的信息和信息源。第三，促进法学教师角色的转变。学生获取知识的途径多样使得学生获取的信息多寡、真假不一，这对学生筛选、鉴别信息的能力都提出极大的挑战，这就要求教师积极转变自己的角色，从知识的传授者转变为知识的筛选者、鉴别者。

人工智能技术影响法科学生。生于人工智能时代的法科学生是幸福的，因为这是一个信息爆炸的时代，学生获取信息的途径大大增多，当然从这种途径获取的信息不一定都是正确的，这就要求学生必须学会辨别各种信息。首先，除了传统从教学课堂上获取知识外，学生可以从网络课堂上获取更加海量的知识。如慕课、法考培训机构，甚至有些专家宣称我们已经进入"知识付费时代"，更多人通过直播等形式传授知识，这些途径推出多种多样或免费或付费的知识供学生学习，通过网络课堂，学生一样可以学到知识。知识传播途径更加多元。其次，学生的相关疑惑也可以通过网络得到解答。传统教学模式下，学生有了疑惑，一般需要求助于教师，但是教师不是全天候在学生身边的，或者学生之间进行头脑风暴进行解决，但有时学生之间由于学习水平所限，并不能完全解决相关问题，抑或是去图书馆查阅相关材料，但是也存在费时费力等问题。人工智能很好的解决了这一问题，即学生遇到问题后，只需要在互联网上提出，就可以得出相关答案，在网上社区，如果对搜索的问题不满意，还可以进行交流，从而更好地解决自己的问题，这样学习的周期或时间大大减少，促进学习。最后，学生获取法学信息的途径更加多元。中国知网、北大法宝能够提供国内外专家学者的论文著作，裁判文书网能为学生学习相关案例提供支撑，全国人大的法律法规库为学生学习法律条文提供便利，现阶段越来越多的法律类软件的推出为学生学习提供了条件，这些条件是传统教学所无法比拟的。

人工智能技术影响学生教学实践。学生参加教学实践活动是本科毕业的前提，同时也是参与社会的，为后期踏入社会的重要衔接过程，各高校都对学生实践做出安排。具体到法科学生来说主要是参加法院、检察院、律所和企业法务等与法律相关的实践活动。目前人工智能时代，法检、律所和法务都在走智慧司法之路，如上海市推出"守"沪"有"云"，以"智"断案，疫情期间被大力推广的互联网法庭等，这些都使得公检法和律所、公司法务主动或被迫地走上智能道路。这时候法学毕业生去法院、检察院、律所等场所实习时，也会主动或被迫地跟随脚步，走上智能司法的道路。而在实习时的接触到的人工智能+法律相关知识就会成为以后职场中的第一粒扣子，永远的刻在学生的脑子里。"可预见的由弱人工智能时代迈向强人工智能时代的过程中，学生毕业后无论从事上述哪类工作，在工作中都势必使用或开发人工智能法律系统，所以，高校法学专业有必要在教学过程中开展人工智能法律系统的运用。"[1]

三、人工智能时代下法学教育发展的特点

从上述人工智能时代背景下法学教育的现状来看，法学教育已经深深的受到时代的影响，打上了时代的烙印。在人工智能时代，无论是对宏观方面的法学教育培养目标、法学院系设置，还是对微观方面的法学课程设置、法学教师教学方法等方面都有一定的影响，在这个过程中也体现出了一定的特点。

（一）法学教育逐渐适应人工智能时代的要求

与权力机关的立法不同，立法活动要求具有前瞻性和预测性。法律的制定要预测未来的发展趋势和变化，并在现行立法活动中加以总结确立，即使是在科技立法方面，也要求立法活动对社会实践具有指引作用。"在科技发展的背景下，我们当然要充分肯定科技发展给人类文明带来的积极作用，但法学的使命不是赞赏科技发展带来辉煌的成就。人类之所以需要法治，就是要思考科技可能带来什么样的非理性的后果，如何通过法治降低科技发展可能带来的风险与非理性，如何通过宪法控制科技对人类文明、尊严与未来的威胁。"[2]

而人工智能时代背景下的法学教育则不同，表现出明显的滞后性与适应性，即人工智能技术的发展在前，法学教育的变革跟随在后。在社会上产生了相应的技术之后才考虑将其运用到教育上包括法学教育上。法学教育在方法上和技术上主要是在适应人

---

〔1〕　赵艳红：《人工智能背景下法学高等教育的改革》，载《北京航空航天大学学报（社会科学版）》2020年第5期。

〔2〕　韩大元：《当代科技发展的宪法界限》，载《法治现代化研究》2018年第5期。

工智能时代，主要是其相应的技术，无论是从教师所教授的知识、学生所应当掌握的技能，还是培养目标的调整，抑或是法学教育研究机构的跟进，无不是因为人工智能技术的影响。"法学虽然是拥有自身独立概念、原理体系的知识体系，但是，作为服务于社会秩序建构的学问，它必须伴随社会条件的变化而适时调整，否则就会走向僵化。"[1] 从这个意义上来说，法学教育的变革具有明显的跟随性。

（二）对法学教育的影响仍然处于萌芽阶段，影响层次较低

人工智能毕竟属于新兴技术，其虽然是社会发展的趋势所在，但由于其发展仍然处于初级阶段，因而对社会的影响是十分有限的，甚至有些专家仍然质疑人工智能时代、第四次科技革命是否真的到来。在这种背景下，人工智能技术对法学教育的影响是十分有限的，即使是在有限的对法学教育的影响下，其主要的作用领域也是在一些较为低端的方面。换句话说，人工智能时代对法学教育的影响仍然处于萌芽阶段。从上文可以看出，即使是在法学评估为 A 类的法学院校里，其对人工智能的法学教学仍然处在探索和试验阶段，远没到成熟的运用阶段，更何况全国其他高等院校的法学专业教育了。即使是在司法应用领域，人工智能在法学应用上也不是完全成熟的。人工智能在相关领域普遍存在着司法数据匮乏低质、算法隐秘低效、人才薄弱等问题。[2] 因此可以说，人工智能对法学教育的影响仍然处于萌芽阶段，影响层次较低。

---

〔1〕 赵鹏:《法律人工智能技术的发展和法学教育的回应》，载《中国高等教育》2019 年第 C1 期。

〔2〕 参见左卫民:《关于法律人工智能在中国运用前景的若干思考》，载《清华法学》2018 年第 2 期。

（三）具有学科交叉的特点

人工智能时代背景下的法学教育具有十分浓厚的学科交叉的特点。法学属于传统意义上的人文社科学科，西方教育将法学、医学和神学并称为三大最古老的学科，可见其底蕴深长。人工智能学科本质上属于计算机领域的算法分支，与古老的法学学科相比，属于新兴学科且属于理工科学。按说两者属于平行线不具有交叉的内涵，但是当两者交叉时却碰撞出灿烂的火花，将人工智能、大数据运用到司法数据上对于法官、律师分析研判案情具有十分重要的促进作用。在法学教育上，人工智能技术对法学教育的影响主要表现在学科交叉，即法科学生开始有意识地学习相应的计算机课程、人工智能基础课程。如前述中国政法大学面对全校法学本科生开设的计算机基础课程作为全校的基础课程允许选修，体现了十分明显的学科交叉特点。"大数据时代已经到来，我们必须对此有所准备和应对，将法学理论与科学计算理论相结合，打破学科划分带来的思想羁绊，了解相关交叉学科的思维方式，或者以交叉合作的方式展开研究和实践工作。"[1]

（四）本质上是人工智能技术融入教学模式

人工智能时代背景下的法学教育发展变革其实质上是智能技术融入法学教育过程，并没有颠覆性的变革教育模式，人工智能技术融入法学教育模式主要起一些辅助教学的作用。传统法学教育主要采取教师课堂讲授、学生课堂学习的模式，这种模式对于学生众多、教师相对较少的机械化、流水线式的教学来说属于具有重要作用。但是人工智能时代背景下，法学教育更加强调学生

---

〔1〕 张吉豫：《大数据时代中国司法面临的主要挑战与机遇——兼论大数据时代司法对法学研究及人才培养的需求》，载《法制与社会发展》2016 年第 6 期。

的自主性和主动性，传统的课堂讲授越来越不能满足学生主动性要求，因而顺应时代发展要求，法学教育开始变革，如将大数据的处理运用到司法案例研究课堂上，通过对司法大数据的了解，使学生能够对司法案例的处理有宏观的认识，其本质是将人工智能技术、大数据技术运用到法学教育上。这种技术的运用并没有改变传统法学教育模式，即使是学生自主通过网络课程获取知识，也不可能颠覆传统教学模式在法学教育中的主导地位。

四、人工智能时代下法学教育的未来

以人工智能技术为代表的高新技术是一把双刃剑，其发展不可避免的具有对社会有利和有弊两方面的影响，对法学教育的影响亦是如此。法学实务界要做的是运用立法、执法和司法等手段，规避人工智能技术的消极影响，引导人工智能往有利于人类社会的角度发展。总结高校在应对人工智能时代的经验做法的主要目的是为以后分析研判人工智能时代背景下法学教育的未来提供经验、教训，指引方向。通过上述高校在应对人工智能时代的法学教育变革中可以预见，人工智能技术对法学教育的影响只会越来越大，人工智能技术融入法学教育、司法实践的程度只能越来越深。"前瞻性地预判人工智能时代法学高等教育发展趋势以及理性促进法学高等教育与信息化技术结合，对未来法学学科发展、教师能力培养以及学生专业素养和执业能力提升，都具有重要的现实意义。"[1] 在这种时代背景下，我们必须深入思考法学教育应该坚持什么？应该适应什么？又应该何去何从？

---

〔1〕 季连帅、何颖：《人工智能时代法学高等教育的变革与应对》，载《黑龙江社会科学》2020 年第 1 期。

（一）人工智能是发展趋势，但传统教学仍是基础

人工智能技术伴随着第四次工业革命席卷而来，顺应并积极融入该时代符合历史发展的潮流，不跟随社会的发展而发展，固步自封则必将被时代所抛弃，所以从这个角度讲，法学教育在人工智能时代的变革顺应人工智能技术是发展趋势，但是这种趋势是改变不了传统教学的基础地位的。就像电子书的发展仍然代替不了纸质书、打印技术的发展替代不了写字、机械化的耕种代替不了最原始的耕种方式。"积极接受智能技术的适当介入，这既是适应人机共存新时代的前提又是利用智能技术提高教学质量的关键。积极接受并不意味着传统的法学教育不再重要，历经多年的传统法学教育教学体系依然是深化学习的基础。"[1] 传统的教学模式，即教师课堂讲课、学生课堂学习仍然会是未来可预见的很长一段时间的主要教育方式。技术的发展能够为人类提供更多的获取资源的途径，但是改变不了最基础的传统技术。

虽然人工智能技术的发展代替不了传统教学模式，但是我们仍然要充分运用现有的人工智能技术手段，跟进更新教学技术、教学资源。时代在发展进步，教学方法也应当与时俱进、推陈出新。2021 年 12 月 7 日，由我国教育部主办的 2021 国际人工智能与教育会议以线上方式举行。教育部部长怀进鹏在会上强调"中国将加大人工智能教育政策供给，推动人工智能与教育教学深度融合，利用人工智能促进全民终身学习，致力推动教育数字转

---

〔1〕　古丽米拉·艾尼：《人工智能时代法学人才培养模式变革的缘由、困境及对策》，载《法学教育研究》2020 年第 1 期。

型、智能升级、融合创新，加快建设高质量教育体系"。[1] "一个时代应当有一个时代的特点，一个时代应当有一个时代的教学方法。如果在教学方法上陈陈相因，不能够推陈出新，对于学生而言，就会是一场灾难。过于陈旧的教学方法不仅没有把握到学生学习的特殊性，也没有抓到时代的脉搏，教师和学生之间就不会形成共鸣。"[2] 随着人工智能技术、互联网+、深度学习等技术的快速发展，人工智能时代背景下法学教育要充分利用相应的技术，教育行政部门、相关高校和老师都要一起思考如何将现有技术运用到实践教学中。

（二）根据社会需求设置法学教育培养目标

社会的发展对人才的专业化、专门化水平提出更高的要求，高校要顺应时代发展的趋势培养人才。高校法学院系是培养司法人才的主战场，人工智能技术使社会关系产生深远而广泛的变革，社会关系的变革势必导致司法部门、行政部门的相应变化，这时候培养出来的人才要能够跟得上相应的变革步伐。"司法人工智能已经改变法官传统的办案思维及办案过程，这已经对法官的能力提出新的更高要求。法学教育作为培养法官的重要阵地，面对挑战及冲击，优化人才培养结构是应然选择"。[3]

社会的发展越来越专门化，因而对人才的培养越来越要求专业的交叉，具体到法学教育来说，法学教育的人才培养越来越注

---

〔1〕 《创新技术服务教育进步 人工智能助理未来教育》，载中华人民共和国教育部：http：//www. moe. gov. cn/jyb _ xwfb/gzdt _ gzdt/moe _ 1485/202112/t20211208 _ 585822. html，最后访问日期：2022 年 2 月 1 日。

〔2〕 彭中礼：《人工智能时代的法学教育变革》，载《山东法官培训学院学报》2020 年第 6 期。

〔3〕 古丽米拉·艾尼：《人工智能时代法学人才培养模式变革的缘由、困境及对策》，载《法学教育研究》2020 年第 1 期。

重学科交叉，主要是法律和科技的交叉。"在人工智能时代，法学教育应当把握科技的发展，积极发展新形势下的法学教育理论和方法，在法律与科技的结合视角下培养法律人才"。[1]　"法学教育需要以法学和智能科技融合的方式创新培养模式。在培养学生良好的法律职业伦理、专业的法学思维方法、深厚的法律知识素养的同时，从更新课程设计、实习引导、学科建设等方面改革，促使学生更好地适应信息化、数据化和智能化的社会需求"。[2]

我们强调要根据社会的发展需求培养相应的法学人才，并不是说要将法学教育办成职业教育，我们仍然要坚定法学教育的定位，坚持以培养高素质的法治人才为目标。现有人工智能时代下，法学教育的发展论述有将法学教育举办成职业教育的倾向，即认为将人工智能技术完全充分地运用到法学教育中去，采取输入知识+输出能力的模式，将人的教育机械化，此种倾向是不可取的。因为这种认识只看到了计算机学科的模式化，没有看到法学学科的价值取向，法律审判除了机械式的形式审查，还要进行实质性的内容审查，这种内容审查涉及价值观，涉及情感，是机器所不可替代的部分。"在中国高等法学教育新的环境情况下，在培养专业领域的专业人才、职业人才以及培养知识的过程中，有必要重申法学教育的自由教育、人文教育的本性，不能过度强调甚至强化法学教育的职业教育的一面，更不能把法学教育办成

〔1〕　赵艳红：《人工智能背景下法学高等教育的改革》，载《北京航空航天大学学报（社会科学版）》2020 年第 5 期。
〔2〕　王渊、吴双全：《"互联网+"时代法学教育变革研究》，载《高教探索》2019 年第 7 期。

职业技术教育"。[1] 我们要看到人工智能对法学教育具有一定的影响，同时也要认识到这种影响不可能颠覆传统教育对价值观的培养。所以我们要坚定对法学教育目标的培养，即法学教育培养的是有价值观的人，而不是重复操作的机器。"法学教育不会也不可能会被人工智能技术取代，因为教育是塑造培养人的过程，不仅仅是知识的传递，还要形成价值的判断，并学会用正确的价值标准进行价值判断，人工智能可以使用相关性进行关联和模拟，但是却取代不了人的判断。"[2]

（三）要广泛开展人工智能技术的法学教育试点，坚持分类分批进行

据教育部统计，截止到 2020 年，全国共有普通高校 2738 所，其中，本科院校 1270 所；研究生培养机构 827 个。[3] 其中，据 2018 年教育部发布的第四次学科评估中，法学学科评估共 144 所学校参评。[4] 这还只是参评的法学院校，还有一定数量的法学院校没有参评。这么多所法学院校，其发展水平参差不齐，科研水平也有所差异，在这样一种现实背景下，不可能要求所有法学院校都去发展人工智能法学教育，同时由于目前人工智能技术融入法学教育的水平层次都还太低，因此要根据法学教育培养目

---

[1] 张建文：《人工智能技术的发展对法学教育的影响与应对》，载《北京航空航天大学学报（社会科学版）》2018 年第 2 期。
[2] 张建文：《人工智能技术的发展对法学教育的影响与应对》，载《北京航空航天大学学报（社会科学版）》2018 年第 2 期。
[3] 数据来源于 2020 年《全国教育事业发展统计公报》，载中华人民共和国教育部：http://www.moe.gov.cn/jyb_sjzl/sjzl_fztjgb/202108/t20210827_555004.html，最后访问日期：2022 年 2 月 1 日。
[4] 数据来源于 2018 年《全国高校学科评估结果》，载中华人民共和国教育部：http://www.moe.gov.cn/jyb_xwfb/gzdt_gzdt/s5987/201712/P020171228506450281540.pdf，最后访问日期：2022 年 2 月 1 日。

标、根据法学院校实际情况区分进行，针对不同层次的法学院校水平提出针对性的举措。国家在人工智能+法学的发展战略中可以开展试点，对于法学学科评估为 A 级的、法学水平较高且具有开展人工智能法学教育的院校和法学水平较高、人工智能科研水平较高的理工科院校，开展试点教育，作为人工智能法学教育培养研究的"国家队"引领人工智能法学教育的最前沿。对于其他不具有较高人工智能研究水平和法学研究水平的院校，还是按照传统的法学教育模式，继续培养法学人才。待试点院校研究人工智能教育发展完善之后再全面开展。

（四）注重个性化、开放式发展教育需求

中南大学法学院彭中礼教授提出人工智能时代的"个性化培养模式"，即指"法学教育应当注重法科学生的自身特色与能力需要，不断将人工智能与法学教育结合起来，从知识层次上进行法学学科与其他学科的专业重组，从而适应人工智能时代对法学发展的新要求"。[1] 个性化的法学人才培养主要是基于人工智能时代背景下的法学教育具有学科交叉的特点，因为未来社会需要的是法律和其他学科相交叉的复合型人才，因而人才培养需要注重个性化。人工智能时代的另一个显著特征就是人工智能技术逐渐融入法学教育的过程中，从而导致学生接受知识的途径更加多元化，学生除了通过传统的课堂教学模式外，还可以通过慕课、网课、百科、自主探索等各种途径增加自己的知识储备，因此可以说学习的方式更加开放、培养的目标更加个性化。"面对"互联网+"创造的共享体系，任何的固守都会带来保守，而开放则

---

〔1〕　彭中礼：《人工智能时代的法学教育变革》，载《山东法官培训学院学报》2020 年第 6 期。

会带来创新和追求。"[1]

教育需求的个性化、开放式对高校法学人才的培养思路提出更高的要求，法学院校要追求个性化的培养目标，就要不断地做强自己的优势学科、突出自己的特色，从而为法学培养复合型人才。如理工类院校可以重点探索拥有大数据领域的人工智能从而培养法学双重背景的法学人才，医药类学校则可以重点探索具有医药卫生领域的人工智能技术从而培养法学双重背景的法学人才，师范类院校则可以重点发展具有特色的师范类的人工智能技术从而培养法学双重背景的人才，其他学校也可以根据自己的特色发展相应领域的人工智能技术，将其融入到法学教学模式之中。而开放式的法学培养方式则会更加消除院校固有的"围墙"，通过网课、付费知识等方式使校内资源逐渐流入社会，逐渐形成知识共享社会。

结　语

大数据、互联网+、云计算、人机交互等人工智能技术的发展迅猛带动社会的全面发展，将人类社会带入人工智能时代，自此人类社会的发展打上了人工智能技术的深深烙印，其中受到影响的也包含法学教育。人工智能时代对法学教育的影响首先做出回应的是法学教育水平、人工智能研究水平较高的高校，我们看到人工智能技术已经对上述高校科研机构设置、人才培养目标、法学教学模式等方面产生了一定的影响，也表现出了一定的特点，如法学教育逐渐适应人工智能时代的要求，影响仍然处于萌

〔1〕　吕波：《"互联网+"时代高校法学教育的应对》，载《黑龙江高教研究》，2017 年第 11 期。

芽阶段、影响层次较低，具有学科交叉的特点、本质上属于人工智能技术融入法学教育等。通过以上特点，我们认为人工智能对法学教育的影响仍然处于萌芽阶段、远没有达到成熟时期，因而我们未来的法学教育还应当继续跟随科技的脚步、跟随人工智能时代的发展而继续完善我们的教育举措，以期通过人工智能技术的介入达到法学智慧教育的目标。同时我们也应该清醒地认识到，人工智能对法学教育有一定的影响，但是这种影响不是彻底的，传统教育仍然是法学教育的基础，法学教育人才培养的目标也没有发生本质的改变。

围绕毕业论文写作的两年制法硕培养方法探索

——基于民事诉讼法方向的尝试[*]

◎韩　宝^{**}

摘　要：两年制的法学法硕培养应当是有特殊性的，但是基于种种原因，并未能够在实际上与其他，比如三年制的法学学硕有本质上的培养区别。这一状况导致这些同学面临不同程度的学业压力，特别是他们的毕业论文。在大的培养环境无法根本改变的情况下，又面临进一步扩张的压力，有必要在一入学的时候就考虑以如何顺利写出毕业论文作为这一部分同学来培养的一条可以充分考虑的思路。尽管模块化、八股式的写作思路并不是理想的，但是也许这是当下有限时间，巨大学业、就业等压力下较为适合的思路。

＊　本研究受甘肃政法大学 2020 年度校级教改重点项目："鉴定式民商事案例分析项目（课程）实践研究"资助（项目编号：GZJG2020-A18）。
＊＊　韩宝，法学博士，甘肃政法大学民商经济法学院教授。

关键词： 研究生培养　两年制法硕　毕业论文写作　改革

引　言

本文是笔者讲给自己任课以及实际指导的研究生的一篇，这其中必然存在个人理解上的不少偏差，肯定也充满着不少偏见。此文目的是引出话题、一吐心中疑惑，以求教于方家。笔者自2016 年秋季开始招收研究生以来，比较困惑的是，何以培养两年制的法硕（法学）同学。照说他们应该有实质上不同于三年制学硕的具体培养方案，但实际上至少就本校而言，这些两年制的法学法硕不过是三年制的速成压缩版，至少在毕业条件等要求上没有明显的区别。他们在第一学年拼命上课、修学分，第二学年准备法考、找工作等，写毕业论文成了他们最大的困难。有时候笔者也倍感焦虑和沮丧，因为发现这些同学在两年后毕业的时候，并没有比入学的时候有明显的进步。所以究竟怎样培养这一部分同学，笔者就想是否可以围绕毕业论文的写作来完成这一部分同学的两年学习。[1]

事实上，在研究生阶段最大的挑战（任务）就是如期毕业然后就业。而如期毕业，最重要、也最难的是写出一篇四五万字的、符合学校要求的学位论文。对于如何撰写包括学位论文在内的学术论文，特别是要写出自己比较满意的论文，这对同学们而且对于导师都是极大的挑战，都会感到焦虑。

---

〔1〕　客观地说，如果研究生培养只剩下或者只有毕业论文的写作，这是特别遗憾的，因为毕业论文的写作只是研究生生活的一小部分。读王汎森先生名为"如果让我重做一次研究生""再谈假如我是一个研究生"（均收入氏著《天才为何成群地来》，社会科学文献出版社 2019 年版）的两次演讲，颇多感慨，也更觉得这种功利于毕业论文写作的粗糙研究生培养令人十分不安，但现实面前答案何在？

下面的内容一半是出于笔者作为一位导师对同学们的期待，一半是基于笔者个人写作研究的经历。尽管我们都讲硕士学位论文是具有创新性的、不同于应用研究的理论研究，但是就实际而言，这一要求只有极少的同学可能达到。对于绝大多数同学来说，还是略显困难。

以下，笔者首先要谈的是毕业论文写作的准备、其次谈选题、最后是具体的写作。

一、毕业论文写作的准备

除了部分同学，对于绝大多数的同学来说，毕业论文要写什么、以及自己能写什么，其实是比较茫然的，而且同学也不知道学位论文到底是怎样的。这有很多方面的原因，最主要的是大多数同学的学术启蒙，是从硕士阶段才开始的，之前的学术积累显得太弱，以至于都可以忽略不提。这样一来，二年制的同学才开始训练，但却要求他们立马上手拿出成果来，这就有了矛盾，三年制的同学稍微能好一点，两年确实太匆忙。

要写论文，没有好的办法，只能靠积累。而积累又只能靠大量而扎实的阅读，或者是能够就地取材且有很强的悟性，但对几乎没有任何社会阅历的同学们来说，这又谈何容易。所以我们所能凭借的只有书本知识。书本知识的获得大家晓得这所依赖的就是阅读，但鉴于大家太多的课程以及法考等可能带来的冲突，实际的阅读只剩下了对老师课程阅读材料的应付，而较少有精力去按照自己的兴趣去阅读。换言之，同学们的阅读基本是为我们这些任课老师所划定的。通过这样的阅读，假定同学们可以有收获的。就笔者个人而言，是希望大家可以通过这种阅读发现问题，最好最终产生你的毕业论文选题。

那我们就先谈阅读。很早大家就知道精读、泛读等类似的讲法。比如，这学期上课的阅读材料——高桥的民诉我们就可以看作是"半精读"，因为还没有达到逐字逐句的研读。[1] 这本书最理想的阅读是怎样的呢？当然首先期待同学们能够逐字逐句逐段地仔细阅读，其次理出作者的思路、高桥讨论某一个具体问题时候的方法，最后还能够评论作者的论证怎么样、点选的好不好等。当然由于我们是带着一种很功利的目的去阅读，希望能够从中找出可供进一步深挖的研究选题来，所以你要回想看完这本书带给自己什么启发，又有哪些困惑？要不要回答、能不能回答，有没有回答的意义等，这一过程本身比较简单，但是要坚持下来其实特别困难，这对我们今天大多数人来说都是极大的考验，只有很少的人可以做到。笔者希望同学们尽量都做到，笔者看到了太多在新开学时候踌躇满志的同学，但后来大多都掉队了，写出来的都只剩一个很差的东西，这与大家未来要不要从事教学科研没有关系，这更多显示出的是个人的坚守品格。

如果这第一阶段的阅读很明显地掉队了，那么多半后面的选题就要出状况，于是就开始了一系列的糟糕循环，也可能会陷入一个很不好的导师与学生的关系中，论文也很难顺利写好，或者要走多一些的弯路。相反，如果同学们能够在这一阶段很好地阅读这些文献、按图索骥，知识图谱与框架打的比较好，也在阅读

---

[1] 个人目前读到的最严苛的原典研究阅读法，大概是孙中兴教授所谓"四本主义"［"版本""译本""文本"和"所本"（立论的依据）］"四脉络主义"（"生平脉络""思想脉络""写作脉络"和"出版脉络"）。参见孙中兴：《理论旅人之涂尔干〈自杀论〉之雾里学》，群学出版有限公司 2009 年版，第 8 页。转引自胡炼刚：《从知识社会学的角度研究社会学理论——评孙中兴〈令我讨厌的涂尔干的《社会分工论》〉》，载《清华社会学评论》2019 年第 12 期。

中发现了感兴趣的问题，那么后面的论文写作将会比较顺利，即便同学们想出来的题目可能还不太那么适合毕业论文写作，但还是可以通过一些小调整，最终形成一个合格的题目。同时，之前的初步阅读已经为下一步的再阅读打下了基础，基本上已经摸到了这个问题的边缘，未来的写作只是写得深与浅、出彩与寡淡的程度差别，而不是抓瞎和毫无章法……但是太多的同学宁愿在后面的写作中想各种办法、甚至歪招，也不愿意在最开始的阅读上花功夫。

阅读因人而异，目前对于大多数的人而言，都只能是一个人的孤独阅读，最理想的当然是那种有读书会的共同体阅读，我们现在课程上的方式还是可行的。对于怎样读，人与人之间的差异还是很大的。就个人而言，我习惯先浏览全书内容，然后或快或慢再从头至尾、或跳着去阅读，其间做点笔记。有时候也会定一个目标，比如写一篇心得或评论出来，或者就这本书带出来的问题借题发挥、新写一篇文章。笔者过去读林耀华先生的《金翼》、弗里德曼的《二十世纪美国法律史》、德沃金的《法律帝国》、特伦斯等著的《证据分析》都是如此。

问题还在于，比较多的时候我们都没有坚持读下去，这固然有个人的惰性，但学术著作不同于一般作品，往往读起来比较费劲，再遇上生僻、陌生的地方，不放弃都不可能。即是说，学术书籍的阅读门槛比较高，需要有比较多的知识积累，也需要一个过程。这样一来，尽管我们读的只是眼前这本书，但是背后带动的还有其他更多的书。比如现在高桥的这本书，就需要同学们对日本民诉、日本司法有一定了解，也需要对这本书中提及的兼子一、三月章、伊藤真、新堂幸司等的理论有一些初步的了解，否则这本书读起来就太煎熬了。当然同学们还要了解一些西欧法治及司法的知识，比较典型的如韦伯关于西方法律的总结。这些背景知识的深度，一定程度上就影响着对当前这本书的理解。坦诚地说，如果没有对前述这些作品及王亚新老师《对抗与判定》那本书作底子，笔者也没有勇气和大家一起来读这本书。也正是在这一意义下，我们才说只有大量的阅读积累才能更好地理解一本书，也才能提升你阅读的速度（效率）与质量。对于未来还要进一步从事科研工作的同学来说，上面所讲的这种阅读便是你的日课。

以上大体是阅读，下面再谈毕业论文的写作。关于论文写作，市面上有很多的指导参考书，也有大大小小的老师给大家讲怎么去写作，但说到底写作又是非常个人化的，是难以教的。下面的这些也是一些老生常谈。有了前面那些文献上的积累，或者说我们假定你已经完成了初步的积累，那么接下来就是选题问题。可见不断的阅读，是为了建立个人的知识树。我们每个人都有专属于自己的知识树，但是还要看知识树有没有成一定气候，彼此独立的那些知识树能不能连接起来。如果你有一个相对清晰且足够大的知识树，那么就能够在这棵树上开花结果，也就是选出一个好题目并最终完成论文的写作。

二、选题

某种意义上，选题就像一场赌博，能否成功有很多的不确定性，但是不论怎样，不管是大家的学业年限、还是现代社会的时间压缩，都没有太多的时间去慢慢选择，而是要求你一发即中。选题的目标是要发现一个至少是要有写作价值的题目来。当然这里的选题是要你自己去选，如果是一个命题作文那这一步就完全省去了。

在实际的选题上，我们每个人都很苦恼，为我们找不着合适恰当的题目而犯难。问题不仅仅是你想写什么，而是最终能写出来什么。对于大多数天资中等、普通的同学来说，基本上很难有灵光一闪的时刻，但是完全有可能在你日积月累的学习中就"突然发现"了，这也是为什么我特别强调前一个阶段文献阅读的重要性的关键所在。当然，有一些同学是之前有一些司法实务经验的，也有一些是同学在日常生活中遇到过的困惑，你也很想把他们变为你写作的对象，这很好。因为"问渠那得清如许，为有源头活水来"。

就硕士学位毕业论文而言，一个可写、也很有价值的题目，可能会因人而异、判断上有所差异，但至少有几点是需要把握的：

（1）这要是一个能写 5 万字左右的题目，要有足够的话语承载量。

（2）这不能是一个特别平庸的题目，要有一定的研究性。这或者是前沿、或者是重要理论问题……对我们民诉而言，还包括新制度等。陈旧的题目不仅写起来令人乏味，而且未来的查重也存在问题。

（3）写作的难度。这主要包括资料获取的便利程度、量的大小、外语水平、政治把握等。

（4）写作的时间。同学正常的写作时间大概就是 1 年左右，但有效时间可能就两至三个月——特别是对于那些还要在这期间准备法考的同学更是如此，因为不是双线作战就是从复习的缝隙里挤出时间来完成毕业论文。

（5）未来的打算。读博、工作还是其他。不同的选择对于毕业论文的选择和写作的方向上就会有一些差异。对于有读博计划的同学，笔者建议能够选择一个大气的、难一些的题目，最好能够延续到博士毕业，甚至更远。而对于要工作，特别是要进入公检法系统的同学，笔者建议从实务案例的经验出发，能够去做一些接地气的实证性、分析性、反思性研究。

（6）个人兴趣与导师指导能力。最理想的当然是学生的兴趣与导师的主要研究方向大体接近，但是不少时候也并不全会如此，如果恰好学生的选题和导师的兴趣差异比较大，那么很大程度上可能就要靠学生自己或者去寻找其他导师的指导。

如上述这些要考虑的因素还可能列举一些，申言之大家所能实际写的题目是比较有限的，更多的时候，你会发现自己写的这个题目早已被无数人写过，而那些没有写过的问题，要么就是不具有研究价值，要么就是太难，只能望而却步。正所谓，多数时候，我们只能去写那我们能写的，而不是想写的。就个人而言，在选题的寻找上大体是这样做的：

第一，通过阅读看能不能发现漏网之鱼或者还有其他可以进一步挖掘拓展的问题。比如我们民诉专业的经典书——日本高桥宏志先生的体系书《民事诉讼法：制度与理论的深层分析》（包括《民事诉讼法重点讲义》），[1] 我相信通过对这本书的阅读就能发现这一点。高桥宏志的书通常都是先讲这个问题（专题）存在被讨论/研究的意义，主要的关切等，然后会讲现有的争议观

---

[1]　参见［日］高桥宏志：《民事诉讼法——制度与理论的深层分析》，林剑锋译，法律出版社 2003 年版；［日］高桥宏志：《民事诉讼法重点讲义（导读版）》，张卫平、许可译，法律出版社 2021 年版。

点，最后是高桥的观点及论证理由。高桥还会谈谈关于这一问题目前研究上剩余的问题或者尚未被解决的问题，大体上这些地方是大家可以发挥的地方。当然还包括那些被具体讨论的问题，比如"诉"这一章里有关"形成之诉"中的"边界纠纷"。毕竟我们看的是一个外国的文本，我们会本能地想去与国内的情况进行比较。

一定意义上，第一这里的阅读有一些我们毕业论文所要求的文献综述的味道，文献综述的最终目的就是在梳理、评论前人研究的基础上找到新的切入点，推动这一领域研究继续向前，呈现个人研究的创新与价值。

第二，方法上的突破。由于我个人比较多的是偏法社会学的方法，所以我不太作上述法教义学、解释学上的工作，而更多的是放在民诉问题的法社会学之讨论上。关于民诉的法社会学研究可能我会在其他地方再去具体讲。这里我仅仅给一些自己从这个角度思考民诉/证据问题的切入点：

其一，民事诉讼的某一制度是如何实践的。亦即通过观察等方法的经验/实证研究（这一类题目适合可以找到实习单位或者有一定实务经验的同学撰写）或者通过各类案例数据库，如裁判文书网、公报案例、指导案例等的归纳分析研究；

其二，深描一个法院司法的具体过程（条件如前）或者一次具体的纠纷解决过程；

其三，对民事司法统计数据（公报、年鉴等）的挖掘处理与分析。

……

总体上，一般硕士学位论文的选题难度还是可以掌控的，只要你自己以及你的导师组大体认可就好，不像期刊投稿论文那样要求很高。因为毕业论文一定意义上并不具有竞争性，难度只在于你自己怎么把它写的尽可能有意思；但是期刊论文动辄则是从数十篇，甚至上百篇投稿中筛选出来，这难度基本不在一个级别。总的来说，一个好的选题是有比较大冲击力的，这或者是其新颖性——能够回答时代之问、或者是理论突破性——一个许久没有推进的问题在你这里有了新的进展、或者一个从未研究过的问题被提出来了；当然也要避免故意的偏怪与为新而新，因为我们的心里还要装有读者，文章毕竟是为了人去阅读的。我们去看国内法学界大家所喜爱的一些一流学者，他们的选题并不总是一副拒人于千里之外的样子。

大体上经过前面的选题准备作业，我们就能给出一个题目及一个初步的提纲了。一个检验的标准就是，看你能否用一两句话能够告诉我你要干什么，这也就是所谓之文章的问题意识所在。因为还没有动笔写作，只要有一个初步的提纲就可以，这主要是看你的思路清晰不清晰，是不是已经胸有成竹、心中有数了，另外是为了让导师看你的写作有没有严重的遗漏、或者明显硬伤的地方等。

完成上面的工作，就可以进行具体写作了。

略作补充，为了让自己所指导的学生了解他们的导师的兴趣，也能知道我本人对本学科的认知偏好，特列出相应方向最具代表性的几本书，供大家参考。就笔者个人而言，自己并不是一位典型的民事诉讼法学的学习与研究者，所从事的日常教学科研只能勉强算是与民事诉讼相关。

上面的六组 22 本书仅是一个参考，大体上第 I 组书代表了笔者心目中理想民诉教科书的样子。而列入黄宗智老师的《过去和现在》这是为了克服多数学生民诉学习只有当下没有历史意识的不足。第 II 组书是证据法学方面的，对于证据法学的感受和研究切入点，不同的学人可能差异很大，对于笔者而言，我是偏向于动态的证据应用、适用的，而且很在乎能够有一种关于证据法学体系的宏观在里面。第 III 组书半为笔者个人的法社会学研究兴趣，半为笔者对于民诉学习的一种理解——民事诉讼法离不开关于司法制度的思考，一如第 V 组有关纠纷解决的文献。至于诉讼社会史，大体代表了个人更加喜好从个案这种经验层面思考法律问题的"社会—法律研究"趣旨。第 IV 组案例指导制度的书，这里不仅是为了突出案例研究，以及案例指导制度研究在未来法学研究上的重要地位，更是为了提醒学生注意研究选题坚守上的意义。张骐老师的案例（判例）制度研究早在 2011 年最高院确立案例指导制度之前就已经展开，张骐老师在这一个议题上的持续深耕，不仅使得张老师成为国内在这一问题上当之无愧的顶级学者，张老师的学生围绕这一话题也产生了不少的重要作品。最后的第 VI 组的两本书大体上照应个人在研究趣旨上的方法偏好。

下面的这五个方向，在具体的写作上，如果是以民事诉讼法作为学习的重心，那么写作难度是逐渐加大的，特别是司法制度/司法社会学/诉讼社会史这个方向之后，是需要学生有法学之外的阅读积累的，要有一定的跨学科意识，能够进行一些学科交叉。案例指导制度研究这一方向会较多涉及国内法学研究传统上法理学的不少知识。多元化纠纷解决机制研究则很明显的要有社会学、人类学、政治学等方面的基本知识。

三、写作

（一）下笔之前

题目选出来后，紧接着就是开题，然后就是正式的写作，最后是答辩。实际的写作除了掌握基本的学术论文写作格式/形式外，剩下的很难由别人帮助你，只剩下一个人的鏖战，这是对你个人各方面能力的综合考量。对此，有下面的几点或者几个原则是你心里首先需要有准备或者想好的：

（1）写作最好能够拿出一整段时间，直至初稿完成。这中间可能有一些问题你一时先写不出来，那先放过去，回过头来再写。

（2）有了提纲之后边看边写，不要等到所有资料都看完后才写。在李安的电影《饮食男女》里对此的道理讲得很明白。

（3）要定一个自己所能达到的最高标准。这主要是考虑到我们学校的平台及同学们的实际水平，即便这样我们最后拿出来的可能还是一个粗糙的产品。

（4）论文需要自己不断地去修改。

（5）文献质量要能够说得过去。什么样的文献才能引在自己的文章中，这没有一个标准，但还是有一些共识的。

（6）平常的练笔必不可少，因为"光说不练那是假把式"，写作经验需要积累。

（二）下笔写作

在这里我想与大家讲的是，学位论文要写成什么样，导师的期待是怎样的？我们又怎样做才能实现这个目标。下面要谈的主要是关于"写"的理论方面，另外的这里只简单讲一句，即你要动手，不能永远停留在"想"的层面，实际上只有走出第一步——敲下第一个字符，你才能检验自己思路的成色、也才能不断调整自己的写作思路，没有这个 1，再多的 0 都没有用。

我们先看一下一篇完整学位论文的常规或者一般结构：

题目：XXXXX

引言
选题交待、研究意义/价值
要研究的问题、写作思路
文章贡献、要得出的结论等

第一章
文献综述/提出问题：既有研究基础上的再推进
（综述是要让你在读懂你所收集的文献的基础上评论文献，而不是列举文献目录。文献收集理想上是要在你的能力范围内做到穷尽。文献综述就是期待作者能够对其所要研究的问题有一个概括性的掌握，知道自己的出发点在什么地方，然后在这个点上你发现还有什么可以继续研究的必要。大体上文章创新性很大的一部分就可以在这里得到一定的体现，也是考验作者能否提出一个有价值问题的阶段）[1]

第二——N 章
正文
（立论后的论证。这一部分因人而异，各人的写作风格与思路不尽相

---

〔1〕 这令人想起李白的感叹："眼前有景道不得，崔颢题诗在上头"。

同。但大体上都要尽量做到思路清晰、论证有力、材料丰富、观点鲜明——这是一个很高的要求，我们不一定能做到，但还是要有这种期待）

结论

回应、总结前文，给出最终的结论

参考文献

上面的这个大体框架，大多数同学是比较清楚的。有了这个框架、基础之后就能动笔了。究竟要怎样写，对于学术论文，特别是一下子就要写一个篇幅比较长的大论文，又是初学者。我想从模仿开始，能够达到对经典论文的 2.0 版模仿就可以了。当然对于有更高要求的同学来说，这个还是要超越的，如果有一天能够"但开风气不为先"，那就太好了。我之所以说是模仿性写作，这完全是为了避免部分同学出现毫无章法之写作的，不是说我们的写作就应当是模仿。更进一步说，为什么是要从模仿开始呢？因为大多数同学是直到要写毕业论文的时候才摸索怎么写论文，很显然，要等到你完全摸索明白，时间就来不及了。这时，模仿成熟的论文不仅是一条捷径，也能保证论文的基本写作质量。当然模仿也是有前提的，你得模仿那至少是还能看得过去的文献，得找到或者发现哪些文献才是值得模仿的。目前部分同学的问题是，时间上、个人鉴赏水平上根本来不及去发现哪些文献是经典文献。但这的确没有办法，因为既然你读了研究生就要学会找文献，要有基本的鉴赏力。这一步谁都代替不了你，你得自己做。

接下来要明确的是具体的写作"范式",[1] 暂且不论逻辑、结构、表达等方面的问题。常见的问题是大家的论文被批评为没有问题意识、没有理论、论证不深入。这几种批评意见大体上可以归到所谓的"教科书体写作"批评去。教科书体就是说论文写得如一般教科书般,只有介绍而没有比较深入的阐发——看似面面俱到,但不过是泛泛而谈,该详不详、该简不简。或者更准确的是评阅人、读者面对的是一篇既没有明确去回答一个"为什么"的问题,也没有尝试去回答一个实践中的"抑或",也看不出来作者的立场何在?总之,这篇论文就是一个结构松散、论证沓垮、令人迷惑的篇什。这样的论文一次次将"提出问题—分析问题—解决问题"这一经典研究方式"玩坏",因为这篇文章所研究的问题要么是虚构的、要么就是没有任何意义的;进一步,文章的文献综述只是在文章完成后为了补足这部分内容而填补进去的,并不是作为作者行文下笔的一个现在准备;最终的结论是千篇一律的,无外乎就是"这个问题很复杂""笔者才疏学浅""今后会继续努力"这些根本不能成为结论的话术。

究竟该怎样理解和看待"教科书体"这个问题,笔者有时候也很困惑。在写完文章后,也常常想自己的论文是不是也就是那个教科书体。教科书体为什么不适宜于学位论文,大概是因为理想上,或者通常,我们说论文写作首要的是发现问题(Problem),要能够提出一个可供研究的问题(Question)。问题如果提

---

[1] 或许这里的问题还在于要让同学们明白究竟什么才是硕士学位论文应该有的样子,我们常说的"论文",其实是很宽泛的表达,它是可以进一步分为几个不同的子类的,这比如我们看《中国法律评论》的栏目设计就能够明确体现出来——《中国法律评论》设有"卷首语""对话""专论""思想""立法""判解""影像""批评""观察""策略"等栏目。参见中国法律评论官网:http://www.chinalawreview.com.cn/article/about_description.html,最后访问日期:2021 年 12 月 16 日。

得好，那么这项研究的价值就不会弱，甚至会产生特别大的影响。笔者也一直在思考这个问题，除了下文会论述到的问题，可能还是觉得没有问题意识的论文是没有灵魂的、特别是缺少反思、批判精神。[1]

　　范例 1:[2]　我国民事诉讼中管辖协议制度在现行法上主要为《中华人民共和国民事诉讼法》第 34 条……我国传统民事诉讼法学理论通说关于管辖协议的理论介绍基本以上述法条为核心，将前述要件作为我国管辖协议生效的全部要件，并将 2015 年《中华人民共和国民诉法》的解释中的新内容附列于后……然而，前述理论体系并没有完全覆盖与管辖协议制度有关的全部规则，也无法为解决实践中的管辖协议疑难问题提供足够的理论支撑：第一，没有覆盖其他管辖协议规则。第二，不能解决司法实务疑难问题……本书的研究对象将聚焦于国内民事诉讼中明示的管辖协议制度，主要从性质定位、意思分解和要件重构三个方面，完成对我国管辖协议理论的重构。

　　范例 2:[3]　最高人民法院 2015 年 8 月正式发布了《关于审理民间借贷案件适用法律若干问题的规定》（以下简称《规定》）。《规定》以多个条文规范民间借贷案件的事实认

---

〔1〕　参见田洪鋆：《批判性思维与写作》，北京大学出版社 2021 年版。

〔2〕　参见刘哲玮：《诉的基础理论与案例研习》，法律出版社 2021 年版，第 131~133 页。

〔3〕　参见吴泽勇：《民间借贷诉讼中的证明责任问题》，载《中国法学》2017 年第 5 期。

定，第 16 条、第 17 条更是直指相关事实的证明责任分配。其中，《规定》第 16 条第 1 款规定被告抗辩已经偿还借款的证明责任，第 2 款规定被告否认借贷行为实际发生的事实认定，第 17 条规定原告仅有转账凭证情况下的证明责任。应该说，这两条三款涵盖了民间借贷案件事实认定中的核心问题，最高人民法院以此规范此类案件证明责任分配的意图相当明显，亦值得肯定。不过，若以证明责任理论的视角观之，三款规定均有值得讨论之处。我们看到，涉及纠纷当事人对于相关事实的证明义务，《规定》起草者先后使用了多种表达。第 16 条第 1 款规定，被告对其偿还抗辩应当"提供证据证明"，被告证明之后，原告仍就借贷关系的成立承担"举证证明责任"；第 16 条第 2 款规定，被告否认借贷行为尚未发生，应当作出"合理说明"，而在被告合理说明之后，并没有规定该事实的证明责任由谁承担。第 17 条又回到第 16 条第 1 款的模式，即被告对存在其他法律关系"提供证据证明"，被告证明之后，原告仍就借贷关系的成立承担"举证证明责任"。对于这些规定，熟悉证明责任理论的学者很容易提出疑问，比如：①第 16 条第 1 款中的被告"提供证据证明"是什么性质的责任？用民事诉讼法学的术语，是行为责任还是结果责任？②被告对偿还抗辩的证明与原告对借贷关系成立的证明是什么关系？③第 16 条第 2 款中"合理说明"是什么性质的责任或者义务？④第 16 条第 2 款中，如果人民法院综合各种因素仍然无法判断借贷事实是否发生，客观证明责任（真伪不明时的败诉风险）由谁负担？⑤第 17 条中的被告"提供证据证明"是什么性质的责任？

⑥三款规定都提到被告的"抗辩"，这三种"抗辩"在性质上是否相同？

韦伯（Max Weber，1864—1920）在他40岁的时候写了一本书，准确地说是两篇论文，即大家都熟悉的《新教伦理与资本主义精神》，这本书早已成为经典，与涂尔干的《自杀论》、巴林顿·摩尔的《专制与民主的社会起源》成为社会学系同学的三大本。而韦伯的这本书或者这篇论文为什么就是经典呢，因为这里讲了所谓的后来被称为"韦伯命题"的问题。[1]

范例3：韦伯的《新教伦理与资本主义精神》始于这样一个观察：在十九世纪前后的欧洲各地，基督新教盛行的区域通常伴随着发达的资本主义经济活动；宗教信仰与事业精神同时体现在同一类人群身上。由此引出本书的命题：基督新教所产生的职业伦理与现代资本主义有因果关系。韦伯提出，新教信仰塑造了人们社会生活的伦理规范，沉淀为欧洲社会特有的文化特质和生活方式，成为理性资本主义精神，推动了现代资本主义经济的发展。这一命题在学术界和思想界引起很大争论，引发了韦伯随后的一系列回应和阐释。这些写作构成了这本书的内容。

当然，在我们的研究中，我们是否总是能够提出问题呢？我们还是要尽力去做到，哪怕我们提出的不是一个那么经典的问

---

〔1〕　参见［德］马克斯·韦伯：《新教伦理与资本主义精神》，林南译，译林出版社2020年版。

题——这个也很难做到，但是我们至少要有问题意识。[1]

笔者的一点不成熟的想法，大概是这样的。问题本身是多样的，相应的具体的研究就应有所不同：

（1）应用——对策性研究。这比如我们民诉的小额诉讼程序适用率不高、繁简分流不畅等问题的解决。又如要不要设立破产法院等。

（2）解释理论与实践上的 gap。比如之前的举证时限、文书提出命令等为什么会成为具文或者走样？又或者解释一种现象，比如"二次离婚规则"。

（3）回答与论证制度及学术上的争议问题，比如我国要不要完全采用当事人主义诉讼模式、要不要废除审委会制度等。这里当然也包括要不要引进与设立一些新制度等。当然还可以是一些更宏观的问题，比如西欧诉讼模式与古代中国诉讼制度比较上的一些理解问题——下面我们的例子就会涉及这一点。又比如为什么今天我们引进的一些法律制度是一些美国、欧洲制度的混搭，甚至"四不像"等。

（4）澄清一些基础理论/法律规定上的争议点/模糊点。比如民诉研究中的自认、证明责任性质、既判力、争点效、预决效等问题。一般地，这类问题的研究难度都很大，因为这个时候不再是仅局限于这一个问题的简单研究，而可能涉及这一个学科，甚至多学科之间的交叉，往往还涉及一些更复杂的利益衡量等更高级别学科上的问题。这些问题的回答往往是为了让理论体系更为完善、融贯。最终是能成一家之言。

---

[1] 赵鼎新：《质性社会学研究的差异性发问和发问艺术》，载《社会学研究》2021 年第 5 期。

（5）其他。

上述几类研究，归结起来，无外"是什么""为什么""怎么办"这三类。具体而言，第③④至少从表面上看来，学术批判的风格更明显一些，也是最值得提倡的。而第①类的对策性研究与第②类研究有一些交叉，但是它所涉及的问题是 Problem，而非学术研究上更在意的 Question。严格来说，至少学位论文不鼓励这类研究，其中很重要的一方面即同学难以驾驭这类题目，也很难做出这方面有价值的研究。确切地说，有价值的 Question 离不开通过 Problem 的发现的。对于研究而言，一是要能够感知到 Problem 的存在，二是要能够用学术研究的要求进行力所能及的理论作业。进一步而言，大体这里涉及是"怎么办"与"为什么"的问题。显然地，学术论文期待的是后者——用张静老师的话讲，这个问题一定是带有 Puzzle 的那种![1]

从上面这几个小点出发，笔者再解释一下怎样才能尽可能避免所谓的"教科书体"学位论文写作。举一本韦伯的书，即《儒教与道教》，这本书与前面的《新教》有关联。从这本书出发我们写一篇论文，下面这个图的左栏大概就是所谓的教科书体，右栏是有问题意识的文章。关于何为问题意识，有很多的讲法，我也一直在想，最简单说应该就是"你到底要写什么，你的落脚点又在哪里？"在这个起点和终点上你又要如何把他们串联起来，而这应该就是你的写作思路。笔者也注意到自己指导的一些同

---

〔1〕　参见张静：《提问是发现的开始》，载汪晖、王中忱：《区域（第9辑）》，社会科学文献出版社2022年版，第111~132页。不过，再进一步去思考的话，对于研究生同学来说，他们肯定也想在自己的论文中去研究一个所谓的"问题"的，但是如何能够做到非常自然，而不是"为赋新词强说愁"式的制造"问题"，则可能是更现实的困难。陈向明教授有关如何"确定质性研究的问题"的论述很有启发，参见陈向明：《质的研究方法与社会科学研究》，教育科学出版社2000年版，第78~84页。

学，似乎没有这样一个路数，就是很随意地选择一个题目，然后写到哪算哪、没有规划，这样的论文不仅很难有问题意识，也往往不知所以，甚至连四不像都不是；即便是常常被批评的文字材料堆砌都不是。这样的写法是让人很难过的。遇到这样的论文，我都会怀疑自己的指导能力和自己曾经的写作经验，也会感到特别的怅然与不知所措。

【说明介绍型】	【论证阐释型】
不知所以	破题/开题：立论/找问题
论韦伯《儒教与道教》中的法律	为韦伯辩护 ——比较的逻辑和中国历史的模式[1]
·引言 这本书多么重要、有价值……	多年来，马克斯·韦伯的《中国的宗教：儒教与道教》被当做负面意义上的研究出发点……韦伯的确有许多可以批评的地方……然而，在韦伯遭到中国研究专家围攻之际，我打算发表一些不合时宜的看法，针对上文所总结的一些批评意见，为韦伯的《中国的宗教》一书中的主要见解作出辩护。
·正文	本文论述的结构如下。首先，我将指出，韦伯所总结的前现代的中国城市、政治和宗教的特征，

---

〔1〕 赵鼎新：《为韦伯辩护：比较的逻辑和中国历史的模式》，收于《国家、战争与历史发展——前现代中西模式的比较》，浙江大学出版社 2015 年版。

续表

《儒教与道教》介绍 　　介绍韦伯以及写作《儒教与道教》的背景等 《儒教与道教》中的法律的具体的内容、你的评论等 ……	本质上都是在比较的意义上提出来的。即便他也许并不了解这些特征还有种种变化和特例，但是他的看法仍然有合理的一面，因为就这些议题而言，欧洲和中国之间的差异往往比中国的内部差异更为显著。因此，尽管韦伯的许多批评者提供了更细致入微的前现代中国的图景，他们并没有颠覆韦伯有关中国和欧洲之间差异的主要结论。 　　其次，韦伯在他的书中想要解决的一个重要问题是工业资本主义为什么没有在中国出现。正如我刚才所说，他的观点遭到了晚近学者的批评或轻视。但我认为，即便以我们目前对中国的认知，轻率地无视韦伯的洞见可能会导致我们犯更多的错误，而不是收获更多。
·结语 　　对我们的启发	在本文的最后一节里，我将转向建设性的讨论，来说明韦伯对今天的学术仍具有很大意义。

　　中南财经政法大学法学院民诉方向的导师袁中华老师讲得特别有道理：[1]

　　最常见的"老八股"硕士论文一般是这样的结构："概述（包括内涵、历史沿革xxxx）——比较法——问题——解决"。这种万能结构不值得提倡，概述往往没有任何必要性，比较法也看不出意义到底在哪里。所以我对学生的要求是：

---

〔1〕　参见袁中华：《法学硕士论文的18条军规》，载"教书青年说"微信公众号，最后访问日期：2022年1月7日。

不能有概述。砍掉概述后，学生才会寻求从问题出发来谋划整个文章的布局。文章一般而言，要遵循"提出问题——分析问题——解决问题"的逻辑，无论论文涉及的问题或者资料多复杂，它的核心框架应该是非常清晰明了的，这就是我说的"内容可复杂结构要简单"，（所以章的数量原则上不要超过 5 个，节和下面的标题最好不要超过 3 个）。

大体上如果论文写作已经到这一层次，一些基本的问题应该都会比较容易解决，或者并不再是那么严重的问题了，这比如标题的拟定、摘要、关键词的写法、四级标题的用法，以及研究方法选择、谋篇布局、结构调整、观点表达等。以上这些内容如果能够推荐一本书，我想黄宗智老师 2020 年末编著的《实践社会科学研究指南》非常适合。

基于上述根据及理由，笔者给出的两年制/三年制研究生理想毕业论文写作时间规划是：

第 1/3 学期末（元旦前）汇报选题情况

第 1/3 学期寒假文献检索

第 2/4 学期开学一周内汇报开题报告撰写情况

第 2/4 学期开学三周后提交开题报告初稿

第 2/4 学期五月一日前提交开题报告定稿

第 2/4 学期六月份开题答辩

第 3/5 学期十月中旬到十一月上旬期间提交毕业论文初稿

第 3/5 学期十二月初到中旬提交毕业论文二稿

第 3/5 学期末（元旦左右）毕业论文预答辩

第3/5学期末至第4/6学期开学前提交预答辩后毕业论文修改稿

第4/6学期四月毕业论文定稿、送审

第4/6学期五月到六月毕业论文答辩

（三）论文成品

在刚开始指导论文的时候，对同学还是有很大的期待，但是后来发现，对于两年制的同学，一是他很难有时间去耐着性子去写完，二是两年制同学基于学校的培养目标似乎在论文写作上降低一些标准。对于大多数的同学来说，我期待他们无论如何，先拿出一个5万字上下的成品来，先不论质量如何。如果没有这个成品，其他的一切都谈不上。事实上，即便是我们老师也不是总能写出自己满意的成果。正所谓文章质量是有高低之分，论证有深浅之别，一篇质量弱一些、论证浅一些的论文也不能不称其为论文。如果这其中真有有缘的同学出现，也愿意写一篇有意义的作品，那再个别讨论就好了。

具体的写作这似乎是一个死循环，刚开始的"选题—文献"工作做得不好，到具体的写作其实很难，这让目前市面上的几乎全部的论文写作指南都有可能失去了意义。在过去的时间里，笔者先后给学生推荐过何海波老师的《法学论文写作》、王雨磊老师的《学术论文写作与发表指引》、风笑天老师的《社会研究：设计与写作》、李连江老师的《不发表 就出局》、《中外法学》编辑部的《经验与心得：法学论文指导与写作》、大村敦志等的《民法研究指引：专业论文撰写必携》以及阎天老师等的《法意文心：法学写作思维六讲》。这些作品都是有口皆碑的，也都是这些老师的肺腑之言与经验之谈，笔者的学生在阅读的时候也是极仔细的，但是在要落笔写自己的论文的时候，这些经验之谈所能起到的作用太有限了，也许对于没有写作经验的小白同学来说，那些经验之谈与他阅读一本其他的专业书其实没有什么两样。自然这些指南在实际的写作中被遗忘也是自然的，大略真的是"此情可待成追忆，只是当时已惘然"。每到论文季，这篇"作为问题的'问题意识'——从法学论文写作中的命题缺失现象切入"[1]的热文又熟悉地刷屏，也有如"研究生论文写作中易犯的错误"[2]这样的文章大量转发，其实已经表明导师们又一次沦陷了……

因为无论怎样的金手指，如果学生没有任何的积累，一上手就想做"大买卖"，都是很难发挥作用的。笔者认为大凡导师可能都或多或少苦恼于学生的论文指导，想来学生也是会觉得苦不堪言、实在难熬。在这个意义上，或许我们不应该期待那种令人欣喜的写作，只能保证不要跌向不能接受的突破底线的中规中矩论文就好。说得玄妙一些，一篇比较好的，或者说还能说得过去的毕业论文其实是师生之间的相互成全，可能真的就是一场机缘。

结语

研究生毕业论文的写作成了学生和导师都很头疼的大难题，这在两年制的法硕中表现得更为突出。有时候，笔者会觉得前面讲到的诸点可能都是多余的，因为态度决定一切——只要想写好，自己尽力了，基本上都能写出比较好的文章来；反之，如果

---

〔1〕 尤陈俊：《作为问题的"问题意识"——从法学论文写作中的命题缺失现象切入》，载《探索与争鸣》2017 年第 5 期。

〔2〕 高成军：《研究生论文写作中易犯的错误》，载《民主与法制时报》2021 年 9 月 23 日，第 5 版。

从一开始就没有想着去认真对待，那结果必然不好。笔者认为没有哪位导师是以经典大作的标准来要求一位初学者的，多数时候只是期待一篇还说得过去的练笔之作。但即便是这样的已经马上突破学术守门人底线的要求，也会带来师生之间的相互不愉快。其中的原因何在，实在值得反思，师生关系不应在这本应有的培养环节上如此脆弱。

毕业论文写作还有其他很多的问题可以去讨论，这比如没有选择、很随意的引证，不知所云的比较研究[1]、"锯箭式"一删了事的修改等让人无可奈何的老大难问题；也有如英文标题翻译基本用词、首字母大写、摘要编写、关键词提取、Email 书写规范等本不该成为问题的基本常识……同时，论文写作其实是非常个人化的、或许根本不可教；另外，具体的实际写作中，每个人所遇到的问题也并不相同……所以，前文之论述，大体只对那些缺乏学术训练、也对毕业论文甚少了解的同学有一定帮助。具体而言，本文所给出的毕业论文从准备到成稿这一一般性的安排，可以提供一种参考；另外也提醒同学在写作时尽量去避免那些陷阱与雷区。

本文的主体内容到此就结束了，但是否问题就能够解决呢，笔者其实很怀疑的，过去的经验告诉笔者实效是有限的。或许我们还得从对两年制法硕培养方案的调整优化上着手，对于绝大多数学生来说，要让他们在学术积累非常非常有限、而且还不大清楚学术论文为何的时候，要在不到半年的时间里完成一篇五万字左右的大论文这几乎是不可能完成的任务。我们需要考虑是否还要两年制的法硕生一定要撰写一篇毕业论文。

---

〔1〕　参见傅郁林：《改革开放四十年中国民事诉讼法学的发展：从研究对象与研究方法相互塑造的角度观察》，载《中外法学》2018 年第 6 期。

课堂与教学

Curriculum and Teaching

新文科背景下通识教育的探索与实践

——以中国政法大学—故宫博物院馆校结合为例

◎魏　玮*

摘　要：新文科重在构建新时代的文科教育发展格局，推动文科教育融合，构建中国特色高等文科人才培养体系，全面提高文科人才培养质量。在当前全球化背景下，基于本土文化的特质，思考通识教育如何与博物馆结合有效承担保存、传递和发展本土文化的重任，彰显民族文化的主体性地位，基于实证研究切实关注大学在通识教育方面的现状，以中国政法大学与故宫博物院馆校结合为例，探索大学与博物馆馆校合作的通识教育

* 魏玮，中国政法大学人文学院中文教研室讲师。在《学术研究》《光明日报》等核心期刊上发表10余篇论文，多篇被中国人民大学复印报刊资料全文转载。主持国家社科基金项目1项、校级科研创新年度青年项目1项、博士后面上基金项目1项。曾获中华经典诵写讲大赛"迦陵杯·诗教中国"诗词讲解大赛全国大学教师组三等奖、中国政法大学优秀党员、中国政法大学第十七届青年教师教学基本功大赛三等奖、中国政法大学优秀实习指导教师等多项荣誉奖励。

实践路径。

关键词： 新文科　通识教育　博物馆

一、通识教育背景与现状

通识教育（General Education）自古希腊、古罗马时期就已存在，被称为博雅教育（Liberal Education）。[1] 作为通识教育的前身，博雅教育经历了古希腊、古罗马时期的兴盛，在中世纪大学兴起的时候愈发被重视。当世界高等教育的中心转移到了英国，在红衣主教纽曼的推动之下，博雅教育在牛津大学与剑桥大学得到了一定的发展。随后在工业革命的推动下，欧洲国家的大学开始重视专业教育，博雅教育阵地转移到美国。自此，博雅教育发展成为通识教育，美国也成为了集通识教育之大成的国家。

《哈佛通识教育红皮书》中将通识教育的目标概括为"拓宽专业口径，加强基础理论，重视学科渗透"，最终旨在将学生培养成为一个负责任的人和公民，实现"人的全面发展。[2] 20 世纪初期以后，芝加哥大学、哈佛大学对通识教育又进行了更全面的思考与分析，改革课程，力图从各个方面来完善通识教育。[3] 我国现代意义上的通识教育，始于上世纪 80 年代。近年来北京大学元培计划、复旦大学的复旦学院、中山大学博雅学院，以及清华大学的新雅学院及文化素质通识教育核心课程都是通识教育

---

〔1〕　李凤亮、陈泳桦：《新文科视野下的大学通识教育》，载《山东大学学报（哲学社会科学版）》2021 年第 4 期。

〔2〕　哈佛委员会：《哈佛通识教育红皮书》，北京大学出版社 2010 年版。

〔3〕　李曼丽：《哈佛大学新制通识教育方案及其实施效果辨惑》，载《北京大学教育评论》2018 年第 2 期。

的典范，开拓了中国高等教育课程与教学史上前所未见的新模式。[1]

近年来，我国一流大学的通识核心课程开课目的更加明确且富有针对性，课程结构体系更加完善，科目和相关课程资源更加丰富，课程教学方法改革也取得了重要进展。然而随着经济发展、社会改革，通识教育的问题也日益增多：

教学方法和模式单一，目前国内通识教育多采取大班教学的方式展开，教学模式固化，多采用传统的讲授法教学，缺乏学生的主体参与，单向性教学难以达成能力培养的效果。学生参与度不高，主动性较差。[2]

课程设置不合理，国内许多大学通识课缺乏系统性规划，拼盘式课程具有较大的随意性，缺乏统一的课程理念、明确的目标、切实的计划和有效的组织，通识课程内容界限不明确，课程设置欠缺融合意识，未能有效打通学科之间的壁垒，导致课程结构失衡，开设课程和学生需求不能匹配。

教育评价存在着许多缺陷，如评价主体片面；评价功能不凸显；评价效果与教育目标结合不够；评价内容单一；评价忽视学生发展的过程性等。

监管缺位，大学通识教育课多数被置于公共选修课中，缺乏相应的制度保障和评估手段，学生普遍存在的学习的功利性和实用性偏好强，加之课业负担整体偏重，使得学生对通识课普遍轻视，态度不积极。

---

〔1〕 李曼丽、张羽、欧阳珏：《大学生通识教育课程实施效果评价研究》，载《教育发展研究》2014 第 C1 期。

〔2〕 甘阳：《大学通识教育的纲与目》，载《同济大学学报（社会科学版）》2007 年第 2 期。

可以发现当下通识教育存在的实施渠道过于单一、以学科价值为本、以知识技能体系为目标参照、以教师为中心、重结果、求一律等，这些问题都与通识教育精神严重相悖。

就目前来看，我国高校普遍存在为追求通识课程知识面增加而片面扩大通选课的范围和数量，导致课程数量激增，无法达到通识教育的效果。在这种状态下，学生也会受到个体自然倾向以及阶级固化的双重作用而轻视通识教育的真正意义。由于长期以来通识与专业教育的断裂，受到文化教育与职业教育对立观念的影响，当前我国一流大学通识教育发展还处于初创时期[1]，不但无法完成自身的"自由"目标，反而造成了社会再生产失衡现象。[2]

通识教育与以往那种只注重专业教育不同之处在于，打破校内外、学校各学科之间的壁垒，弥补了专业教育过窄、过细的划分导致学生批判性思维、想像力、创造力的限制。通识课程，不仅仅是简单的知识接受过程，也是一个不断改变主观世界和创造新的客观精神世界的过程，逐步完成内在世界与外在世界的和谐与统一，实现人格陶冶。

二、新文科背景下馆校合作与大学通识教育的探索

相比于自然科学的分工细化程度，人文社科专业间的界限相对更小。人类文化与社会现象异常复杂多变，对其开展深入研究尤其需要综合化、跨学科的视角。2021 年 3 月 2 日，教育部办公

---

〔1〕 别敦荣、齐恬雨：《论我国一流大学通识教育改革》，载《江苏高教》2018年第 1 期。

〔2〕 崔延强、卫苗苗：《超越自由教育的逻辑架构：大学通识教育的结构性转向》，载《华东师范大学学报（教育科学版）》2020 年第 11 期。

厅发布了《关于推荐新文科研究与改革实践项目的通知》，为深入学习贯彻习近平新时代中国特色社会主义思想，贯彻落实全国教育大会精神，落实新文科建设工作会议要求，全面推进新文科建设，构建世界水平、中国特色的文科人才培养体系，经研究，教育部决定开展新文科研究与改革实践项目立项工作。

新文科对我国通识教育发展提供了契机，不仅能优化学科专业结构，解决学科细分问题，还为应对教育改革提出新要求，为新时代人才培养设置新规格。新文科建设是对大学教育体系的一种增补、转型和更新，是为解决当今世界共同面临的全球化问题所形成的新格局、新观念、新方法、新模式和新路径。

大学与博物馆之间的馆校合作实质是一种特殊的教育实践活动，其独特之处在于其并非仅仅依靠学校或博物馆完成，而是通过不同机构组织间的合作而进行的教育活动。虽然在此之前馆校合作已经在探索，但在前期的实践中，囿于教学理念、管理机制等方面的因素，影响了合作。新文科建设的背景为构建馆校合作提供了新契机，不断探索新理念，推动教学内容和方式的创新。

（一）探索新理念

博物馆是近代西方传来的产物，我国的博物馆学理论体系的构建也经历了从具体到抽象，从基础到复杂的发展过程。广义的博物馆教育旨在馆内的各种含有教育功能和意义的活动，包括教育活动参观导览、教育课程等多种类型。而在当下面对新时代、新形势、新需求，博物馆的社会功能已经有了极大的转变，从最初对藏品的目录整理和分类管理等具体工作，到博物馆各项业务活动理论经验的积累和对博物馆的历史等研究逐渐深入，其社会功能等有了升级，所具有的传播知识、普及教育、娱乐公众的功能也开始产生更深远的意义，这尤其以故宫博物院为代表，形成了以故宫文化为核心的学科系统和理论体系。

2021 年，中央宣传部等多个部门联合印发的《关于推进博物馆改革发展的指导意见》中提到博物馆一定要坚持改革创新，上下联动、横向联合，鼓励先行先试，破除体制机制束缚，释放发展活力。当下面对人民日益增长的文化需求，博物馆的功能辐射面已经越来越不能局限于场馆内。根据 2007 年国际博协最新修订的"博物馆"定义，"教育"在博物馆各功能中排在首位。

博物馆与大学的馆校合作，对于促进社会教育资源的有效配置及开发利用有直接的作用和意义。博物馆的教育功能体现在专业知识、人文、审美等不同方面，[1] 它所提供的教育平台具有很大的延展性，能为大学生多方面的知识拓展、思维训练、道德情操的培养提供契机，因此，与通识教育的培养目标能够进行多角度的结合。

随着通识教育改革，与博物馆建设的不断推进，通过文雅明哲的文化知识而通达事理，实现通识教育贯彻的"全球化时代的卓越公民"这一立意高远的育人目标；实现新文科建设强调的构建世界水平、中国特色的文科人才培养体系。博物馆与大学通识教育的融合从理论上是对新文科建设的贯彻，以馆校结合兴通识教育之"新"。

（二）构建新模式

就目前来看，大学与博物馆的馆校合作多以第二课堂、参观实践、活动策划等形势展开，博物馆承担的教育功能受到一定的

----

〔1〕 李慧竹：《论高校博物馆与现代通识教育》，载中国博物馆协会博物馆学专业委员会编：《中国博物馆协会博物馆学专业委员会 2013 年"博物馆与教育"学术研讨会论文集》中国书店 2014 年版，第 19~23 页。

局限，其在学校教育中发挥的效力并不显著。博物馆教育的成效在前期通常表现为知识文化的传播，实际上不应仅局限于传播层面。

在馆校合作中，博物馆可以不仅作为教育环节的辅助，而是作为直接参与者，承担学校教育的实际践行功能。构建以学生为主体，以博物馆和学校为载体，将"学校教育——通识教育"有机结合的新型通识教育模式。打破博物馆教育传统上受限于博物馆场地的局限，走出博物馆，将学校教育和社会教育融合。将通识课程作为博物馆教育的前置性课程结构内容，在博物馆实现通识教育结果的转化，最终再回到通识课堂，完成课程的考核和评价，形成一个完整的教学过程。

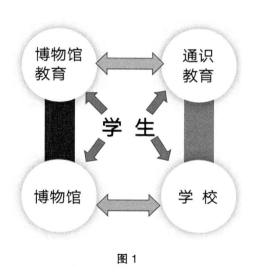

图1

以学生为主体，学校和博物馆共同作为教育实施者，为促进博物馆文化教育功能内在逻辑的优化，形成完整闭合的链条，如

图 1 所示。通过博物馆与通识教育的结合，模糊学科边界，[1] 促进多学科、跨学科研究，促使边缘学科、交叉学科的诞生与发展，建设跨学科平台。

通识教育对学生的要求不仅是对历史的认知和重构，还要有对当代的理解。在大学通识教育的过程中，博物馆教育的多元智能化可促进教育理论与实践的互动。博物馆教育的展示性、历史性与系统性有助于培养学生审美认知的多样化，通过历史、审美、情感等多重体验实现对学生的教育。

（三）符合新需求

相比传统课堂，博物馆教育首先具有实物性、直观性、自主性、寓教于乐等特点，使得博物馆成为有效的课堂教学辅助工具。对于非专业学生的通识教育课程，博物馆轻松、自主、直观的环境会使学生更容易接受。[2]

其次博物馆能为有兴趣的学生提供自主研究、实习的机会。博物馆所能提供的教育绝不仅是"言传身教"的传统教育模式，丰富多样的模式已被运用在各项教育活动中，在数字化体验、课堂与实践结合、师资团队的建设等方面逐步提升。许多世界一流大学的博物馆为学生提供了丰富的研究资源和良好的研究环境，充分鼓励学生兴趣的培养。博物馆的各类讲座、研讨会、工作坊等教育活动，也是在课堂教育之外通识教育的重要体现形式。

在大学通识艺术教育的过程中，博物馆教育的多元智能化可促进教育理论与实践的互动。博物馆教育的展示性、历史性与系

---

〔1〕 黄启兵、田晓明：《"新文科"的来源、特性及建设路径》，载《苏州大学学报（教育科学版）》2020 年第 2 期。

〔2〕 ［英］艾琳·胡珀-格林希尔：《博物馆与教育：目的、方法及成效》，蒋臻颖译，上海科技教育出版社 2016 年版。

统性有助于培养学生审美认知的多样化。博物馆艺术体验对激发大学生的开放性和创造性思维有着重要作用，开放的、非正式的课堂形式弥补了传统学校教育的不足，不仅能够增强学生的认知能力，并且有助于学生在相关跨学科、跨文化领域的发展。[1]

三、中国政法大学与故宫博物馆探索馆校合作

故宫博物院自建院起，以故宫文化形成一套知识体系，包含了古遗址、古建筑、古器物、文献档案与图书典籍等方面，又涉及宗教学、民族学、文学、艺术学、考古学、历史学、建筑学、管理学、图书馆学、档案学、博物馆学等丰富的领域，既具有专业性，又具有极大的综合性、复杂性，是既融会贯通、又专业精进的学问。

中国政法大学自 2019 年起与故宫博物院合作，开设"人文故宫"系列通识课程。现已开设"人文故宫与法治文明""紫禁城文化与故宫学""紫禁城建筑与中国文化"三门课程。"人文故宫"系列通识课程由我校知名学者、故宫专家共同组成授课团队，人文学院青年教师组成课程管理团队，充分发挥我校与故宫博物院的资源优势，深入开展人才培养工作，形成"人文故宫"通识教育课程体系，推进新时代文物保护与利用，为推动学术研究创新、弘扬中华优秀传统文化不懈努力。实现学科建设的交叉融合性、开放包容性与技术人文性，以求同存异、互鉴共进、协同发展为核心基准。

故宫博物院与我校合作可以资源共享、优势互补，具有激活

---

〔1〕 果美侠:《馆校合作之审视与反思：理念、实践及第三方》，载《博物院》2021 年第 1 期。

文化遗产、树立民族文化自信、培养复合型人才、传播终身教育理念的共同使命；其次，合作双方都有跨界解决问题的诉求，因而能在合作过程中求同存异、相互信赖并解决问题、实现共赢。使学生在大学校园中既能收获专业知识、实践知识，又可以获得内在博雅文明的精神，实现通识教育的目标和追求。通过"人文故宫"系列通识课程开设，可以缩小由于专业教育带来的认知差异，平衡专业教育中出现的"过度专业化"的现象，并尝试建立常态化的馆校合作。

（一）通识课程内容建设

通过教学目标、教育模式、课程设置、教学团队，以及对通识教育管理、监管、评价等方面分析故宫与大学合作通识教育的现状及结构性改革，争取形成故宫与高校人文教育、通识教育、优秀传统文化教育、跨平台教育的可复制性品牌成果。

教学目标方面，故宫与我校合作开设通识教育，正是与通识教育是一种广泛的、非专业性的、非功利性的基本知识、技能和态度的教育的特征不谋而合，同时强化了通识教育的古典、自由、人文特性。[1] 故宫既是古老中华文化的结晶，又是当代具有文化传播价值的公共博物馆，在古代所具有的私人性，在当代转化为了公共性。故宫文化是天然的跨学科边界的超复杂性、超系统性的学问，其内涵和外延都具有极大的整合性，这恰好与通识教育的核心理念和教学目标深度吻合。

教育模式方面，以对传统文化的继承和弘扬为基础，除注重发扬自身特色外，更要兼顾国际视野，深研基于中国传统文化的

---

〔1〕 崔延强、卫苗苗：《超越自由教育的逻辑架构：大学通识教育的结构性转向》，载《华东师范大学学报（教育科学版）》2020 年第 11 期。

通识教育的本土化特性，同时开拓博物馆所具备的能够普适的全球性价值，构建能够向世界输出的通识教育模式。

课程设置方面，突出以问题为导向，摒弃传统专业界限和拼盘式通识课程，形成以我校学科优势和故宫文化为核心的较为清晰的学科脉络，强化不同专业间的内在逻辑联系。

教学团队方面，将具有扎实专业知识的我校具有丰富教学经验的学者和故宫专家结合，实现课程的博观而约取，专业与宏博结合，培养师资力量，形成有特色的的通识教育团队。

课程监督管理中，学校层面与校通识教育委员会或通识教育咨询会结合，构建独立的、跨学科的通识教育机构与组织，有效规避在学校层面管理混乱的情况，实现通识教育的资源资源配置，确保通识教育顺利进行。故宫博物院层面，与故宫宣传教育处、故宫学研究所合作，组建馆校合作教育机构与组织，有效处理故宫与高校课程建设中的相关事务，实现资源优化配置。

课程考核评价方面，以批判性思维倾向、创新性思维、价值辨别能力、信息整合及决策能力和沟通能力来对学生进行考核，淡化期末考试成绩主观评价，通过良好的文化氛围促进学生在实践中提升自我。通过较高的学业挑战度[1]和强调互动、实践的多元教学形式来实现通识课教学的高影响力，提高课业任务挑战性，通过考核难度进一步升级，让学生从文本出发是通识教育的内核，研读文本，撰写读书报告可以提高学生的经典阅读能力。同时还可以借鉴国外艺术博物馆的经验，探索让学生参与项目设计、文创设计、展览策划，本科实习、旅行奖学金、项目研究基

〔1〕　谢鑫、王世岳、张红霞：《哈佛大学通识教育课程实施：历史、现状与启示》，载《高等教育研究》2021 年第 3 期。

金等，以及展厅导览项目培训、学生策展项目等让学生能更多参与到故宫中。提供学生写作奖，鼓励学生关于故宫主题的优秀写作。充分挖掘学生的写作、设计等方面的学术潜力和艺术潜力。

（二）通识教育第二课堂建设

当代博物馆在教育方面的作用不仅仅在于引导学生被动了解知识，还在于提供一个可接近的"文化场"，鼓励学生在其中自行探索。

就笔者了解，故宫博物院与我校合作开设的通识教育课程，一般都设置实践教学活动，以课堂教学带动实践教学，以实践教学促进课堂教学，通过实地参观故宫等多元教学形式来促进学生的深度参与，弥补课堂对话有限的缺憾。学生不仅是被动听讲，还可以参与更多的讲解、志愿服务等项目，开展文化的、实验性的互动教学。博物馆为学生提供的各类工作、实践机会，有助于培养学生的工作习惯、创新精神、语言表达等多方面素质。通过招募学生助理策划教育活动；鼓励学生自主策展；招聘实习生参与博物馆日常工作也有助于培养学生的综合能力。在大学通识教育的过程中，博物馆教育的多元智能化可促进教育理论与实践的互动。

为了使故宫和高校更好地开展第二课堂，可以尝试为学生自主研究项目提供资助，辅导学生进行创新创业项目。同时，也尝试将学生设计的文创产品经过改造后与市场结合，实现产品转化，增加学生设计文创的动力。充分提升了学生的实践能力，有利于在实际参与中融会课堂知识。

故宫也可尝试与学校组建学生社团，合作举办各类讲座、研讨会、工作坊、学习日等，促进学生综合素质的培养。通过大量阅读、实验性教学、对博物馆项目的积极策划，以及来自故宫老师的亲自指导，让学生以批判性的、发展性的手段来获得第二课堂的成长，形成隐性的校园通识教育文化氛围。[1]

（三）以数字博物馆带动数字课堂

伴随着信息技术及其应用的飞速发展，信息技术不仅仅是成为通识教育的课程内容之一，更重要的是对通识教育的教学模式、教学方法、课程形态、学习环境等带来了重大变化，同时引发了数字时代专业流动的可能性。

近年来，随着数字化技术的极大进步，我国博物馆正快速向数字化、科技化发展，故宫博物院在加强可移动文物预防性保护和数字化保护利用方面有极大的突破，在全国乃至全球博物馆中也是引领者。同时也推出了线上学习课程，目前已经在线上教育平台智慧树开设"走进故宫""戏说故宫"课程。

故宫博物院与学校合作，利用先进的数字化技术，搭建数字化平台，形成健全的网络学习和参观模式，解决京外地区高校无法即时展开课程讲授和实践的问题，提供线上的馆校合作，打破传统的时空限制，实现随时、随地学习。

构建线上线下混合式课程，将学生线上学习与教师线下面授有机结合，建设数字精品课程。教师根据教学整体设计、学生在线学习等安排授课内容，提升课堂效率与效果，突出课程"高阶性"。同时运用适当的数字化教学工具，将线上课程与线下实体课堂进行有机结合。混合式课程有效节约课堂教学时间，给予学生在空间上、时间上的自主性，有利于不同程度的学生对复杂而

---

〔1〕　李曼丽、张羽、欧阳珏：《大学生通识教育课程实施效果评价研究》，载《教育发展研究》2014 年第 C1 期。

庞大的故宫知识学习安排选择。

提升师生的数字化素养，数字素养被看作在新技术环境下使用数字资源、有效参与社会进程的能力。当下的博物馆不仅要以实证主义方式对文化的历史性给予充分展示，还担负着信息数字技术推广，提升公民数字化素养的重任。故宫博物院以优质的数字资源与高校合作，利用先进的数字技术，有利于突破传统学科壁垒，培养学生的数字伦理意识，强化智能信息技术人才培养，以数字人文贯通"新文科"建设所提倡的文理通识的理念[1]。

就馆校合作开展通识教育来看，我校与故宫博物院合作，利用双方学科优势与特色，积极探索多样化的实践教学方式等，就博物馆与高校开展通识教育、合作办学方面开辟了一条非常值得借鉴的道路，学生对课程满意度较高，见以下图表所示。

表 1

第 4 题：你给课程打多少分[量表题]

本题平均分：8.85 NPS值：59.26%

选项	小计	比例
7	2	7.41%
8	9	33.33%
9	7	25.93%
10	9	33.33%
本题有效填写人次	27	

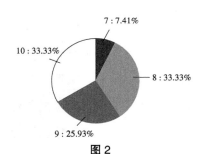

图 2

然而在课程建设等方面也有不足之处。通过发放问卷、采访的形式调查研究，了解目前课程内容存在体系性不够明确，尤其是接力课存在主题不集中、不突出的问题。课程设置方面，故宫

〔1〕 王丽华、刘炜：《助力与借力：数字人文与新文科建设》，载《南京社会科学》2021 年第 7 期。

博物院与我校法学优势特色结合不充分。

四、余论

综合来看，未来的新文科背景下的通识教育更加强调新时代、新机遇、新挑战和新需求，需要的是创新性复合型人才。[1]检验新文科建设成功与否的基本标志，就在于我们能否构建一个具有历史厚重性、科学前沿性、国家战略性的教育体系，并在培养具有家国情怀、全球视野的高素质人才方面发挥作用。

可以看到，近年来通识教育正在尝试从不同方面进行多元创新，以故宫博物院为代表的传统博物馆也正在引领博物馆教育的新趋势。大学与博物馆合作开设通识课程，一方面，将课堂内外结合，将博物馆内外结合，主动建构知识传授场域，进行新旧知识的转化，以博物馆为媒介通过教育内容、形式等方面突出对大学生创新思维、批判思维的培养；另一方面，以通识教育全面促进博物馆优秀学术研究成果走进校园，促进博物馆文化教育功能的优化升级。此举也将有利于将通识教育与专业研究配套结合，促进传统文化良好的生态转化。

在当前全球化背景下，基于本土文化的特质，尤其需要冷静思考通识教育如何与传统博物馆结合，发挥文科教育知识性与价值性相统一的特点，有效承担保存、传递和发展本土文化的重任，彰显民族文化的主体性地位，构建具有中国特色的通识教育认识体系。切实提升学生的政治认同、家国情怀、文化素养、法治意识、道德修养，培养担当民族复兴大任的新时代文科人才。

---

〔1〕 李凤亮、陈泳桦：《新文科视野下的大学通识教育》，载《山东大学学报（哲学社会科学版）》2021年第4期。

基于翻转课堂的法学"一科三课"教学模式研究

◎薛 童*

摘 要：法学课程的教学目标包括知识传授、技能训练和思维养成，需要讲授课之外的教学环节培养实现。中世纪博洛尼亚大学形成的讲授课、练习课和研讨课"一科三课"的教学模式，反映了法学的规范性和实践性特征，而且也符合布鲁姆教学目标分类法的教育认知理论，因此得到法治成熟国家的遵循和沿袭。德式案例练习课以及美式判例教学法，都属于讲授课之上寻求高阶技能训练的教学方法，但也不可避免地存在师资投入有限约束条件下教学目标的取舍，我国亦是如此。翻转课堂的线上线下混合教学模式的出现，使得大型课堂培养高阶技能成为可能。课前线上学习讲授课程，线下课堂教师引导学生练习案例和研讨理论，可以实现法学

---

* 薛童，中国政法大学国际法学院讲师，国际私法研究所副所长。

教育的全部教学目标。

关键词：翻转课堂　法学教学目标　讲授课　案例练习课
研讨课

一、法学课堂教学模式的困境

（一）课堂讲授无法培养高阶目标

课堂讲授是教师向学生单向传递授课内容的传统教学方法。[1]"教师立于台上宣讲法律条文，台下学生端坐，时而聚精聆听，时而低头记录。"[2]这般东罗马帝国法律学堂的情景，时至今日并未改变太多，依然构成大多数国家法学教育的基本形式。

讲授课的优势在于高效地传播基础知识。[3]教师通过合理安排课程内容，可以系统性地传输体系化的知识，针对性地阐释难点和关键点，帮助学生的记忆和理解讲授内容。课堂讲授通常在大型课堂完成，具有高师生比的特征。但讲授课是单向、被动的知识传授，知识习得率并不高。根据金字塔学习理论（Learning Pyramid），讲授课知识习得率垫底，远不及讨论、练习以及指

---

〔1〕　参见［德］弗朗茨·维亚克尔：《近代私法史》（上），陈爱娥、黄建辉译，上海三联书店出版社 2006 年版，第 49 页。

〔2〕　讲授课堂上，教师首先从导论（Praemitto）切入，描述法律调整对象和需要解决的法律问题，并界定术语，接下来分解要点（Scindo）并点明法律理论基础和核心规范（Summo），举例说明（Casumque Figuro），随后进入分析法条的版本、内容、结构（Perlego），说明其制定的理由（Do Causas），给出具体适用意见（Connoto），最后提出并评论不同见解（Objicio），较详细的解释，见 Christian Baldus（Hrsg.），*Internationale Tagung Juristenausbildung in Europa Zwischen Tradition und Reform*，2008，S. 16 ff.

〔3〕　Nira Hativa，*Teaching for Effective Learning in Higher Education*，Springer，2000，pp. 1–5.

导他人学习等方式，甚至低于自主阅读获取知识的效率。[1] 更重要的是，讲授课无益于高阶学习目标的培养，不能完全匹配法律实践科学以及技能教学目标。

法学教育是职业为导向的学术训练。[2] "法律作为一门科学，其中包含了某些原则或学说。能够熟练掌握这些知识并把它运用到复杂的人际事物中的人，才是真正的法律人。"[3] 法律人应当具备解决实际问题，提出并论证主张，甚至能够创造性地提出社会问题的解决方案。[4] 然而，讲授课并不能有效训练和培养实践技能。经过课堂讲授，学生对知识的掌握往往停留在浅层次的"知道"和"了解"层面，缺乏对知识的深入思考，也不具备应用知识的技能。"面对具体的法律问题常常手足无措，将自己基于普通人的公平感获得的粗浅结论，包装在'从天而降'的法律概念中，没有掌握分析案例的结构和思路，缺少适用法律知识解决实际问题的能力。"[5]

在学术训练和批判性思维能力培养方面，讲授课也无法贡献

---

〔1〕 学习金字塔理论（Learning Pyramid）是 Donald Edgar 提出的学习理论，得到大众的普遍认同，虽然未经严格实证检验，但能够通过注意力广度（Attention Span）以及日常经验所佐证。学生注意力通常只能集中 10 至 15 分钟，如果缺少足够的互动或注意力转移，会使得学生失去兴趣，丧失学习动力，导致讲授课信息过剩，影响学习效果。对于学习金字塔理论的评价，见 James P. Halley et al., "The Learning Pyramid: Does it Point Teachers in the Right Direction?" *Education* 128, 2007, pp. 64-79.

〔2〕 何美欢：《理想的专业法学教育》，载《清华法学》2006 年第 3 期。

〔3〕 哈佛大学法学院院长朗戴尔开创判例教学法的初衷正是克服讲授课传授知识的弱点。聂鑫：《美国法学教育模式利弊检讨》，载《环球法律评论》2011 年第 3 期。

〔4〕 法学教育兼具博雅教育和专业教育的特征。法学教育偏重何者，至少在精英法学院和非精英法学院之间，向来存在较大争议，本文不做取舍。一方面，只要承认法学教育包含专业教育的因素，就不能否认技能训练的必要性。另一方面，无论是博雅教育还是专业教育，都应当超越讲授课传授知识的低阶目标，都能受益于翻转课堂的教学模式。

〔5〕 葛云松：《法学教育的理想》，载《中外法学》2014 年第 2 期。

太多。法律是 "社会控制手段"，法律规范的正当性需要不断被追问。学生不仅需要具备构建教义理论体系，理解法律制度依赖的社会背景和公共政策，还应当具有独立思考、研究和提出创新解决方案的能力。[1] 讲授课是独白式、单向的信息接受过程。教师向学生介绍知识，展示如何提出和解决问题，提出假说并验证结果，而学生只能被动接受和消化。被动学习不仅会让学生产生对权威的依赖，盲从未经思索的观点（假设是成功的），而且还有可能使学生丧失学习的兴趣，远离讲台或逃离课堂（假设是失败的）。即便讲授课教师展示出极高的思辨水平或者批判性思维能力，并向学生生动地展示其思考、评判、论证和探寻意义的过程，但学生由于缺少训练，最后仅学会 "鉴赏" 什么是好的思考方式和观点，而无法独立思考，形成自己的观点。

讲授课为中心的课堂教学导致法学教育高阶技能培养 "全方位缺席"，影响教学目标的实现。追求进步的同学往往陷入对讲授课上提出的深奥理论的苦修，对 "前沿的、深奥的理论滔滔不绝"，而无法满足社会对法律人解决法律问题基本技能的期待。不求上进的同学则可能陷入课程虚无主义，将学习简化为 "记笔记" 和 "背教材"，甚至相信可以自学掌握讲授课的知识，以至缺席讲授课，考前临阵磨枪，仍然能够取得优异的成绩。除非课堂提供某种考核或者附加值，讲授课出勤难以保障，教学活动空置。

（二）高阶课堂教学活动投入有限

讲授课无法提供法律职业以及法学研究必备的高阶技能，因

---

〔1〕　法学的多重面向，参见郑永流：《重识法学：学科矩阵的建构》，载《清华法学》2014 年第 6 期。

此需要配套其他教学活动。这并不是什么新鲜见解。早在中世纪博洛尼亚人类在大学里开设法学课程之初，注释法学家们就已经在讲授课（Lectura）之外，配套设置练习课（Repetitiones）和研讨课（Disputationes），全方位培养法律技能，形成"一科三课"的法学教育模式[1]。其中，讲授课以传授知识为目标，由教师向学生介绍和阐释法律的概念、理论和原理。练习课以训练技能为目标，由教师指导学生解答案例，培养学生适用和解释法律解决问题的能力。研讨课以理论和思维训练为目标，由教师引导学生研讨开放性问题，评价或批判现行法并探寻应然规范。

注释法学家创设"一科三课"的教学模式，是因为该种教学方式反应了法学作为规范科学的学科特征。法律是规范性科学，既涉及法律规范的知识性，也涉及规范调整社会行为的实践性，以及规范自身的正当性。这就要求法律人不仅掌握完备的法律知识，具备将适用法律规范解决纠纷的实践技能，更要具备反思法律规范正当性的思维能力。如果把法律运行简化为"大前提—小前提—结论"的话，那么讲授课是让学生知道法律的"大前提"，练习课的功能是让学生具备适用"大前提"得出"结论"的能力，而研讨课则是要求学生具备反思"大前提"正当性的能力和方法。三种类型的课堂教学活动共同模拟了法律实施、演进的全过程，匹配法学学科特征，能够培养学生法律执业和研究所要求的全部能力。

"一科三课"的法学教育模式也契合教育学的普遍规律。布鲁姆教学目标分类法（Bloom's Taxonomy）是公认有效且普遍用

---

〔1〕 ［美］哈罗德·J. 伯尔曼：《法律与革命——西方法律传统的形成》（第一卷），贺卫方等译，法律出版社 2008 年版。

于教学活动设计的教育心理学理论。[1] 该理论认为，在完整的学习过程中，学习者将依次经历知道、理解、应用、分析、评价和创造的六个不同层级的学习阶段。[2] 不同学习阶段具有不同教学目标，需要配套不同教学方法。"一科三课"的教学模式中，讲授课实现"知道"和"理解"的教学目标。练习课实现"应用"的教学目标。研讨课可以实现"评价"和"创造"的教学目标。三种类型的教学活动相组合，共同塑造并最终实现高阶教学目标的培养。

正因如此，以知识、技能和思维训练为导向的"一科三课"教学模式，获得多数法治成熟国家的遵信。以德国法学院为例，每一门讲授课（Vorlesung）都会配套案例研习课（Arbeitsgemeinschaft）。[3] 由助教（通常由教授指导的取得本门课程高分的博士生），指导学生进行案例解答和写作练习。[4] 讲授课和课后练习课呈现一一对应关系，每一门课都由讲授课和案例课组成，共同构成法律教学的完整单元，实现讲授课传授法律理论知识，练习课训练法律适用技能的教学目标。在此之外，还设置研讨课（Seminar），教授引导学生进行小班专题研讨，学生进行独立的学

---

〔1〕　［美］B. S. 布卢姆：《教育目标分类学（第一分册）：认知领域》，罗黎辉译，华东师范大学出版社 1986 年版。Benjamin Bloom, *Taxonomy of Educational Objectives*: *The Classification of Educational Goals*, Susan Fauer Company, 1958, pp. 201-207.

〔2〕　在布鲁姆最早提出的分类表里面，最后两项是"整合"（Synthesis）与"评价"（Evaluation）。修正后的分类表已将其调整为"评价"与"创新"（Creating），见 Lorin Anderson et al, A Taxonomy for Learning, *Teaching and Assessing*: *A Revision of Bloom's Taxonomy of Educational Objectives*, Longman, 2001.

〔3〕　德国法学教育较为详细的情况，见季红明等：《实践指向的法律人教育与案例分析——比较、反思、行动》，载《北航法律评论》2015 年第 0 期；吴香香：《德国法学教育借镜》，载《中国法学教育研究》2014 年第 2 期。

〔4〕　参见朱晓喆：《请求权基础实例研习教学方法论》，载《法治研究》2018 年第 1 期。

术研究，完成专题研究报告，并接受教授以及其他参与者的提问。与练习课不同的是，研讨课与讲授课并非一一对应，学生通常只要修够固定数量的若干门研讨课即可。[1]

美国法学院同样遵循"一科三课"的思路，寻求讲授课基础上培养学生高阶法律技能，但与德国有所不同。美国法学课堂教学采用判例教学法（Case Method），不设讲授课，由学生课前阅读教师指定的判例、著作或材料，初步完成知识和理解的教学目标。课上教师通过提问和对话，就课前阅读材料进行提问和讨论，不断设问和检验，尝试发现错误或完善观点，引导学生独立解决问题，培养批判思考能力。[2] 判例教学法完全放弃了课堂讲授，并在课堂中融入案例课和研讨课的高阶教学目标，而且又是大班授课，因此被视为"既经济，又兴奋"的教学方式。[3]

比较德美两国的法学课堂教学，可以发现二者都追寻超越讲授课的教学目标，但也都未严格遵照"一科三课"的教学模式。德国法学院采用的是"课堂讲授+课后练习"模式，偏重培养学生法律实践技能，进而辅以适当数量的研讨课，完成学术训练。美国法学院则采用"课前预习+课堂研讨"模式，以课堂研讨代替课堂讲授，着重培养思维能力。德国模式舍弃了研讨环节的思辨训练，而美国模式则舍弃了体系性的知识传授和必要的技能训

---

〔1〕 研讨课旨在培养学术能力，"一般整个四年的法学教育，学生只要写一个研究论文即可。"卜元石：《德国法学教育中的案例研习课：值得借鉴？如何借鉴？》，载《中德法学论坛》2016 年第 0 辑。

〔2〕 Peggy Cooper Davis & Elisabeth Ehrenfest Steinglas, "A Dialogue About Socratic Teaching", *Review of Law and Social Change* 23, 1997, pp. 249-279.

〔3〕 这种课堂教学方式的最初倡导者，哈佛大学法学院时任院长朗德尔（Christopher Langdell）。朗德尔引入苏格拉底式方法的目的，是为了扭转当时法学院教育中教授讲授案例书，学生记诵案例书的情况。参见陈绪纲：《"朗道尔革命"——美国法律教育的转型》，载《北大法律评论》2009 年第 1 期。

练。教学环节不完整的原因也很简单，即实现知识、技能和思维训练的全部教学目标需要投入充分的师资和学时。在师资和学时有限的条件下，必须权衡优先或劣后部分教学目标。美国判例教学法舍弃了讲授课，并缩减练习环节。学生可以获得观念和方法层面的启发，学会 "向律师一样思考"，却无法充分练习培养技能，也难以通过自学和讨论获得必要完备的知识。讲授课的缺位还导致学生课前需要投入大量精力阅读大量案例，课上承担过重的心理压力。[1] 德国案例练习课偏重法律适用技能，给人以社会问题都可以从抽象的法律命题中推演出来，而忽略把法律规范和案件事实真正联系起来的因由。[2] 德美两国教学目标的不同选择，受到两国法律学术品格、执业环境以及法价值取向的影响。在教学资源能够充分投入的条件下，尽量实现高阶教学目标应当作为法学教育的基本诉求。

我国法学院校也尝试建立类似博洛尼亚式的 "讲授—练习—研讨" 的教学体系，培养和提升学生的高阶法律技能，同样也遭遇到教学目标和资源投入的权衡取舍。以中国政法大学为例，法学本科生培养方案要求修足 146 个课堂教学学分，但其中案例

---

〔1〕　David Garner, "Socratic Missogyny? Analyzing Feminist Criticism of Socratic Teaching in Legal Education", *Brigham Young University Law Review* (2000) pp. 1597–1650. 对美式判例教学法的争论还可参见 Michael T. Gibson, "A Critique of Best Practices in Legal Education: Five Things All Law Professors Should Know", *University of Baltimore Law Review* (2012) Vol. 42 No. 1. pp. 1–80.

〔2〕　两国教学目标不同，也影响两国法学毕业生的竞争力、话语权和影响力，并引发两国对法律教学目标的反思。卜元石：《德国法学教育中的案例研习课：值得借鉴？如何借鉴？》，载《中德法学论坛》2016 年第 0 辑。

课、研讨课和实务技能课仅占到 8 个学分，仅为 5%。[1] 配套课程缺位致使完整的知识、技能和思维训练难以实现。如何在不增加师资、不增加课时，尤其是在高师生比的大型课堂中，实现"一科三课"的全方位技能培养，成为我国法学教学改革必须回应的问题。

二、翻转课堂对法学课堂的优化

新技术的兴起，尤其是线上线下融合的翻转课堂（Flipped Classroom）把传统讲授课堂从固定时间、固定地点和固定人数的教学活动中解放出来，扩展并优化利用课堂时空，可以实现不增加师资投入的情况下，最大限度地实现知识传授、技能训练和思维培养的"一科三课"全部学习目标。

（一）整合全部法学教学环节

翻转课堂是把讲授课"翻转"到课堂之前，由学生线上学习网络讲授课程，线下课堂师生互动学习的教学模式。[2] 该模式调转了传统教学活动中的知识传授和知识内化的顺序，故而谓之"翻转"。[3] 传统教学模式中，教师课堂讲授，学生课后完成作业。翻转课堂模式中，学生课前自学讲授课，充分利用线上课程易于传播的优势，课上则经由教师引导和同学协助，主动学习、练习和研习，利用线下课堂便于交流的优势，完成知识内化，取

---

〔1〕 以中国政法大学为例，学生通过学习国家的法律、法规和法学的基本理论与基本知识，掌握法学基本理论和技术，能够较灵活地运用所学理论指导实践工作，具有分析问题、解决问题和组织领导法学实践活动的实际工作能力和创新能力，见《2020 年中国政法大学本科生培养方案》。

〔2〕 Lutz-Christian Wolff & Jenny Chan, *Flipped Classrooms for Legal Education*, Springer, 2016, pp. 78-90.

〔3〕 张金磊等：《翻转课堂教学模式研究》，载《远程教育杂志》2012 年第 4 期。

得较传统课堂更好的高阶技能培养效果。[1]

对于法学教育而言，翻转课堂的重要意义首先在于整合法学教育的全部必要教学环节。翻转课堂由 "线上课前学习" 和 "线下课堂互动" 两部分组成。其中，"线上课前学习" 取代传统课堂讲授，完成知识传授的目标。"线下课堂互动" 进行案例练习和理论研讨，构成完整的教学环节，涵盖 "一科三课" 的全部教学活动。较之传统课堂讲授，反转课堂增加了教师指导学生练习和研讨的环节，可以实现更为高阶的教学目标。

其次，翻转课堂以线下课堂时空为中心，重新整合了课前学习、课堂学习和课后学习的学习环节。传统讲授课模式之中，课堂被用于讲授知识，而讲授课单向传递知识，并未充分利用师生面对面即时沟通的线下优势。线下课堂时空，师生面对面及时沟通，更适合进行案例练习和理论研讨。更重要的是，翻转课堂从传统的 "先教后学" 转变为 "先学后教"，以线下课堂师生互动为中心环节，重新整合教学流程，更符合教学规律。传统讲授课模式以课堂讲授为中心，对课前预习并无实质性的要求，学生也很少做到课后练习，以至于学生大多缺少对所学知识的应用和反思。部分学生甚至将学习简化为知识复述和记忆训练，偏好考前突击学习和知识的短期记忆。部分学生即便勤于思考，在学习过程中积累的疑问，甚至考试中的不解之处，也无法得到及时解答。

翻转课堂以课堂师生互动为中心环节，一方面提出课前自主学习的硬性要求，另一方面课堂互动本身就包含了课后学习活

---

〔1〕　何克抗：《从 "翻转课堂" 的本质，看 "翻转课堂" 在我国的未来发展》，载《电化教育研究》2014 年第 7 期。

动，帮助学生培养技能和思维能力。翻转课堂以训练和研讨等高阶教学活动为中心。学生不进行课前学习，将无法参与课堂练习和研讨。潜在的学习压力和心理压力可以促使学生主动完成课前线上讲授课的学习。课堂教学活动聚焦于互动类型教学活动，既是对知识学习的检验，也可以视为课后（超越讲授课教学目标）的练习和研讨。教师介入高阶教学活动，检验学生学习过程中获得的结论，或者排除学习过程中产生的疑惑或积累的错误观念，帮助学生实现知识内化。翻转课堂有效地将教学活动向课前、课后双向延伸，实现课前、课上和课后法学教育的闭环。

最后，翻转课堂增加了学习环节和学习强度，但不会增加师资投入，能够以最经济的方式实现高阶教学目标。翻转课堂增加线上讲授环节，需要向学生提供线上课程。线下课堂不再讲授知识，需要教师转变教学方式。但是，线上课程可以集中提供，也可以反复使用，而且传播成本低。教师利用线下课堂展开案例练习和理论研讨，并不需要变更课程安排，也不需要增加师资投入。教师需要使用案例练习和理论研讨的教学方法，但多数学校已经设置练习课和研讨课，只需要将其融入线下课堂并作相应调整即可，转换成本并不高。较之传统讲授课，唯一实质性增加的就是学生的学习投入，即在讲授课之外，再增加案例练习和理论研讨的学习投入。

对于高阶教学目标的实现而言，增加学习投入是绝对必要的。学生不可能将法学院当作"养老院"的同时，获得职业技能和学术能力。[1] 尤其是，从国际比较来看，我国法科学生的课业较为轻松。美式判例教学法完全讲授课，将讲授课的学习目标

---

〔1〕　葛云松:《法学教育的理想》，载《中外法学》2014 年第 2 期。

交给学生自己完成，并采用苏格拉底式问答教学方法，会给学生造成极大的心理负担和学习压力。学生必须在课前完全消化知识，以应对课堂提问。德国法学院虽然只有讲授课是必修，练习课不属于必须参加的教学活动，也不记考勤，但是学生的出勤率非常高，就是因为期末考试考察的是学生解答案例的能力。只参加讲授课，远远达不到考试要求的技能水平。如果学生缺少必要练习，就无法在期末考试中拿到及格分。可见，无论是美国还是德国法学院的学生，都需要完成相当于讲授课至少两倍的课业，才能应付考试。翻转课堂以提升教学效果为导向，而增加学习投入，不仅是必要的，而且也是改善培养效果的必然要求。

（二）大型课堂实现高阶教学目标

翻转课堂重塑法学课堂最重大的意义，在于充分利用线下课堂的教学环节，通过师生面对面的即时沟通，训练学生适用、解释和续造法律的能力，实现培养学生的实践技能、批判性思维以及独立研究的学术的高阶教学目标。[1]

法学教育高阶教学目标可以界定为"一科三课"模式下，由案例课和研讨课尝试培养的适用、解释和续造法律的能力，也就是布鲁姆分类表中的应用、分析、评价和创造的高阶学习目标。[2] 法律适用能力，即适用法律解决实际问题，将生活事实涵摄到法律规范之中，得出实在法上的确定结论，或者为给定主张寻找法律依据，并完成法律论证的能力，对应的是布鲁姆分类

---

〔1〕　美国法学教育背景下翻转课堂替代苏格拉底问答教学法的探讨，见 Alex Berrio Matamotos, "Answering the Call: Flipping the Classroom to Prepare Practice-Ready Lawyer", *Capital University Law Review* 43, 2015, pp. 113-151.

〔2〕　布鲁姆教学目标分类表中的知道（Remembering）和理解（Understanding）较为基础的教学目标，可以通过讲授课完成，而且讲授课也并不必须通过线下课堂完成。

表中的应用（Applying）。解释法律的能力，即探寻法条未明示的构成要件或法律后果，通过分析决定法律规则适用的关键要素和体系性框架，看清法律规则依赖原因及其局限，合目的，或者创造性地解释并适用法律，属于布鲁姆分类表中的分析（Analyzing）。续造法律，即评价和反思法律规范正当性，了解实在法的成因及其依赖的基础政策和社会环境的变化，对开放性的社会问题提出创造性的解决方案，促进和改善公共政策，对应的是分类表中评价（Evaluating）和创造（Creating）的目标。这些教学目标已然超越知识层面，涉及知识内化过程，无法通过教师讲授，也难以通过学生自学实现。没有人可以"通过观看游泳，而学会游泳"。[1] 这就要求采用与课堂讲授不同的教学方法。

实现高阶技能的最佳方式是主动学习（Active Learning）。主动学习的最佳方式当然是采用小班教学的单独指导、小组讨论等协作学习（Collaborative Learning）的教学活动，但并不意味着大班授课不能完成主动学习。事实上，美式判例教学法和德式鉴定式方法，都属于教师引导学生大型课堂的主动学习活动，采用师生问答的形式，都具备有效培养学生法律适用、解释和续造能力的教学目标。

德式鉴定案例方法（Gutachtenstil）本身属于"自问自答"的书面练习方式，但也可以用于大型课堂练习。[2] 德式练习课课堂之上，教师通过提问学生、自问自答以及解评课后作业的方式，引导学生解答案例，同样可以保持高师生比和良好的训练效果。美式判例教学采用苏格拉底式问答方法（Socratic Method），

---

〔1〕 何美欢：《理想的专业法学教育》，载《清华法学》2006 年第 3 期。
〔2〕 ［德］德特勒夫·雷讷：《鉴定式案例分析法的基础与技术》，黄卉译，载《法律适用》2021 年第 6 期。

可以实现一名教师与上百名学生进行问答，并取得良好的效果，因此被誉为"既经济，又兴奋"的授课方式。问答过程中，虽然只有小部分学生直接参与师生问答，但所有学生都有被提问的可能，因此需要充分准备，否则面临无法回答的尴尬，更会错失课堂学习的机会。即便未被抽到，也可以通过观看师生问答，验证自己的答案，评价他人观点，或提出新的问题，参与练习和讨论的思维活动，间接地参与问答教学。

　　两种教学方法也都是以案例为中心，培养学生适用、解释和续造法律的能力。德式鉴定式案例解答法围绕请求权基础展开。通常而言，教师首先陈述案件事实，其次提出"谁依据什么条文向谁提出什么主张"的问题。接下来，学生尝试自行提出主张，根据讲授课习得的知识，检索任意可能的请求权基础，随后采用"事实构成—法律后果"三段论的说理方法，进行法律论证，最后推导出结果。在结果不尽如人意的情况下，学生需要创造性地解释法律，探寻并论证更恰当的结论，培养法律解释和法律续造的能力。[1]美式判例教学法同样也采用案例为中心的适用、解释和续造的思路进行师生问答。教师首先提出"陈述案情、判决结果以及理由"的问题，先要求学生复述并说明先例，抽取先例法律规则，检验学生是否已经掌握法律规则的基本知识。其次，改变案件事实，提出"前案或者之前学习的法律规则能否以及如何

─────────

〔1〕　鉴定式方法的书面练习已有充分的讨论，见吴香香：《法律适用中的请求权基础探寻方法——以"福克斯被撞致其猎物灭失案"为分析对象》，载《法律方法》2008年第0期；许德风：《论基于法教义学的案例解析规则——评卜元石：〈法教义学：建立司法、学术与法学教育良性互动的途径〉》，载田士永、王洪亮、张双根主编：《中德私法研究（第6卷）》，北京大学出版社2010年版；田士永：《"民法学案例研习"的教学目的》，载《中国法学教育研究》2014年第4期；葛云松：《一份基于请求权基础方法的案例练习报告——对于一起交通事故纠纷的法律适用》，载《北大法律评论》2015年第2期，以及前注朱晓喆文、季红民等文。

适用到本案中"的问题,并通过师生对话方式解答案例,实现案例练习课的功能。最后,提出"如果案件事实作如下调整,前述规则是否适用"和"如不适用,法律应当如何"的开放式问题。此时先例规则适用结论通常不令人满意,教师再通过问答方式,提示后案裁判规则,并揭示裁判规则和法官造法理由。如果尚无改进法律的先例,那么教师就会询问学生,在假设其他事实的情况下,法律规则适用的结果是否正当,要求学生尝试自己提出并论证更加完善的规则,培养学生评价、批判和创新能力。美式判例教学法名为训练学生"像法律人一样思考",但实际上是模仿判例法的发展轨迹,验证规则的可用性和局限性,同样是在训练学生法律适用、解释和续造的技能。

大型课堂的问答是由教师主导的教学活动,发生在师生之间,而非学生之间,因此能够在大型课堂实现主动学习的高阶教学目标,且较之小班授课更具效率。翻转课堂不以小班授课为必要,但也不排除,甚至鼓励教师采用小班教学,并采用更多元化的主动学习教学方式。[1] 对于师生比较高的法学院校而言,德式鉴定式案例方法和美式判例教学法无疑是值得借鉴和尝试的高效教学方式。

最后需要注意的是,大型课堂的问答教学方式培养的是智能技能(Intellectual Skills),即学生通过符号,即在纸面上适用法律的智能技能,而不是通过行动,实际参与法律适用过程的实务技能,因此不同于学徒教育和法律诊所教育。[2] 大型课堂既不需要还原执业场景,也不需要处理实际案件中繁琐的事实查明和

---

〔1〕 Myron Moskovitz, "From Case Method to Problem Method: The Evolution of a Teacher", *Saint Louis University Law Journal* 48, 2004, pp. 1205–1215.

〔2〕 何美欢:《理想的专业法学教育》,载《清华法学》2006 年第 3 期。

程序事项。实务技能只能在实务中学习，而且法学院和教授也不是最好的实务指导者。

三、法学"一科三课"翻转课堂的设计

借助反转课堂的理念，变革传统课堂讲授模式，将讲授课"翻转"至课前，由学生自主习得知识，再将线下课堂改造成案例练习课和研讨课，构建"一科三课"的法学教学模式，进而实现知识传授、技能训练和思维养成的全部法学教学目标。

（一）学生课前线上自主学习讲授课

翻转课堂要求教师向学生提供线上课程，由学生课前自主学习，替代课堂讲授，实现知识习得的目标。线上课程虽不能实现传统讲授课的"言传身教"，但也能够等效实现知识传授的教学目标，并具有便利、高效和灵活的优势，也更匹配"数字时代原住民"的学习习惯。[1]

线上课程能够等效取代线下课堂讲授。讲授课是单向、一对多、非个性化的知识传授，以口述作为传播媒介，也是学生被动获取信息的过程。无论是线下还是线上课堂，只要能够还原课堂讲授的试听体验，学生都可以获取相同的知识内容。线上学习过程中，虽然师生无法即时沟通，教师也无法直接观察学生的表情状态，及时调整授课内容或授课方式，学生的疑惑无法得到及时

---

〔1〕　翻转课堂模式并不是"替代论"，而是"辅助论"，不主张线上课程替代线下课程，而是主张辅助线下课程，发挥线上线下各自的优势。参见冯晓英等：《国内外混合式教学研究现状述评——基于混合式教学的分析框架》，载《远程教育杂志》2018 年第 3 期。

解答，但线上课程并不会妨碍讲授效果，也不会阻隔师生交流。[1] 借助数字化的学习辅助系统、课程管理系统以及其他线上教学平台，完全可以实现师生互动和生生互动。学生可以通过讨论组、留言板或者其他通讯方式，相互交流和沟通。除线上沟通之外，学生还可以在后续线下课堂上向教师补充提问，获得讲解和阐释。现有法学类翻转课堂实践表明，学生观看视频能够获得与传统课堂讲授相同的学习效果，因此并不需要担心授课视频的教学效果。[2]

线上课程的优势在于能够以更便利、更经济、更合理的方式传授知识。首先，线上课程是异步学习方式，学生可以选择在任意时间、任意场所重复聆听或观看课程，不同于线下课堂教学在规定的时间、规定的地点的"双规式"的同步学习。线上课程为学生提供极大的便利和自由安排学习的可能性。学生按照自己的需求，选择时间、地点和方式观看视频，随时开始、结束和重复观看课程视频。在观看过程中，学生还可以查询搜索引擎或数据库，使用知识管理工具记录笔记，并且随时通过通讯平台与其他同学交流。其次，线上学习也更符合网络时代学生的学习习惯。互联网和移动设备的普及，极大地改变了人们的生活方式。数字化时代成长的学生早已习惯通过信息化设备和平台自主获取内容和沟通交流，通过多元途径选择和获取信息。线上课程不仅不会

---

〔1〕 西悉尼大学法学院的知识产权课程采用完全视频授课后，确实发现有学生缺席或学习效果下降的情况，但是在翻转课堂中这些缺陷通过面对面的课堂活动得以弥补。Jennifer Ireland, "Blended Learning in Intellectual Property: The Best of Both Worlds", *Legal Education Review* 18, 2008, pp. 139–161.

〔2〕 观看视频预先学习，更符合我国学生的习惯。王竹：《法学教育的慕课实践与国际比较——以四川大学"侵权责任法"慕课教学为例》，载《中国大学教学》2016 年第 6 期。

给学生造成负担，反而会给学生带来更多的便利和自由。

线上课程大幅降低优质课程资源的获取成本。传统模式下，学生只能选择本校教师在本学期开设的课程，而且还受到课容量的限制。线上课程资源的供给则是多元和开放的，学生可以根据自己的兴趣选择讲授课程，并且不再受到课堂容量的限制。学生可以选择偏好的讲授课程，或选择不同课堂组合学习，实现课程资源的合理、公平和有效配置。教师通过一次性录制课程，后期重复播放，也会大大降低教师授课工作量。

为实现在线课程对课堂讲授的等效替代，需要充分利用信息技术，改造课程的制作和法律，将知识传授过程数字化。[1] 线上课程的制作包括录制和发布两个环节。在课程录制方面，可以借鉴成熟的网络课程制作方法，采用现场录制或者屏幕录制的制作方式。[2] 现场录制尝试还原课堂实况，不需要教师投入额外精力备课，因此成本较低，实现起来容易，但并未充分发挥在线课程的技术优势。屏幕录制要求教师采用多媒体的方式呈现授课内容，将教师授课影像、课件、资料视频、阅读材料以及互动测验整合到视频之中，综合采用听、看、读的方式展示知识，实现最优表达和阐释效果。采用分章节的微讲授（Mini-Lecture），便利学生重复或选择性观看，匹配视频传播规律。屏幕录制可以充分发挥信息技术的优势，但要求教师重新设计讲授内容和方式，投入较多的精力和技术资源。

---

〔1〕　新技术改造讲授课需要遵循 SAMR 模型，即替代（Substitution）、增强（Augmentation）、优化（Modification）和改造（Redefinition）。翻转课堂符合这一模式，参见 Saliba, Gina et al. , Blended Learning Team, Learning and Teaching Unit, *University of Western Sydney Fundamental of Blended Learning* (2013).

〔2〕　Lutz-Christian Wolff & Jenny Chan, *Flipped Classfooms for Legal Education*, Springer, 2016, pp. 1-49.

线上课程内容应当与传统讲授课保持一致，具备体系化的结构，重点突出并且阐释清晰。传统课程使用的概念说明、案例示例、技能展示以及理论评析等授课元素，都可以通过课程视频再现。[1] 需要注意的是，视频课程可以被视为"多媒体教科书"，但实际并不等于教科书。教科书追求完整的知识体系、完备的论证过程和丰富的知识细节，而讲授课的目标是传授知识，重点在于讲解和阐述，二者并不相同。

在课程发布方面，应当尽可能利用数字空间的无限性、便利性，向学生提供尽量充分的课程选择。网络课程不存在课容量的问题，受学生欢迎的"名师""名课"资源应得到充分利用。在条件允许的情况下，也可以鼓励教师提供多样化、差异化的课程，由不同学习偏好的学生，选择不同教师按照不同方式讲授的课程。教师提供课程视频，可以限定为校内访问，但并不必要。翻转课堂的精髓在于线下课堂的主动学习，线上课程只是整个教育环节的一部分。课程视频的公开并不会抹平校内外以及学校间的差异，反而有利于知识的传播和学校影响力的提升。与此同时，教师也不应当限制本校学生利用互联网开放资源，多渠道获取知识。此外，视频课程的发布应当嵌套进入特定的数字化学习系统，给予学生线上沟通和交流的机会，允许学生通过讨论板、提问区、交流区以及相互发送站内信的方式，甚至视频弹幕，向老师请教问题或与同学进行沟通、分享资料，完成和提交课后作业等。

---

[1] Upchurch, "Optimizing the Law School Classroom through the 'Flipped Classroom Model'", *The Law Teacher* 20, 2013, pp. 58–63.

（二）教师课上引导案例练习和理论研讨

线下课堂的主要教学活动是案例练习和理论研讨，培养学生实践技能、批判性思维和学术研究能力。[1] 授课方式主要是师生问答，以匹配大型课堂的教学需求。

案例练习环节的教学内容是解答案例，可以借鉴德式案例练习课采用的鉴定式方法，由教师给出案件事实，学生提出主张并完成论证，训练和培养学生适用、解释和续造法律的实践技能。案例练习以适用法律解答案例为中心。教师提问多涉及非开放性问题，要求学生在现行法框架内得出较为确定答案，验证讲授课知识，训练解答案例的实践技能。案例解答通常也需遵循固定的法律论证方式，例如鉴定式案例方法。设问"谁可以向谁根据什么请求什么"，全面梳理请求权基础，比对法条构成要件和案件事实，论证请求是否成立，最终得出结论。学生在教师介入的情况下不断训练，逐渐将法律规范体系重构为请求权体系，将法律知识内化为应用法律的实践技能。

研讨环节的教学内容是理论研习，大多涉及开放性问题，诸如反思法律规范的正当性，探讨现行法未能给出解决方案或者解决方案不令人满意的问题，训练学生批判思维和创造性解决问题的能力。[2] 教师通过设问、质疑和补充阐释，引导学生从已知的知识，推导得出未知的知识。教师可以参照美式判例教学法，

---

[1] Wolff 的跨境交易法翻转课堂就以文书起草、谈判、展示和纠纷解决等实务技能训练作为教学目标，也相应地采用了问答、扩展讲授、技能练习、简报讨论以及事务点评为教学环节，见 Lutz-Christian Wolff & Jenny Chan, *Flipped Classfooms for Legal Education*, Springer, 2016, pp. 81-87.

[2] 或者按照美式判例教学法的术语，可以将其成为真问题（authentic question）和非真问题（inauthentic question），见 Peggy Cooper Davis & Elizabeth Ehrenfest Steinglass, "A Dialogue About Socratic Teaching", *Review of law and social change* 23, 1997。

在探讨先例规则的基础上，改变案件事实，询问学生审查先例规则是否仍然适用。学生提出假设和立场之后，教师再进行追问。学生检视先例规则的局限和不足，进而提出并论证新规则。

教师还可以将典型的研讨元素，例如开放的学术性话题讨论、课后自主研究、课堂汇报展示以及分组研讨，融入大型课堂，构建更完整的研讨环节，培养学生独立研究能力。对于教学过程中发现的知识性问题，教师可以作出补充阐述，甚至可以增加知识问答环节，检查和判断学生是否正确理解和掌握线上课程讲授的知识，或者学生学习产生的疑惑，或者进行衍生或深入讲解，引入其他社会科学的方法和理论解释法律问题。对于实务色彩浓厚的部门法，教师还可以融入法律诊所教育（Legal Clinic）或者问题探讨（Problem Solving）的教学方式，让学生着手处理实际案件中必须处理的事实查明、程序事项以及约束条件下的决策等事务，培养法律实践必备的实务技能。[1]

即便教师不主动或仅加入较少研讨元素，甚至将线下课堂当作讲授课堂的延伸，教师也会从反转课堂获益，在线下课堂中取得更大的讲授空间，讲解法律背后的政策、理念、演进以及比较法知识，帮助学生进一步理解和消化线上习得的知识，也能取得较单纯讲授课更好的教学效果。

最后，翻转课堂教学设计能发展实现，将取决于课程考核方式。如果仍然采用知识导向的客观题为作为课程期末考核方式，那么学生并不会投入过多精力进行课前线上学习，也不会主动参与课堂互动。只有采用大型案例或复杂的主观题作为考核方式，

---

[1] 哈佛大学法学院的主动学习课程设置和运行情况简介，汪习根：《美国法学教育的最新改革及其启示——以哈佛大学法学院为样本》，载《法学杂志》2010 年第 1 期。

才能匹配翻转课堂培养高阶技能的教学目标。只有考核的重点不再是知识，而变为技能，以至于学生发现考前突击不再奏效。只有通过参与学习环节，才能可能通过考试时，翻转课堂的教学目标才能顺利实现。当然，在线下课堂上，教师也应强化案例练习、理论研讨的难度。学生面对无法回答提问，甚至陷入完全被动无所适从的压力状态，才会更积极地参与课前线上课程的学习。

四、结论

翻转课堂模式的出现，赋予数字时代适用博洛尼亚大学"一科三课"法学教育模式的新的可能性。对于已经建立完整法学教育培养环节的国家来说，翻转课堂意味着信息技术带来的便捷性和经济性，由线上课程取代线下课程，将知识传授从固定时间和固定地点解脱出来，给学生带来的灵活、便利和数字时代的学习体验。对于我国而言，翻转课堂扭转知识传授为主的教学过程，将法学教育延伸至更高阶的教学目标，寻求讲授课无益实现的法律适用、法律解释和法律续造的高阶技能，无疑更为重要。翻转课堂教学目标的实现，还需要教师采用更符合法学学科特征的课堂教学方法。如果将线下课堂作为讲授课的延续，继续采用讲授的授课方式，翻转课堂将不再"经济"和"令人兴奋"。借助数字化的变革浪潮，实现"一科三课"，实现德式练习课以及美式判例教学追求的全方位技能训练，是翻转课堂对我国法学家教育带来的真正变革。

"课程思政"视域下法律职业伦理教育融入模拟法庭课程研究[*]

"课程思政"视域下法律职业伦理
教育融入模拟法庭课程研究[*]

◎吕晓刚[**]

摘　要： 为实现培养"德法兼修"法治人才的历史使命，按照"课程思政"所要求的"一课双责"理念，通过将法律职业伦理融入模拟法庭课程的方式，以期在强化法律职业伦理教学实效性、实现模拟法庭教学覆盖全面性的同时，更加全面地推进学生法学专业素养的综合提升。然而当前法律职业伦理融入模拟法庭课程面临法律职业伦理课程基础有待深化、模拟法庭课程教学体系设置有待优化以及课程融合配套保障机制有待强化等一系列现实挑战。对此，需要将法律职业伦理内化为模拟法庭"课程思政"的内容载体，确立角色伦理与技能复合培养的模拟法庭课程并完善其指导理念，最终通过

---

　　* 湖南省教育科学"十四五"规划2021年度课题"课程思政"视域下法律职业伦理教育融入模拟法庭课程研究（项目编号：ND213039）。

　　** 吕晓刚，法学博士，湘潭大学法学院副教授，博士研究生导师。

法律职业伦理与模拟法庭双向课程优化达到推进伦理角色化与素养综合化的目的。

关键词： 德法兼修　课程融合　法律职业伦理　模拟法庭

教育部印发的《高等学校课程思政建设指导纲要》中指出"课程思政"建设要在所有高校、所有学科、所有专业实施全面推进，坚定学生理想信念，切实提升立德树人的成效。习近平总书记在中国政法大学考察时强调，要坚持中国特色社会主义法治道路；坚持以马克思主义法学思想和中国特色社会主义法治理论为指导、立德树人、德法兼修；培养大批高素质法治人才。教育部、中央政法委关于坚持德法兼修的指导意见，已经在实施卓越法治人才教育培养计划 2.0 的意见中明确指出，为了加大学生法律职业伦理培养力度，必须面向全体法学专业学生开设"法律职业伦理"必修课，以实现法律职业伦理教育可以贯穿法治人才培养的全过程。

为实现培养"德法兼修"法治人才的历史使命，按照"课程思政"坚持"一课双责"的理念，各门课程预期要达到既要传授专业知识，又要注重价值引领，传递向上向善的正能量的目标。但事与愿违，模拟法庭课程原本作为实现法学理论教学与司法实践的课程载体，本应是培养和提高法学专业学生司法实践综合能力的重要保障，然而由于诸多原因导致模拟法庭课程实施的成效并不理想。首先，由于此前该课程的教学模式仅关注对司法实践技巧和知识的讲授，缺乏对司法职业角色的伦理导入，存在"重术轻道"的倾向，从而导致模拟法庭"课程思政"效果受限。其次，纯粹理论讲授的法律职业伦理课程则因为缺乏实践性和带入性，授课过程难以形成有效互动和角色融入，导致学生学习积极性难以有效调动。对此，本文以"课程思政"为引领，探索法律职业伦理教育融入模拟法庭课程的具体路径，以期有助于实现模拟法庭与法律职业伦理课程教学实效的双赢。

一、术道结合：法律职业伦理教育融入模拟法庭课程必要性分析

长期以来，模拟法庭课程作为法学教育体系中实践操作能力提升的课程载体，如何提升模拟法庭课程教学的实效性受到高度关注，并先后形成了全真案例模拟、实务导师进课堂、双师课堂、模拟法庭融入法律援助等一系列教学改革成果，推进模拟法庭课程教学由"表演型"向"实战型"转变。[1] 总体而言，随着模拟法庭教学对于法律实践操作能力的重视程度日趋提升，我国当前法学教育体系对于法学专业学生法律综合素养提升的支撑力度也得到显著提高。但需要注意的是，由于此前模拟法庭课程体系优化的内在驱动和作用目标集中于传统理论，注重长于理论知识宣讲而短于实践技能培训的教学模式，因而学生缺乏在教学改革过程中受到聚焦于司法实务操作技能的传授与训练。传统理论虽然提高了法学教学对于司法实践的对应性，迎合了法律实践部门对于法学人才培养的技能基础需求，但不应忽视的是，相较于法律应用之"术"的提升，当前模拟法庭教学中对于法律执业之"道"的关注相对匮乏。这不仅会影响模拟法庭实践化教学模式对于法律执业主体角色的全面仿真，更重要的是，还会影响法

---

〔1〕 参见李慧英：《"实战型"模拟法庭实践教学机制研究》，载《黑龙江教育》2020 年第 1 期。

律综合素养的整体提升以及德法兼修法治人才培养体系的构建。

作为承载德法兼修法治人才、培养中德育环节核心使命的法律职业伦理教育，虽然伴随着法律职业伦理作为必修课纳入法学专业课程体系，此前法律职业伦理教育所面临课程载体缺失，受重视度不足等问题业已得到有效解决。但是，由于法律伦理具有抽象的特点，一般伦理教育多采取对伦理原则和伦理规范进行理论灌输的方式，难以真正提高学生伦理意识和伦理能力，导致其最终收效甚微。[1] 为此，亟需改革法律职业伦理课程教学方式，拓展课程覆盖领域，提高学生在法律职业伦理学习中的主动参与性，构建理论讲授与实践体验并重的法律职业伦理教学体系。而这恰恰与当前面临"重术轻道"挑战的模拟法庭课程之间形成良性互补关系。模拟法庭可以为法律职业伦理实践教学提供课程平台，法律职业伦理则可以为模拟法庭课程价值引领提供教学内容。对此，在"一课双责"理念指导下，通过法律职业伦理教育融入模拟法庭课程，可以将法律职业道德与司法实践结合起来，将外在的行为规范内化为自身的道德素养，引导学生树立正确的职业道德意识，[2] 从而为德才兼备法治人才培养体系完善与发展提供内在驱动。

（一）强化法律职业伦理教学实效性

法律职业伦理作为对法学专业学生特有伦理价值观进行培育和引导的专门课程，在当前法学专业课程设置中受到高度重视，被纳入专业核心必修课范畴。然而，由于这一课程本身强调价值

---

〔1〕 邱秋、李紫玲：《高校法学人才培养中伦理教育的实践探索》，载《价值论与伦理学研究》2018 年第 2 期。

〔2〕 颜勇：《以模拟法庭课程建设为中心的法学实践教育研究》，载《中国法学教育研究》2019 年第 3 期。

引领和理念灌输，教学内容较为抽象枯燥，教学难度较高。尤其是由于这一课程不同于传统的宪法、民法、刑法、诉讼法等部门法一般已经拥有成熟的理论体系、学科基础与鲜明的跨学科特征，并且也没有专门的师资培养途径。这导致虽然各学校按照要求，开设了法律职业伦理课程，但受制于师资和理论基础的限制，最终只能让授课教师主要采取教材指引下的理论讲授方式作为授课方式。在这一方式下，由于理论与实践联系不够紧密，学生主动参与度有限，致使该课程面临学习积极性不足与教学效果不佳的现实挑战。对此，在加强师资教材建设，优化课程内容的同时，还应当改变当前法律职业伦理课程单向理论灌输模式，改进教学方法，将法律职业伦理教育融入法学核心课、专业课的教学中。[1] 这当中，模拟法庭作为当前法学专业课程体系中专门的实践教学平台，所形成的以诉讼角色体验为内容的教学方式，对于解决法律职业伦理教学所面临实践性不足的挑战具有不可替代的积极价值。

作为当前模拟法庭教学主流模式，诉讼模拟背景下的角色扮演，通过角色代入，使学生能够按照不同诉讼角色身份进行"浸入式""体验式"思考，而非照本宣读或背词。[2] 与之相契合的是，法律职业伦理恰恰具有职业角色多元化，具体职业伦理内容多样性的特征。法官、检察官、律师等不同职业角色在遵循共同的基本法律职业伦理基础上，还因各自角色分工不同，而需要遵循不同的具体法律职业伦理。通过将法律职业伦理融入模拟法庭

---

〔1〕 杜晓君：《对我国高校法律职业伦理教育创建的思考》，载《法治论坛》2018年第 1 期。

〔2〕 杜晓君：《对我国高校法律职业伦理教育创建的思考》，载《法治论坛》2018年第 1 期。

课程,在分角色体验提升法律实践技能的同时,还可以将不同法律职业角色职业伦理代入案例分析与课程实践,从而克服泛政治化、手段单一化及目的工具化的倾向以及毫无实质内容的说教,[1] 实现法律职业伦理实践教学方式的创新。相较于专门设置法律职业伦理实践教学环节和课程,这一方式的改革成本和实施效果都更具优势。首先,作为法学专业课程体系中的"资深"课程,模拟法庭课程体系完备,既有的实战化、全真模拟课程改革趋势,又能够有效承载法律职业伦理教学内容。与之相对的是,如果在法律职业伦理课程中增设实践环节,或者单独设置法律职业伦理实践课程,不仅面临培养方案修改,教学大纲教材编写,师资配备,场地建设等直接支出,同时还面临现有人才培养方案难以提供充分课时空间的困境,并且可能挤压其他课程的教学资源和学习精力。其次,就教学效果而言,通过法律职业伦理与模拟法庭的课程融合,将法律职业伦理规范与法律职业技术配套来教授,可以深化对法律职业伦理的理解和认同,[2] 构建完整丰满的法律职业角色模拟体系,实现"术"与"道"同步提升。与之相对的是,单独的法律职业伦理实践,将不可避免的因角色内容不完整而影响实践教学效果,而且单独的伦理模拟,也面临陷入内容抽象,缺乏共情,难以内化的挑战。

(二) 实现模拟法庭教学覆盖全面性

高校模拟法庭实践教学一方面联系着法学理论教学,另一方

---

〔1〕 刘正浩、胡克培主编《法律伦理学》,北京大学出版社 2010 年版,第 210 页。

〔2〕 钱大军、李博:《论法律职业伦理课程设置与教学方法的选择》,载《中国大学教学》2020 年第 10 期。

面联接着司法审判实务。[1] 针对此前法学人才培养体系重理论传授轻实践演练的弊端，模拟法庭作为法学实践能力培养体系的重要组成部分，受到法学教学改革研究的高度重视。围绕如何提升模拟法庭的实践能力提升效果，探索形成了以全真案例引入，邀请实务导师，演练过程实战化为代表的实践驱动型教学模式。这一模式下的模拟法庭课程兼具实践性与综合性的教学优势，对于培养学生运用法律专业知识来解决司法实践问题发挥了积极作用。[2] 然而，由于当前模拟法庭实战化改革的重心集中于对不同诉讼角色实践技能的培养，缺乏对思维方式、行为准则和道德规范的反映，导致模拟法庭教学并未完整覆盖法律职业角色的内在理念。通过将法律职业伦理融入模拟法庭课程，实现教学演练过程中对不同诉讼角色外在行为方式和内在思维方式的完整仿真体验，从而实现技能提升与理念升华的协同并进。

德法兼修法治人才培养目标的实现，依赖于具体课程设置中的"一课双责"，法律职业伦理内容的融入将有效解决模拟法庭课程教学内容中的"课程思政"短板。由于法学专业未来职业领域指向的主要是腐败高发领域的检察官、法官，以及具有高度聚焦物质评价导向的律师，因而对于职业伦理教育的教育引导需要尤为迫切，需要将法律职业伦理培养贯穿于法科学生培养整个过程，才可以实现法律职业伦理培养的全覆盖。[3] 法律职业伦理的引入，可以形成完整覆盖职业技能与职业道德的课程教学内

---

〔1〕 毕京福、陈琳琳：《模拟法庭实践教学的目标定位及问题反思——以民事案例模拟教学为视角》，载《德州学院学报》2021 年第 1 期。

〔2〕 唐文娟：《基于卓越法治人才培养目标的模拟法庭教学改革实践》，载《高教论坛》2020 年第 10 期。

〔3〕 杜承秀：《法律职业伦理培养的路径分析》，载《广西社会科学》2018 年第 6 期。

容，为德法兼修培养目标的实现提供坚实的课程载体。一方面，法律职业伦理的引入可以丰满模拟法庭课程中的角色内容，提高模拟演练对司法实践的仿真程度。另一方面，可以用正确的职业伦理引领纠正角色模拟过程中，所面临角色不良现象所可能导致的负面影响。

（三）推进学生法学专业素养综合提升

"德法兼修"作为卓越法治人才培养的价值引领与总体目标，突出了法学专业课程设置中对于品德修养和知识技能应当实现双驱并重，协同发力。法律职业伦理作为法学专业特有的德育课程，不仅要实现课程内教学效果的提升，还肩负溢出至其他专业课程，实现德育与智育深度融合的课程使命。模拟法庭作为法学专业课程体系中的综合性实践能力培育课程，被定位为检视巩固部门法知识体系和体验掌握司法实践能力的关键节点。通过法律职业伦理融入模拟法庭课程，在对法科学生进行法律实务操作技能、技巧进行指导和评判的过程中，同时展开法律职业伦理培养，可以收到事半功倍的效果，[1] 实现专业技能素养和专业道德品质的同步提升。"课程思政"的基本导向是实现专业能力提升与思想品质的协同提升，通过将法律职业道德教育融入模拟法庭课程，将社会主义法治信仰贯穿于法学教育的始终，提升学生道德修养，促进人的自由全面发展，培养"德法兼修"的高素质法治人才。[2]

司法是社会公平正义的最后一道防线，法学专业学生作为这

〔1〕 杜承秀：《法律职业伦理培养的路径分析》，载《广西社会科学》2018年第6期。
〔2〕 黄进：《坚持立德树人、德法兼修 培养高素质法治人才》，载《中国高等教育》2017年第10期。

一防线未来的坚守者，其专业能力和道德修养对于社会主义法治国家建设成败与否关系重大。模拟法庭作为法学专业培养体系中理论教学向司法实践转换的中继站，在强化专业技能提升的同时，深入推进法律职业伦理的内化，践行"课程思政"所确立一课双责理念，不仅是对法学专业学生个体综合法治素养的全面提升，也是对社会主义法治队伍建设的有力推进，更是对社会公共法治意识的积极引领。

二、当前法律职业伦理教育融入模拟法庭课程面临的现实挑战

卓越法律人才的培养要求培养应用型、复合型法律人才，以促进法学教育与法律职业的深度衔接。[1] 模拟法庭与法律职业伦理作为法学专业实践技能提升与内在理念升华的课程载体，虽然在功能定位和价值预设等方面，高度契合"课程思政"所秉持的一课双责理念，实现课程融合对于完善法学人才培养体系具有重要积极价值。然而，由于法律职业伦理课程进入法学专业必修课程体系时日尚浅，课程内容建设尚有待于进一步完善，加之要实现模拟法庭课程由外在技能培养升级为内在价值引领与外在技能提升协同推进，课程设置改革以及配套支撑机制均有所涉及等诸多现实问题，致使目前实现法律职业伦理融入模拟法庭课程仍面临一系列挑战与困难。

（一）法律职业伦理课程基础有待深化

法律职业伦理教育应当包括基本知识的学习和知识的应用两

---

〔1〕 吕辉：《审判学视域下模拟法庭教学模式的完善策略探讨》，载《应用法学评论》2020 年第 1 期。

个层次，当前法律职业伦理虽然在强力推动下，被纳入法学必修课程范畴，然而，相较于法理、宪法、民法等传统课程，无论是教学内容还是教学方式，法律职业伦理都尚处于探索完善阶段。这导致目前的法律职业伦理教学基本停留在基础知识传授层面，侧重于通过理论讲授的方法，向学生灌输法律职业伦理的价值功能和具体内容，对于职业伦理的具体场景化应用则缺乏相应的关注。对于法律职业伦理应用教育重视度不足，不仅会影响推动法律职业伦理融入模拟法庭等实践教学课程的主动性，更重要的是，由于课程设计中实际应用能力培养板块缺失，将导致模拟法庭课程中开展法律职业伦理教育缺乏充足的内容支撑。由于不能形成充裕的法律职业伦理应用场景教学内容，如果仅仅将现有理论知识机械的引入模拟法庭课程当中，只是转换了教学场景，而不进行相应的内容转化，那么授课效果将难以得到有效改善。

此外，需要注意的是，由于目前主流模拟法庭实践性授课方式是通过诉讼角色划分，以不同诉讼角色所对应具体办案技能为演练内容。为适应这一教学方式，就需要法律职业伦理在融入过程中能够针对不同诉讼角色配置相应的职业伦理教学内容。对此，一方面，作为职业伦理的一种，法律职业伦理、法律职业及法律职业共同体密切相关，[1] 法律职业伦理既有法律职业共同体的共同价值基础，又因具体角色不同而存在差异性。[2] 这一特征与模拟法庭课程角色配置之间具有高度的契合性。然而由于当前法律职业伦理相关教学和研究尚处于起步阶段，主要关注对

---

〔1〕 柴鹏:《法律职业伦理现状及其培育——以实证调研数据为基础》，载《证据科学》2015 年第 2 期。

〔2〕 高林:《"德法兼修"视域下中国法律职业伦理之重塑》，载《华北水利水电大学学报（社会科学版）》2020 年第 4 期。

象是法律职业伦理课程本身课程内容体系的整体构建与完善，虽然在教材内容体系中，针对不同职业角色，分别展开对应具体职业伦理内容介绍，但是往往停留在理念引导，缺乏同具体办案实践相结合的具体伦理场景探讨，因而在向模拟法庭课程融入过程中，难以与具体案情直接进行精确对应，也无法与模拟法庭具体教学方案进行深度兼容。另一方面，模拟法庭实践教学中学生具有较强的参与性，由学生而非老师作为课程的主角。[1] 因而在课程内容设置上，要凸显学生的自主学习与协同合作的教学特点，而当前法律职业伦理课程内容视角都是以教师引导为主，缺乏对于学生自主内化的有效关注；并且相关教学内容主要为理论灌输，缺乏具体实践场景的应用性和可操作性，这导致模拟法庭课程体系对于法律职业伦理的融入面临实践性不足的障碍。

（二）模拟法庭课程教学体系设置有待优化

模拟法庭作为实践教学的重要组成部分，应充分体现法学专业知识目标、能力目标和素质目标的人才培养要求，即实现学生知识强化、能力转化、素质内化的目的。[2] 围绕这一目标，经过持续的探索与改革，当前业已形成案件实践演练为主，理论方法讲授为辅的教学体系，对于提升课程实践教学效果，培养学生司法实践动手能力发挥了重要促进作用。虽然在应然层面，基于课程教学内容与教学方式之间的互补性，模拟法庭的讲课模式可以提供完整的法学知识体系的应用情景，应当是法律职业伦理教

---

〔1〕 杨鸿、张伟隆：《模拟法庭实践教学探索与研究》，载《教育教学论坛》2020 年第 32 期。

〔2〕 唐文娟：《基于卓越法治人才培养目标的模拟法庭教学改革实践》，载《高教论坛》2020 年第 10 期。

育的主要载体。[1] 然而，由于当前模拟法庭课程教学聚焦于对司法实践和实务能力的培养，侧重于外在技能极强的传授与演练。这决定了模拟法庭课程教学体系以如何提升课程对司法实践的仿真度为中心，无论是实务导师的引入，还是全真案例的选取，其基本判断标准均指向能否充分展示和练习司法实务技巧。虽然有效的促进了课程的实践性，然而由于缺乏对不同诉讼角色整体基础职业伦理以及特有职业伦理的有效关注，导致无论是课时安排，还是教学内容选择，以及教学设计模式，都未能为相关法律职业伦理内容的融入提供课程内容空间。

一方面，以实务技能为培养导向的课程内容设置导致在案例选取过程中，偏重事实认定与法律适用的争议性，缺乏对法律职业伦理示范价值的关注。这导致所选取案件无法有效融入法律职业伦理知识点，难以发挥实务技能与职业伦理同步教学的融合优势。另一方面，以强化对抗追求胜诉为导向的课程目标引领与法律职业伦理以职业道德修养提升为指向的教学目标之间难以实现有效兼容。为提升模拟法庭课程的仿真度，应对表演性庭审模拟的不利影响，当前模拟法庭课程教学改革中高度强调通过加强不同诉讼角色，尤其是控辩双方、原被告双方之间的实战化对抗，强化课程演练效果。然而，虽然求胜导向对于激励学生自主学习的积极性具有重要价值，但也容易导致学生无暇顾及法律职业伦理中对于公平正义的坚守，难以营造维护公正，追求正义的正确价值导向。

---

[1] 王磊：《模拟法庭课程教学中的法律职业伦理培养》，载《洛阳师范学院学报》2017 年第 7 期。

（三）课程融合配套保障机制有待强化

无论是法律职业伦理，还是模拟法庭，都与司法实践之间存在极为密切的关联，单纯的知识传授和理论灌输均难以完全实现能力培养与素养提升的教学目标。这就要求在教学过程中，对于模拟法庭和法律职业伦理在司法实践中的应用场景进行有效模拟，从而为学生提供实践演练的应用反思的时空环境。当前虽然绝大多数法学院校均建设了高度仿真的模拟法庭教室、配备了包括法庭、证人等候室、候审羁押室、合议庭评议室等场地，并且配备了相应的电脑、投影仪、网络等设备，满足了组织仿真模拟法庭审判的硬件条件。根据法律职业伦理必修课的课程定位，也组建了相应的教学团队，形成了对应的教学大纲体系，满足了课程开设的基本要求。然而，为实现将法律职业伦理与模拟法庭两门互相独立的课程之间的有机融合，不仅需要统一的理念指引和内容设计，还需要相应的保障性机制为支撑。当前法律职业伦理与模拟法庭课程既有课程资源对于实现法律职业伦理充分融入模拟法庭课程，也是面临师资、培养方案和评价机制等方面的现实挑战。

1. 师资队伍匮乏

正所谓术业有专攻，模拟法庭课程侧重实践性，对任课教师的实践经验能力要求较高；而法律职业伦理侧重价值观塑造，对任课教师的理念引领能力要求较高，这使得法律职业伦理融入模拟法庭课程过程中，模拟法庭和法律职业伦理任课教师的能力经验均难以完全满足内在素养与外在技能同步培养的教学任务。虽然模拟法庭课程高度强调学生的自主学习与主体参与，但无论是课程方案设计，还是进度节奏把控以及效果评估反思，都需要相应的师资为保障，在叠加法律职业伦理培养的教学目标之后，普遍面临的适格师资匮乏问题必然会严重限制课程改革预设目标的实现。

2. 培养方案缺失

当前既有法学专业培养方案体系中，法律职业伦理与模拟法庭作为两门独立的课程，分属必修课与选修课，二者之间在课时、学分、学制设置等方面均无直接的联系。这导致法律职业伦理融入模拟法庭课程会因培养方案关联空间不足而陷入困境。一方面，由于课时设置未考虑课程融合的现实需求，导致模拟法庭课程对于承载法律职业伦理教学内容空间不足。另一方面，由于未能明确法律职业伦理作为模拟法庭课程的先修课程，导致在学制安排上有可能出现法律职业伦理在后而模拟法庭在先的情形，这会影响法律职业伦理集中授课的铺垫效果，也会影响模拟法庭实践演练的有的放矢。

3. 评价机制不明

模拟法庭课程教学中的一大难题是如何对学生的表现进行科学评价，[1] 而职业伦理作为主观内在意识，更是很难通过外在行为动作进行直接定量评估。在实战化课程授课目标导向下往往选择以庭审临场发挥和庭前文书写作作为模拟法庭的课程学习评价机制。这一评价机制很难满足对于法律职业伦理这一强调内在价值观塑造为内容的课程，由此导致法律职业伦理对于模拟法庭课程的融入会存在相应的困境，一方面会因没有明确的评价抓手而被虚置，无法掌握和评估授课效果；另一方面也无法有效提升

---

〔1〕 娄必县：《PBL教学法视角下模拟法庭训练的功能及其完善——基于实训观察的研究》，载《西华师范大学学报》（哲学社会科学版）2021年第5期。

学生的学习积极性，导致法律综合素养提升的预设目标落空。

三、"课程思政"驱动下法律职业伦理技能并轨机制的完善

法律职业伦理融入模拟法庭课程虽然在应然层面价值重大且高度契合，然而受制于当前既有课程资源和经验积累，这一融合过程面临重重挑战。对此，为推动课程融合的有效推进，首先要形成明确的价值引领，以此作为教学改革的内在驱动。根据法律职业伦理侧重价值观塑造的课程定位，结合法律职业伦理融入模拟法庭所预设"德法兼修"的目标指向，应当将"课程思政"作为法律职业伦理融入模拟法庭的理念支撑与改革动力，以"一课双责"为引领，推进具体教学改革方案的设计与完善。

（一）确立角色伦理与技能复合培养的模拟法庭课程的完善指导理念

在全面推进"课程思政"的时代背景下，将法律职业伦理教育融入模拟法庭课程教学体系，对于构建"德法兼修"的卓越法治人才培养体系具有重要的理论支撑、制度完善和实践指导意义。首先，有助于模拟法庭课程与法律职业伦理教育融合良性互动理论体系的形成。以"课程思政"为契合联结点，通过阐释重点关注立德树人的法律职业伦理课程和重点关注实践能力的模拟法庭课程之间的内在联系，为二者融合后的课程内容设计和授课方式配置提供理论指引。其次，有助于推进"德法兼修"法治人才培养体系与完善实践教学制度。通过将法律职业伦理教育融入模拟法庭课程，实现对公平正义信念和司法实践技能的同步培养，使立德树人得以在法学人才培养体系中能够实现制度化、规范化的贯彻落实。最后，有助于实现模拟法庭课程内容丰富与法

律职业伦理教育理论联系实践。通过课程之间的深度融合，一方面实现模拟法庭课程中对法律职业共同体内不同角色的全面覆盖，可以提供完整模拟内在价值和外在技能的综合课程平台。另一方面实现法律职业伦理由理论说教进入实践操作，可以强化课程过程的参与性和课程效果的深入性。

"课程思政"理念下一课双责目标的实现具有诸多挑战，而当前面临的重要挑战来自思政内容与专业知识之间难以形成有机关联，思政内容游离于专业知识体系之外，导致二者难以形成共情。对此，法律职业伦理作为法律职业特有的伦理价值观，同时兼顾社会公平正义和特定行业角色特有价值观，只有它们能够与模拟法庭所涵盖的实务技能之间形成有效联结，才可以有效解决"课程思政"中价值引领融入不足的弊端，引导学生形成正确的公平正义观，为社会主义法治人才培养提供优质课程平台。通过将法律职业伦理融入模拟法庭、上升为模拟法庭"课程思政"的举措载体，不仅可以提高任课教师的教学改革积极性，还可以充分调动学生参与"课程思政"的积极性，最终通过以外在实务技能为抓手、驱动价值观的内在塑造、全面提升法律综合素养，达到优化法学专业课程培养体系的目标。

（二）双向课程优化推进伦理角色化与素养综合化

法律职业伦理融入模拟法庭作为"课程思政"理念的体现，具有重要的积极价值，但是在当前法律职业伦理课程基础不足，模拟法庭承载空间有限的前提下，为实现这一教学改革的落地生根，一方面需要法律职业伦理适应模拟法庭课程角色模拟的授课方式，另一方面需要模拟法庭确立内在素养与外在技能同步提升的课程设置。通过法律职业伦理与模拟法庭的双向优化，辅之以相应的课程配套机制，方能实现"德法兼修"法律综合素养整体提升的课程改革目标。

1. 推进法律职业伦理主体角色差异性教学内容体系

道德伦理教育并不能通过传统的课堂理论讲授就可以实现提升的，其往往要经过长期的耳濡目染和亲自体验。[1] 对于法律职业伦理，通过融入模拟法庭课程，在模拟庭审创设提前感受不同诉讼角色实践现状，从而提升学习的实践性和代入性。然而，由于模拟法庭课程的直接目标是让参训学生获得对法庭审判的实境体验，体会法律角色的职业感觉。[2] 这决定了模拟法庭对于所融入法律职业伦理的角色差异性要求极高，必须针对不同诉讼角色，配置相应的教学和演练内容。

一方面，法律职业伦理课程内容应当配置以职业分工为基础的具体职业伦理静态内容体系。以刑事案件模拟法庭为例，主要参与法律职业的角色包括法官、检察官和刑事律师。这三种不同诉讼角色在坚守基本法律公平正义价值观的基础上，各自因权力基础和职能定位存在差异，形成了各有侧重的特有法律职业伦理。首先，就法官而言，作为中立的裁判者，其特有伦理价值观既包括个案裁判中的不偏不倚、中立客观，也包括职业生涯中的廉洁用权、奉公守法、刚正不阿。尤其是要结合当前司法实践现状，要重点关注如何平衡能动调查与消极中立的关系，如何应对领导同事不正当干预办案，当面临人情案、关系案时如何做出正确抉择。其次，对于检察官而言，作为公共利益守护者，其特有

---

〔1〕 张荣霞：《法治中国视域下高校法律职业伦理教育》，载《北华大学学报》（社会科学版）2020 年第 3 期。

〔2〕 郭晶：《论"雨课堂"技术下的全参与式模拟法庭教学法》，载《法学教育研究》第 2020 年第 1 期。

价值观既包括作为公诉人是否能够准确有效追诉犯罪，也包括作为法律监督者是否能够有效维护司法公正，监督违法办案与杜绝司法腐败。这当中需要重点关注追诉犯罪角色定位与法律监督角色定位在个案中存在冲突时，检察官如何围绕其角色定位做出自身的正确抉择。最后，就刑事律师而言，无论是担任辩护人还是诉讼代理人，其特有价值观需要平衡自我利益与当事人利益之间的冲突，以及在个案当中，认真履职与服从法庭秩序之间的抉择。特别需要关注的是作为辩护人时，刑事律师如何正确处理独立辩护与忠实当事人之间产生的冲突。

另一方面，在前述特有伦理静态内容体系的基础上，应当加强对不同法律职业角色特有伦理的动态实践演练内容。在既有法律职业伦理课程中对相应内容主要从理论辨析和价值引导的方式予以塑造。为适应模拟法庭课程教学现实需求，应当通过案例情节设计和不同抉择所对应后果的戏剧化展示等方式，将职业伦理抉择通过冲突化场景再现，使学生能够直观生动的进行浸入式体验，从而为法律职业伦理融入模拟法庭课程提供教学方式一致性作支撑。

2. 优化模拟法庭课程对法律职业伦理承载制度支撑

当前主流的模拟法庭授课方式中，实践演练部分基本操作模式是将学生分为不同的庭审角色进行仿真模拟，让学生充分体验该角色的各项工作。[1] 法律职业伦理作为特定诉讼角色的内在思维模式，应然成为演练仿真度提升的重点关注对象。然而，由于当前模拟法庭课程方案设计主要围绕外在实务技能的提升为中

---

[1] 高耀清：《模拟法庭仿真教学的实践价值研究——基于应用型法学人才的培养目标》，载《大学》2021年第2期。

心进行展开，因此为实现法律职业伦理与现有教学方案之间的有效对接，就需要分别从课程设计理念和课程具体设计优化两个方面入手，为法律职业伦理融入模拟法庭课程提供制度支撑。

首先，就课程设计理念调整而言，应当确立内在职业素养与外在办案技能同步提升的培养目标，将法律职业伦理与执业办案技能共同纳入课程内容体系当中，从而形成"德法兼修"的综合法律职业素养全面发展的课程设计理念。以此为指导，无论是案例选取，还是流程设计以及评价考核，都要将能否实现法律职业伦理教育作为重要考量因素。一方面，任课教师要主动践行"一课双责"，在传授司法实践技能的同时，利用授课平台展开"课程思政"，在理论讲授和组织演练过程中，积极融入法律职业伦理教学内容，引导学生塑造正确的法律职业伦理观。另一方面，学生作为模拟法庭的关键参与者，应当在实践导向的同时，树立正确的职业伦理观导向，以办案角色模拟为渠道，实现职业伦理的内化，重点针对司法实践中职业伦理面临的冲突与抉择，通过内心感悟体验，形成正确的法律职业伦理观。通过师生同频共振，实现法律职业伦理作为"课程思政"载体，在模拟法庭教学中达到教师用心教，学生用心悟的目标。

其次，就课程具体设计优化而言，针对模拟法庭课程以案例为中心，以角色模拟为主体的课程特征，为实现法律职业伦理的有机融入，需要在案例脚本选择以及演练流程设计等环节加入法律职业伦理模块。一方面，在案例脚本选择上，为避免法律职业伦理与案件专业知识的分离，需要在案例选择上同时兼顾法律规范适用的代表性和职业伦理博弈的典型性；在脚本设计上，实现专业知识判断与法律职业伦理抉择的深度融合，而不是互相割裂，自成体系。通过案例脚本的优化，实现法律职业伦理融入模拟法庭的具体场景和内容都得到有效明确，从源头实现课程深度融合。另一方面，在演练流程设计上，在既有按照庭审流程展开模拟审判的演练模式基础上，增设专门的法律职业伦理体验展示模块。在庭前文书写作环节，除完成起诉书、辩护意见概要、阅卷笔录等诉讼文书之外，专门针对案件所涉及职业伦理相关内容完成心得体会、意见反思等专门文书。在庭审模拟环节，设置相应的法律职业伦理内容展示环节，并在模拟结束后的点评讲解环节，任课教师要对案件涉及法律职业伦理知识点进行专门讲授和讨论，以便对学生起到引导强化的作用。

3. 完善法律职业伦理融入模拟法庭课程配套机制

与一般的课程不同，模拟法庭更突出情景演练的真实氛围。[1] 相较于理论讲授，模拟法庭所代表的实践教学模式对于配套机制的依赖性更强，这是因为此前该课程的配套机制主要以提高课程对司法实践的仿真度为核心展开的，缺乏对法律职业伦理教育的关注。因此，为实现法律职业伦理的充分融入，使角色扮演全面实现技能提升与价值引领，就需要为法律职业伦理融入模拟法庭课程的实施提供案例选取加工、师资队伍建设等全方位配套支撑。

首先，就案例选取加工而言，案例的选取是模拟法庭教学活动的第一步，也是至关重要的一步。[2] 如何选择同时兼顾技能提升与伦理培养的优秀案例，是实现法律职业伦理有机融入模拟

〔1〕 张婷、林亚男：《模拟法庭传统教学的反思和线上教学模式的初探》，载《高教学刊》2021 年第 18 期。
〔2〕 黄晓林主编：《模拟民事法庭理论与实例导引》，对外经济贸易大学出版社2015 年版，第 95 页。

法庭课程教学的首要前提。相较于单纯强调法律适用代表性的案例选取，同时肩负法律适用与职业伦理塑造的案例选取难度无疑大大提高。为保证演练效果能够达到欧美兼顾外在技能提高和内在素养提升，构建可靠的案例选取加工机制就成为法律职业伦理融入模拟法庭课程的首要挑战。对此，第一，要加强同司法实务机关的密切协作，通过发动司法机关工作人员参与课程改革建设的积极性，以便及时获取司法实践中出现的在法律适用和职业伦理塑造方面具有典型性的案例。第二，要按照"课程思政"理念进行案例改编。对于获取的真实案例，在按照保密原则要求进行改编的基础上，针对法律职业伦理融入模拟法庭的特殊需要，对部分情节内容进行特别调整，强化法律职业伦理冲突的戏剧性，根据不同的职业角色，增设各自相应的职业伦理价值观塑造其内容，加深法律职业伦理与司法实践技能的互动程度。

其次，就师资队伍建设而言，由于现有的双师同台，引入实务导师，增强任课教师实务经验等模拟法庭师资队伍建设探索主要围绕提升任课教师的实务技能水准，对此需要在选择导向和培养目标上进行必要的调整。第一，对于师资队伍选配标准要充分体现职业伦理引领模范作用，尤其是对实务导师的选取，不仅要评价其业务能力，还要考察其职业伦理素养，并且可以在授课过程中，专门邀请司法实务部门的先进模范典型人物进入课堂，就职业伦理素养提升分享经验，启迪引领。校外兼职导师作为实践指导教师的作用应该予以充分发挥，[1] 不仅要传授实务技巧，还要以亲身经历分享职业感悟，做好职业理想目标引领与职业道

---

〔1〕 秘明杰、王海滨：《环境模拟法庭课程设计与效果评价模式探析》，载《法学教育研究》2020 年第 4 期。

德规范塑造。第二，对于师资队伍培养要体现法律职业伦理相关内容的有效强化，尤其是对于专任教师，要在立德树人理念指导下，自觉加强自身内在素养提升，树立正确的价值观，提高法律职业伦理教学的教学能力，并通过自身言谈举止，发挥引领传递功能。

最后，就培养方案修订与评价机制优化而言，针对当前模拟法庭课程培养方案培养目标单一，无法满足法律职业伦理课程内容融入需要的现实挑战，应当以推进模拟法庭"课程思政"教学体系完善的视角出发，将法律职业伦理作为"课程思政"具体教学内容，设定为模拟法庭培养目标，与实践技能提升共同构成模拟法庭综合法律素养提升培养目标体系。以此为基础，在模拟法庭具体教学日历编排和教学内容设定上，设置专门的法律职业伦理教学和演练模块。针对法律职业伦理指向内在道德修养提升，难以外化评价的先天障碍，应当丰富模拟法庭课程成绩评价机制，改变单纯评价实务技能掌握程度的评价标准，通过口试交流、撰写体会感悟、小组集体讨论等形式，有效评估课程教学效果和学生学习情况。

情境式教学方法在高校法学教育的运用

——以《刑事法案例研究》课程为例*

◎杨新绿**

摘　要：当前高校法学教育的主要目标是培养实践导向的法治人才，而教师研学背景、学生就业压力、课程设置安排使"重理论、轻实践"的倾向日益明显。情境式教学方法以场景创设为手段，以强化学生法律职业者角色为目标，充分调动教师的能动性、学生的主动性和课堂的生动性。情境式教学方法对《刑事法案例研究》课程的适用具有必要性、可行性、实效性。对于刑事案件的真实情境、想象情境和暗含情境可分别通过视频图片辅助理解、模拟法庭角色扮演、虚拟仿真技术加持帮助学生进入情境，在虚实结合的环境中掌握专业知

　　* 本文系江西财经大学 2020 年度校级教改课题"刑事辩护专业人才培养模式探究——'学院+律所'联合培养模式"的阶段性研究成果（项目编号：JG2020039）。
　　** 杨新绿，法学博士，江西财经大学法学院讲师，研究方向：刑法学。

识和实践技能，由此实现刑法学知识体系的贯通、司法实践能力的锻炼以及理论应用素质的提升。

关键词：情境式教学　刑事法案例研究　法治人才培养　实践导向

一、实践导向法治人才培养与高校法学教育限制因素

中国共产党第十八届中央委员会第四次全体会议通过了《中共中央关于全面推进依法治国若干重大问题的决定》，提出法治人才队伍职业化具体措施，如完善法律职业资格准入制度、创新法治人才培养机制。完善法律职业资格准入制度的决定成为我国统一法律职业资格考试改革的动因。相较于国家统一司法考试，国家统一法律职业资格考试更加注重法律职业的业务能力标准和职业伦理标准，突出了法律职业资格考试的专业性、扩展性、实践性特征。习近平总书记在考察中国政法大学时强调，"法学学科是实践性很强的学科，法学教育要处理好知识教学和实践教学的关系"。[1] 为贯彻落实习近平总书记重要讲话精神，教育部、中央政法委员会提出了《关于坚持德法兼修 实施卓越法治人才教育培养计划 2.0 的意见》，找准人才培养和行业需求的结合点，深化高等法学教育教学改革，强化法学实践教育，为法治中国建设输送人才。2018 年，教育部发布的《法学本科专业教学质量国家标准》强调了法学类专业教育具有很强的应用性和实践性，是素质教育和专业教育基础上的职业教育，2021 年，发布的标准同样坚持了这个判断。从中央文件发布的法治人才培养方略和国家层

---

〔1〕 新华社：《为全面依法治国培养更多优秀人才——习近平总书记在中国政法大学考察时的重要讲话引起热烈反响》，http://www.xinhuanet.com/2017-05/04/c_1120920229.htm，最后访问日期：2022 年 4 月 13 日。

面的法律职业从业者选拔考试改革可知，当前高校法学教育的导向已由应试型、素质型转变为实践型，重点突出强调法科学生实践能力的培养，以胜任法治工作的需要。教师是高校法学教育的主体，学生是高校法学教育的对象，课程是高校法学教育的介质，教师、学生、课程是高校法学教育目标转型成败的关键因素。

（一）师资背景：理论背景强、实践背景弱

首先，从教育背景看，高校法学教师队伍以理论见长，大部分高校引进人才的学历门槛为博士学历，这影响了作为高校教师生力军的青年教师是在理论研究而不是实践操练的环境下成长起来的。其次，从教师培养看，在教师个人发展、职称晋升、学校评估中，教师科研产出占比较重，教师更看重理论创新和科研输出，较少投入法律实践。最后，从教学方法看，教师授课倾向于知识谱系和理论体系的建立而欠缺实践方法的传授，这种教学模式形成的路径依赖使得教师知识结构愈固化，则对实践会愈加陌生。这种"从理论到理论"的教师又如何期望其能培养出"从理论到实践"的学生？[1]

（二）就业压力：理论水平高、实践能力低

法学院本科毕业生就业形势不容乐观，即便是位列中国法学教育前茅的"五院四系"毕业生也难逃就业难的困局，[2] 以2020 届法学本科毕业生的数据为例，西南政法大学法学院本科毕

---

〔1〕 张健一：《国家统一法律职业资格考试背景下本科法学教育的困境与突围》，载《黑龙江高教研究》2018 年第 2 期。

〔2〕 "五院四系"指中国政法大学、中南财经政法大学、西南政法大学、华东政法大学、西北政法大学五所政法院校及北京大学、清华大学、中国人民大学、吉林大学四所综合性大学的法学院。参见付玉明、焦建峰：《法科研究生人才培养模式的类型建构——以"五院四系"为样本的分析》，载《法学教育研究》2021 年第 1 期。

业生就业率（88.06%）低于全校本科毕业生总体就业率、吉林大学法学院本科毕业生就业率（83.42%）在全校各学院本科毕业生就业率排名中处于末段、武汉大学法学院本科毕业生就业率（63.87%）在全校各学院最低，远低于全校总就业率水平（86.27%）。[1] 法学本科毕业生就业难的反面是律师事务所招人难。就法学本科毕业生而言，律所起步薪酬较低、工作辛苦、无编制等原因使其倾向于将国家机关、事业单位作为就业的首选，应聘律所的意愿弱；就律所而言，法学本科毕业生欠缺足够的职业技能，如未通过统一法律职业资格考试，或理论水平高、实践能力低，难以满足律所用人需求。最终导致作为法学本科毕业生就业首选的升学、"考公"无异于千军万马过独木桥，吸纳就业作用有限，而能够大量吸纳就业的律所又难与毕业生达成双向选择。因此，法学本科毕业生就业难的问题会持续存在。

（三）课程设置：理论课程多、实践课程少

《法学类教学质量国家标准》对实践课程的比例做了安排，法学类专业培养方案总学分 160 学分，实践教学课程累计学分不少于总学分的 15%，实践类课程与理论类课程的配比大致为 1:6。基于法学本科专业核心课程数量较多，且各大高校普遍培养复合型人才，开设交叉融合专业，学生除学习纯法学学科之外，还要系统学习其他专业的课程，为在有限的学分总量中安排尽可能多的课程，只能在压缩实践课程学分上下功夫，以《法学类教学质量国家标准》设定的实践课程量最低标准，成为高校普遍而务实的选择。实践课程学分不高并且种类繁多，虽然包含实验实

---

[1] 光石法学院：《2020 年中国法科毕业生就业状况调查报告》，载 https://www.163.com/dy/article/GILVSGNS0516C2P4.html，最后访问日期：2022 年 4 月 15日。

训、专业实习、社会实践、毕业论文等颇多项目，但能以课堂教学形式呈现的实践课程少之又少。而这种实践课程一般作为专业选修课供学生修读，通常是在实践课程模块下提供多种选择，只要满足该模块的最低学分即可，学生在繁重的课业负担之下对于选择实践课程所持的态度往往是"轻松好过"，导致很多以切实锻炼学生实践能力的课程为初衷的课程无缘被学生选择而被长期闲置，例如，《刑事法案例研究》作为与《刑法总论》《刑法分论》等重要理论课程配套的实践课程就时常无用武之地。

二、情境式教学方法与高校法学教育资源开发

"情境"是从"情境社会学"剥离的概念，"情境社会学"是社会学的分支，以美国社会学家威廉·托马斯于 1927 年发表的《行为模式与情境》一文作为创立开端，指的是研究人们与不同社会文化环境通过相互作用而会产生各种行为的学科。[1] 中外学者对"情境"的定义包括，人在行动时所处的社会环境，是人们社会行为产生的具体条件；[2] 包含认知、判断、价值取向等主观情境因素和客观情境因素交互作用的结果；[3] 时空序列中各种在场和不在场的交织关系，所有的社会生活都发生在这种交织关系中，也都是通过这种交织关系而得以构成，糅合时空社会学和时间地理学的观点，将"情境"的概念与实践意识相勾连，

---

〔1〕 杜少臣：《情境社会学：一个理论遗珠》，载《中国社会科学报》2018 年 5 月 2 日。中国社会科学网：《情境社会学：一个理论遗珠》，http://www.cssn.cn/shx/201805/t20180502_4220503_1.shtml，最后访问日期：2022 年 4 月 16 日。
〔2〕 刘玉柱、孙柏录：《辞海》（第六版），上海辞书出版社 2016 年版，第 1520 页。
〔3〕 焦迎娜、陈晓梅：《情境社会学视角下青少年犯罪情境心理探析》，载《临沂大学学报》2019 年第 2 期。

进而将其整合进结构化理论的框架中，并使其发挥基础性的作用。[1] 综上观之，"情境"有三重特征，其一，在场与不在场的交织；其二，理论与实践的整合；其三，主观因素与客观因素的互动。情境有三种类型，一是真实情境，即个体生活圈中真实存在的他人或群体及其互动和影响；二是想象情境，即处于个体意识中的他人或群体通过信息传输工具进行间接的交流；三是暗含情境，即他人或群体所包含的象征性意义，具体表现为个体与具有特定性别、年龄、职业等的他者或者群体产生相互影响。[2] 由此，情境式教学方法指的是教师在课程教学中充分利用形象，创设具体生动的场景，使学生自主自动地强化自己的法律职业者角色，调动学生思维能力，引导学生从整体上理解和运用法律思考、解决问题的教学方法，也称为实践教学方法或体验式教学方法。[3] 情境式教学方法具有"情境"的三重特征，能够冲破教师、学生、课程这三个重要环节对实践导向法治人才培养的局限，变短板为强项。

（一）以情境式教学方法促进教师关注实践

"相当一部分教师并无有效对接法治实践的经历、途径、行动"是当前高校法学教师的真实写照，[4] 而情境式教学方法将克服此劣势。高校法学教师相对于正在发生的司法实践而言是不

---

[1] 杜少臣：《情境社会学：一个理论遗珠》，《中国社会科学报》2018年5月2日。中国社会科学网：《情境社会学：一个理论遗珠》，http://www.cssn.cn/shx/201805/t20180502_4220503_1.shtml，最后访问日期：2022年4月16日。

[2] 焦迎娜、陈晓梅：《情境社会学视角下青少年犯罪情境心理探析》，载《临沂大学学报》2019年第2期。

[3] 方洁：《高校法学情境教学法的探索》，载《黑龙江高教研究》2007年第11期。

[4] 张健一：《国家统一法律职业资格考试背景下本科法学教育的困境与突围》，载《黑龙江高教研究》2018年第2期。

在场的，但通过创设场景可将司法实践中的情境平移到课堂，实现在场和不在场的融合。教师理论背景雄厚，系统的学术训练经历和强大的逻辑分析能力使其能够快速掌握实践的流程和要领。知识是客观存在的，对于知识的领悟和感知却是主观且因人而异的，教师传道授业时应注重主观因素和客观因素的互动，对法学理论的传授倾注更多的情感，以丰富细腻的触角去感知冷暖善恶，调动学生情绪，增强情境代入感。经过有意识地调整，教师会积极讲授自身的司法实践经验，毕竟亲手办理一起案件胜过阅读十份案卷，其生动地讲述切身真实的办案经历会成为课堂教学的源头活水，也会成为孵化科研成果的重要推手。

（二）以情境式教学方法调动学生实践能力

法学院培养的本科生绝大多数将走上法律职业之路，日后必然从事法学理论研究者寡，从事法律实践工作者众，对于司法实践而言，法科生终将在场，因而从职业规划角度而言，法学本科生要摆正心态，以司法实践为已任，以胜任司法工作为目标，变"不在场"为"在场"，主动融入教师营造的情境当中，用法律职业者的眼光明断案件。学生学习的理论知识从不枉费，而职场环境需要满腹经纶的求职者，学生只有前期掌握好扎实的理论知识，在情境式教学活动开展时才能活学活用这些理论知识，为实践能力的开发打下良好基础。情境式教学方法也是激发法科学生对司法实践的渴望和向往的重要方法，摆脱了理论传授为主的沉闷课堂气氛，学生可以通过模拟法庭训练、虚拟仿真实验、视频资料观摩、图片动画辅助等多种场景代入学习知识并小试牛刀，那跃跃欲试的兴奋劲是其他方式难以唤起的。正如《小王子》的作者法国作家圣·埃克斯佩里所言，造一艘船首先要激起人们对大海的向往，那么激起学生对于实践的向往则能够调动其主动学习法学知识的内驱力。

（三）以情境式教学方法拓展有限课堂空间

传统课堂是单一情境，即课堂情境，这是真实情境，教师和学生面对面完成知识传授的工作，引入情境式教学方法的课堂是综合情境，在课堂情境之中嵌套案发情境、庭审情境、社会情境、虚拟情境等，既有真实情境又有想象情境和暗含情境，通过虚实结合的方式将在场与不在场交织在一起；通过对理论知识与实践知识的综合运用，在情境中考验学生解决实际问题的能力，达到理论与实践的高度统一；通过设置情境强化学生沉浸式体验，全方位调动其感官，使其实现感性认知和理性分析的高度统一，既要掌握客观普遍的理论知识，又对该知识形成主观独立的价值判断。

三、情境式教学方法运用于《刑事法案例研究》课程的必要性

刑法是法学核心主干课程，由《刑法总论》《刑法分论》《刑事法案例研究》等课程组成，《刑法总论》《刑法分论》是法科学生的专业基础课和必修课，《刑事法案例研究》是进阶课程，一般作为实践课和选修课，这些课程均会引用案例，但《刑事法案例研究》引用案例的特殊之处在于，其一，案例源于刑事司法实践，更加完整、典型、复杂、生动；其二，案例是课程的主体内容，而非配合具体知识点讲授的配角；其三，案例训练学生分析方法和思路，以实现刑法知识体系的融会贯通。基于课程特性及案例在其中的特殊意义，《刑事法案例研究》课程无疑是情境式案例分析方法的最好试验田。

（一）刑法的实践性品格使然

"刑法学的实践品格决定了任何刑法理论的研究成果，其生命力都在于实践应用。"[1] 刑法案例源自于活生生的事例，并不仅是纸面上毫无表情的文字，而更加是饱含着被告人的凶残与悔恨，被害人的不幸与无辜，被害人家属的不甘和愤恨，因而"你办的不是案子，而是别人的人生"，[2] 阅读刑事案例时，又何尝不是在体验人生况味、酸甜苦辣。情境式教学方法帮助学生打开感官，将自身代入案件发生的情境当中，对案中人的刑事责任达成感性认识和理性判断的合一。在这个过程中，教师不仅要传授学生刑法学专业知识，锻炼学生解决实际问题的实践能力，熏陶学生的正义观，更强化法科学生的同理心，避免其走入社会从事法律职业后成为只会僵硬适用法条而不通伦理人情的法律机器。有高校在刑法教学和考试过程中借用武侠小说、神话小说中的人物和情节编制"神题"，创新的初衷是以知名典故营造学生熟悉的情境，锻炼学生应用刑法知识分析评价案中人的刑事责任的能力，然而以亦虚亦实的夸张故事作为刑法学教学、考试案例被批刑法教学"娱乐化"，现实发生的重大疑难刑事案件才是情境式教学方法应用的不竭资源，这启发我们应当引导学生进入真实的刑事案件情境，感受刑法实践的脉搏，而不是在虚幻的神话故事中延伸想象。[3]

---

〔1〕 牛克乾：《刑事审判实践中的犯罪构成》，载《法律适用》2011 年第 7 期。

〔2〕 刘哲：《你办的不是案子，而是别人的人生》，清华大学出版社 2019 年版，第 2 页。

〔3〕 冀洋、刘艳红：《全面推进"课程思政"时代刑法学的教学逻辑》，《法学教育研究》2021 年第 3 期。

（二）刑事全真案卷难以接触

其一，亲身经历刑事案件可能性随机，大多数人终其一生都不会成为刑事案件的当事人，即便失足沦为被告人或不幸成为被害人，所涉及的刑法罪名较少，难以对刑法有全面的认识，因此需要借助刑法案例来学习刑法适用。脱离生活实际的知识往往失之抽象，情境式教学方法有助于学生进入案发情境，了解真实情况。其二，经受刑事案件的工作人员受制于职业纪律，不得将案卷材料外流，高校法学教师更没有获取全真案卷材料的途径，因而以全真案卷作为课堂研习的范本简直难于上青天，但通过情境式教学方法还原案件经过，以判决书、裁定书、新闻报道等资料补充细节，有助于学生全面认识案件。其三，旁听刑事案件庭审困难，刑事案件相较于民事案件而言，旁听庭审有更严格的审批程序，而在全国疫情散发态势下法院经常在线庭审，去法院实地旁听刑事案件庭审难上加难。所以，由学生扮演公诉人、辩护人、法官等不同角色，以模拟法庭的方式还原庭审现场，有助于学生对案件审理和各方观点交锋有更直观的认识。其四，刑事判决文书说理过程未必充分，已公开的裁判文书囿于篇幅及用语的简约，在"本院认为……"的说理部分往往寥寥数语、惜墨如金，只列举证据与定罪的法条并且简单阐述对辩护人观点采纳与否的意见就下判决，这只言片语难以为刑法学发展供给有价值的结论，因而大多数判决书难以形成能够被反复适用的裁判规则。除此之外，律师在刑事案件中提出的辩护意见通常被记录在庭审笔录以及法院内部的案卷资料中，鲜为外人知。研究中国的刑法适用难题的重要途径是观察刑事律师在辩护过程中遇到的共性难题，从中发现刑法学的软肋和痛点，再推进理论和实践的互动。[1] 学生接触真实刑事案件可从裁判文书中获取案件发生的详细信息，同时不可过分依赖判决书的说理和推导，而是将自己代入公诉人、辩护人、法官的角色，揣测每一方会如何看待并处理这个案件，有哪些事实和理由作为支撑，这才是进行情境式教学的意义所在。

（三）犯罪类型包含情境犯罪

犯罪情境是指被犯罪人感知和清晰认识到的、对发生犯罪行为有直接影响的具体环境。犯罪情境作为一个中性概念，既可能对犯罪起到抑制作用，亦可能对犯罪起到助长作用。情境犯罪则指在情境的作用下临时、偶然产生实施犯罪的动机，也称为激情犯罪。激情犯罪属于犯罪类型的一种，[2] 指在强烈而短暂的激情推动下实施的爆发性、冲动性犯罪，[3] 通常发生于陌生人偶遇情境下的冲突，已成为日常生活不容忽视的风险来源。[4] 比如药某鑫故意杀人案中被告人药某鑫驾驶机动车撞倒骑电动车的张某，因某妙查看药某鑫的车牌，药某鑫突然拿出随身携带的刀具向张某捅刺致使其失血过多死亡。[5] 本案中药某鑫仅因张某查看车牌的举动产生了罪行败露的恐惧以及杀人灭口的犯罪决意，这在理性第三人看来不可理喻，可是结合当时的情境来看，

〔1〕 周光权：《凡刑辩艰难处皆为刑法学痛点》，载《中国法律评论》2020 年第 1 期。

〔2〕 王燕飞：《我国类型犯罪知识体系的反思与建构》，载《福建警察学院学报》2020 年第 2 期。

〔3〕 蔡永彤：《激情犯罪：行走在法律的边缘——激情犯罪的刑法规制初探》，载《犯罪研究》2008 年第 3 期。

〔4〕 杜少臣：《"情境性"犯罪中的道德博弈》，载《科学经济社会》2016 年第 3 期。

〔5〕 陕西省西安市中级人民法院（2011）（西刑一初字第 68 号）。

药某鑫在不慎撞人之后瞬间产生的紧张焦虑、不知所措的情绪以及掩盖自己罪行的本能会将查看车牌这个举动无限放大，最终导向毁灭目击者的邪恶念头。如果不结合当时的情境来判断，我们便难以理解情境犯罪的发生机理。

四、情境式教学方法运用于《刑事法案例研究》课程的可行性

刑事案件的情境无外乎三种，第一，案发情境，案件发生的情境，即真实情境；第二，庭审情境，案件审判的情境，即想象情境；第三，虚拟情境，案件可能发生的情境，即暗含情境。针对特定情境需要以不同方式来营造。

（一）案发情境：视频图片辅助理解

仅通过案情简介，学生难以在头脑中构建出案发时的情境，对于案件的细节缺乏把握，教师需多方检索与案件相关的视频、图片资料，充分还原案发情境。例如"李某某故意杀人案"中，[1] 被告人李某某、被害人章某家属及好友、案发现场证人接受《传奇故事》栏目的采访并录制了"迟到七年的自首"视频节目，[2] 该视频显示李某某驾驶摩的搭乘章某不慎撞上护栏致使章某倒地，见有人走过来（系目击证人打算施救），唯恐被发现而匆忙驾车逃离，将不得动弹的章诚某置于灯光昏暗路面湿滑的机动车道内，还没等目击证人抵达，章某被货车碾压死亡。通过观摩视频，学生意识到李某某交通肇事后逃逸的行为给章某的生命安全创设巨大风险，综合案发时间、天气、路况来看，李某

---

〔1〕 上海市虹口区人民法院〔2012〕虹刑初字第587号刑事判决书。

〔2〕 传奇故事：《迟到七年的自首》，载 https://www.iqiyi.com/w_19rrmvs6at.html，最后访问日期：2022年4月10日。

某明知道自己逃逸会造成章某被二次碰撞而死亡的结果,放任这种危害结果的发生,因而李某某的行为应当被认定为故意杀人罪,而不是交通肇事罪(逃逸致人死亡)。再如"邓某1防卫过当故意伤害案",[1]本案争议焦点在于邓某1刺伤邓某2、黄某某行为的认定,关键问题在于邓某2、黄某某滋扰行为的定性,通过多方搜集湖北省恩施自治州巴东县雄风宾馆梦幻城案发时的视频、图片,笔者将案件中的人物形象以卡通图片重现,介绍人物姓名和相互关系,在 PPT 中以动画形式呈现场景转化(从VIP5 号包房至服务员休息室)、出场人物、人物对话和动作。由此学生清楚地看到,邓某2、黄某某对邓某1实施的行为包括跟随、辱骂、要求提供特殊服务、用人民币拍打面部和肩部、拦住不让离开休息室、推搡使其跌坐在单人沙发上,这些行为体现了"求奸"而非"强奸"的意图,此外案发现场除了邓某2、黄某某、邓某3一行三人之外,还有邓某1和雄风宾馆的服务员五人,这五人正在采取措施化解邓某1和邓某2等人的冲突,从现场人数和双方力量对比来看,邓某1并非孤身一人置于邓某2、黄某某等人的掌控之下,邓某2等人缺乏实施严重暴力性犯罪行为的机会。通过对案发现场的还原,学生理清了思路,明确了邓某2、黄某某实施了侮辱、寻衅滋事等不法侵害,邓某1持刀捅刺的反击行为具有防卫性质,然而行为手段明显超出了必要限度,也造成了邓某2死亡的严重后果,属于防卫过当,应当承担故意伤害罪的刑事责任。在这种具备防卫性质的案件当中,站在无关第三人的立场上进行事后判断往往失之偏颇,唯有通过案发情境还原,学生才能将自己代入当时的场景,充分认识案件发生过程的

---

[1] 湖北省巴东县人民法院〔2009〕巴刑初字第 82 号刑事判决书。

紧迫程度，对防卫人行为的性质有准确的把握。

（二）庭审情境：模拟法庭角色扮演

笔者选取与课时数量和课堂容量相称的案例，课程开始之初发放给学生，学生以五人为单位自由组队，一次课由一个小组汇报一个案例。五位同学各有分工，一位同学介绍案情，也可以兼任书记员的角色，宣布开庭、休庭，串联起庭审流程；一位同学进行争议点总结；其余三位同学分别扮演公诉人、辩护人、法官的角色，在课堂上开展模拟法庭活动。首先，由公诉人宣读起诉书，课堂中展示的案例有的可以通过中国裁判文书网、北大法宝或者其他网站等公开渠道查找到判决书，对于这样的案例，学生可以从判决书中摘取公诉意见，在课堂上宣读，而有的案例因为时间较为久远或者未被网站收录而无法检索到判决书，此时由学生根据教科书给定的基本案情以及争议焦点制作出"虚拟公诉书"，阐明公诉人的公诉意见。其次，由辩护人发表辩护意见，辩护人从案件事实出发，坚持有利于被告人的价值考量，针对公诉人的指控，提出被告人无罪或者罪轻的事实、证据，并指出相关的法律依据。最后，由法官在公诉人和辩护人发表的意见的基础上，结合事实和证据，对本案作出判决。这个典型的情境代入过程倒逼上台演示的同学发挥自主学习意识，自行查阅资料，形成观点，对于传统的"教师教—学生听"的单向输入的课堂模式而言是翻转和创新。上台演示的同学作为模拟法庭中的法律从业者，能身临其境地感受到庭审现场的唇枪舌剑、剑拔弩张、思想交锋、观点碰撞，而坐在台下观摩的同学也能通过同学的演示更加深入案情及其存在的争议焦点，进而形成自己的观点和判断，通过对比学习也有利于他们检视自身在演示中有待改进的地方，同时为下一次演示做好准备。

（三）虚拟情境：虚拟仿真技术加持

虚拟情境是案件可能发生的情境，对应暗含的情境，基于刑罚的预防目的，有必要对其加以探究，以达到特殊预防和一般预防的目的。例如毒品吸食、交易、制作的情境隐秘又猖狂，是犯罪的重灾区。长期以来禁毒宣传使得毒品危害健康的观念深入人心，通过正常渠道很难接触到毒品，这使得大学生对毒品产生既恐惧又好奇的心理，对毒品犯罪也有较深的隔阂感和较强的陌生感。在分析"蒋某源贩卖毒品案"时，[1] 因涉及对不同数量甲基苯丙胺和氯胺酮的折算，以及对于窝藏毒品罪、非法持有毒品罪、贩卖毒品罪的区分，学生往往无从下手。笔者将自己参与开发的"毒品鉴定虚拟仿真实验"投入课堂，通过虚拟仿真技术，展示不同种类毒品的外观及特征，并在车站、KTV、酒吧、饭店、地下工厂等场景中穿插了窝藏毒品罪、非法持有毒品罪、贩卖毒品罪等毒品犯罪行为发生的情境，使学生能在防瘾癖、防沉迷、保安全的基础上零距离观察毒品，身临其境地体会毒品的危害性，从而在心里筑起抵制毒品的防线，并对毒品犯罪的犯罪构成以及相近犯罪之间的关系区分有明确的认识。

五、情境式教学方法运用于《刑事法案例研究》课程的实效性

（一）贯通刑法知识体系

《刑法总论》《刑法分论》课程会使用案例分析法来强化学生

---

〔1〕 中华人民共和国最高人民法院刑事审判第一、二、三、四、五庭主办：《刑事审判参考》2012 年第 2 集，法律出版社 2012 年版，第 71～75 页。

对特定知识点的理解，限于课堂容量，这些以具体知识点为核心的案例通常为了讲授需要而被切割、裁剪、改编，学生难以从这些零碎的案例当中窥得刑法全貌。《刑事法案例研究》课程对活生生的真实、具体、典型案例展开情境式探究，对其中的刑法学争议点进行无遗漏地扫描式分析，能够帮助学生串联起脑海中零散的刑法学知识点，形成贯通的体系。比如"赵某某故意杀人案"本是用以阐释刑罚论中自首的认定，然而案件中赵某某向马某某催要欠款发生争执捅刺马某某致其死亡之后，驾驶马某某轿车将其随身物品抛扔在路上，并将轿车弃于一店铺门口的行为应当如何认定亦涉及犯罪论中危害行为的定性，学生在研习本案时并未拘泥于自首的认定，而是拓展到赵某某处分马某某财物的行为究竟构成故意毁坏财物罪、盗窃罪、侵占罪还是属于故意杀人罪的事后不可罚行为，并延伸至死者马某某是否依然占有随身物品即死者占有的认定的重要理论问题，达成了对刑法总论与刑法分论、犯罪论与刑罚论的贯通式理解。[1]

（二）锻炼司法实践能力

情境式教学方法能够锻炼学生独立思考能力、语言表达能力、写作能力以及团队协作能力，这些能力对于法科学生走上司法实践岗位而言是至关重要的，所谓"脑瓜子、嘴皮子、笔杆子"缺一不可。同时，团队协作能力对于当前民刑交错、法律关系杂糅的案件遽增的现状而言也是非常必要的，可以充分发挥法律职业者的专业特长。在传统教学模式中，学生对教师具有依赖性，被动接受教师传授的知识，面对教师偶尔提问，也只有少部

---

〔1〕 中华人民共和国最高人民法院刑事审判第一、二、三、四、五庭主办：《刑事审判参考》2012 年第 6 集，法律出版社 2013 年版，第 24~28 页。

分同学参与其中，大部分同学坐等答案。情境式教学方法让每一个学生动起来，分头查找资料、研读案情、撰写起诉书、辩护词、判决书、制作 PPT 并且聚在一起反复讨论、演练，各司其职，不亦乐乎。在这个过程中，学生面对争议问题不得不仔细思考得出让人信服的推论，没有现成的答案可供借鉴；学生在撰写法律文书的时候必须做到规范、严谨，不然很容易被同组成员或者台下同学发现破绽进而发问甚至诘难；学生在课堂阐释环节必须口齿清晰、条理分明，才能充分地还原案件发生过程和庭审现场；学生五个一组自行组队之后便不再单打独斗，而是为小组荣誉而战，教师基于小组成员的综合评价确定基准分，再根据小组成员在小组中的贡献程度及其表现对个人成绩进行评定，在基准分上下浮动。学生在潜移默化过程中强化这些能力，为其成为一个合格的司法者做好准备。

（三）提升理论应用素质

由用人单位的反馈可知，法学院毕业生成为职场新人的过程中普遍出现眼高手低的现象，说起理论头头是道，解决问题抓耳挠腮，这并不是因为其在校期间没有学好知识，而是其尚未将所学知识和锻炼出来的能力转化为应对变化的素质。这种素质的养成非一朝一夕之事，需要师生共同努力有意识地培养。在 "李某某抢劫、抢夺案" 中，[1] 学生讨论被告人李某某在加油站为自己的货车加满柴油之后不顾工作人员的反抗而驾车逃离的这种 "加霸王油" 的行为应当如何定性之余，提出了自己亲眼所见的同类型案例——"修霸王手机"，"在某商场华为售

---

〔1〕 中华人民共和国最高人民法院刑事审判第一、二、三、四、五庭主办：《刑事审判参考》2013 年第 3 集，法律出版社 2014 年版，第 81~86 页。

后服务中心，行为人持华为手机请工作人员修理，经评估修理费为 1200 元，工作人员将修理好的手机交给行为人，行为人转身跑出了商场，跑得无影无踪，工作人员向公安机关报案。"经过对"李某某抢劫、抢夺案"展开情境式案例分析，学生充分了解行为人实施此类案件的作案手段特征及其涉嫌的抢劫罪、抢夺罪、盗窃罪、诈骗罪等重要财产犯罪的构成要件和区分方法，在分析"修霸王手机"案时，轻车熟路地指出，工作人员并非因为受到行为人的欺骗而免除行为人的修理费，因而行为人不成立诈骗罪，行为人在商场的售后服务中心公然将包含着修理费价值在内的手机取走而不支付修理费，其拒绝支付修理费的行为已成立公然夺取财物，不成立以秘密获取财物为要件的盗窃罪，而应成立抢夺罪。学生能够举一反三足以说明其学以致用的意识正在萌发，由清晰的案例分析过程和精准的案例分析结论，也可以看出学生在知识和能力层面达到质的飞跃，应用素质得以提升。

六、结论

情境式教学方法在《刑事法案例研究》课程中的实践使得学生获得知识体系、实践能力、应用素质三位一体的提升，具有向其他刑法课程和法学学科推广的实用价值。教师在运用情境式教学方法的同时也加速了自身理论特长供给实践素养的进程，锤炼从司法实践中发现问题的敏锐眼光以及发挥理论优势提供解决方案的缜密逻辑，打破当前师资背景中"理论—理论"的闭环，建立起"理论—实践—理论"的良性循环。通过情境营造和场景搭建，法律课堂接入了司法实践的源头活水，学生可以提前进入状态，以法律职业者的标准来要求自己，明确学习目标，增强学习动力。情境式教学方法如杠杆般撬动起实践导向法治人才培养的宏大目标，服务于依法治国的基本国策。

司法判例在知识产权本科教学中的应用与实践[*]

◎李　鹍^{**}

摘　要：司法判例是蕴含了法律原理与规则的法院判决。在知识产权本科教学中，经法院或行政机关裁决后生效的司法判例在教学中的应用与实践更生动和有效。知识产权本科教育的定位、知识产权法学课程的专业性和知识产权理论与实践的前沿性决定了司法判例在知识产权本科教学中的必要性。司法判例可以运用在知识产权课堂和实践教学中，并能拓展学生视野。司法判例教学应树立"以学生为主其体、教师为主导"的知识产权法教学思想，建立知识产权判例教学库，作为教师应及时关注前沿问题，提高教学能力。司法判例教学是需要教师与学生的共同努力和齐心合力才能完成的教学

---

　　*　太原师范学院 2020 年度教学改革项目："司法经典案例在知识产权法教学中的应用研究"（项目编号：JGLX2014）。

　　**　李鹍，法学博士，太原师范学院教授，研究方向：知识产权法。

活动。

关键词：司法判例　知识产权教学　应用　实践

知识产权是一门实践性、综合性和前沿性较强的学科，其内容庞杂而迥异、基础理论薄弱而深奥、前沿问题突出、专业性强，因而，知识产权教学和知识产权人才的培养相较于其他学科更具有挑战性和实践性。在知识经济时代，知识产权已成为国家竞争力的核心要素，如何培养知识产权人才关涉知识产权事业的发展。2021 年，中共中央、国务院印发了《知识产权强国建设纲要（2021—2035 年）》，强调完善知识产权人才培养机制；截止2021 年，我国已有 105 所高校开设知识产权本科专业，在校生约一万余人。知识产权的教学手段和教学效果日益引起学界和实务界的关注与重视。鉴于知识产权基础理论的复杂性和知识产权问题的前沿性，知识产权司法判例在知识产权本科教学中的应用愈发重要，在知识产权基本知识和前沿问题的教学与探索中独树一帜。为此，笔者就知识产权判例在本科教学中的应用与实践逐渐形成的做法和思考诉诸于文字，与各位同仁商榷。

一、司法判例在知识产权本科教学中的必要性

知识产权作为一门应用型很强的学科，在课堂教学中必须运用判例教学的方式，促使学生对相关问题进行深入的思考和推论，生动、现实的案情可以促进学生掌握抽象而复杂的法律规则，而一些经典案例能推动学生对新问题的探索。"判例"，指已经生效的判决，法院在判决类似案件时可以援用为先例，这种被

援用的先例叫做判例。[1]"判例"从英文解释上看，具有先例、指导性案例的意思。[2] 英美法系国家以法院先前的判决作为法官断案的依据，因此，也称之为判例法系。大陆法系以成文法作为法官裁判的依据，判例并不是案件裁断的根据，法院的经典判例或者指导性判例在案件裁判方面仅仅只是具有一定的指导意义。笔者认为"判例"与"案例"是区别的。判例是指可作为其他判决的先例，其中最有意义的是判例中判决理由所示的法律性判断。[3] "案例"，是指某种案件的例子。[4] 从词意上看，"案例"并未包含先例的意思。从广义上看，"案例"应包含"判例"。司法判例是蕴含了法律原理与规则的法院判决。[5] 在知识产权教学中，判例和案例教学可以兼而有之，但本文所着重论述的是经法院或行政机关裁决后生效的判例，故称之为司法判例。

（一）知识产权本科教育的定位所使然

"知识产权"对于我国而言属于舶来品，近代中国的知识产权学科建设和教育几乎是一片空白。中国知识产权学科建设和专业教育至今也不过是三十余年的事情。1981 年，中国人民大学在民法专业中招收"知识产权法"方向的研究生，开启了中国高等院校知识产权学位教育的先河。1985 年，刘春田教授在中国人民

---

〔1〕　参见中国社会科学院语言研究所词典编辑室编：《现代汉语词典》（第 5 版），商务印书馆 2005 年版，第 1022 页。

〔2〕　参见程超凡主编：《英汉—汉英双向法律词典》，法律出版社 2007 年版，第 264 页。

〔3〕　参见刘士国：《判例法与法解释——创建我国判例制度的探讨》，载《法学论坛》2001 年第 2 期。

〔4〕　参见中国社会科学院语言研究所词典编辑室编：《现代汉语词典（第 5 版）》，商务印书馆 2005 年版，第 11 页。

〔5〕　参见宿迟、杨静：《建立知识产权司法判例制度》，载《科技与法律》2015 年第 2 期。

大学为法学本科生开设 36 学时的知识产权法课程，这是中国最早以"知识产权法"命名的课程。[1] 1997 年，知识产权法课程第一次被教育部列为全国高等学校法学专业 14 门核心课程之一。2004 年，华政政法学院成为全国第一个通过高考招生的开设知识产权本科专业的高校。至今，知识产权成为本科专业也仅仅有十几年光景，知识产权学科和专业的建设尚未成熟，因而对于知识产权本科教学的讨论从未停止。2015 年，国务院发布了《关于新形势下加快知识产权强国建设的若干意见》，明确加强知识产权相关学科的建设，在管理学和经济学中增设知识产权专业，加强知识产权专业学位教育。虽然知识产权在法规和政策层面可以成为法学、管理学和经济学三个"学科门类"下属的二级学科，但据笔者调研，目前并没有高校在经济学和管理学学科门类下设置知识产权相关的二级学科。[2] 因此，在当前的高等教育体制下，知识产权的教学仍然是以知识产权法学教育作为语境的。从这个意义上讲，司法判例教学是知识产权教学必不可少的手段和方法。

知识产权是法学本科教育不可或缺的课程，法学教学中离不

〔1〕 参见刘春田：《新中国知识产权法学学科的开拓者》，载《法学家》2010 年第 4 期。

〔2〕 经笔者在教育部官网查询，教育部《关于公布 2019 年度普通高等学校本科专业备案和审批结果的通知》发布的《普通高等学校本科专业目录（2020 年版）》中，管理学和经济学的学科门类下无"知识产权"专业。教育部《关于公布 2021 年度普通高等学校本科专业备案和审批结果的通知》发布的《列入普通高等学校本科专业目录的新专业名单》，在管理学和经济学的新专业名单中，亦未有"知识产权"专业。在《2021 年度普通高等学校本科专业备案和审批结果》中，管理学和经济学学科门类下并无新增备案"知识产权"专业，而部分院校新增的"知识产权"专业无一例外地均将其列入法学学科下，包括将"知识产权"作为新增第二学位。

开司法判例。尽管学界对于知识产权学科的定位各执一词，[1]
但无法否认知识产权与法律的天然渊源与紧密联系。从全球来
看，知识产权无不依托于法学院的教育和学位设置，知识产权教
学也即具有法学教学的特点，采取法学教学的常规手段。法学教
育不仅要传授法学知识，而且还要担负起培养掌握各类法律技
能、胜任实际法律工作的"法律人"的重任。[2] 所以，"实践
性"和"应用性"是法律教育和职业教育的重要导向。通常认
为，判例教学法是目前最有效的方法。该教学方法由美国哈佛法
学院院长朗代尔（Langdell）教授首创，并对美国法学教育产生
了巨大影响。朗代尔在其著名的《合同法案例》中称，"被作为
科学的法律是由原则和原理构成的……有效地掌握这些原理的最
快和最好的，如果不是唯一的，途径就是学习那些包含着这些原
理的案例"。[3] 在德国，将对判例的研讨与教学称之为"实例研
习"，我国则谓之"案例教学"。尽管称谓不同，但实质相同，均
将案例教学置于关键地位。

---

〔1〕　刘春田教授认为知识产权以专门财产权为研究对象，属于纯正的单一学科，
是法律科学的一个分支；本科"知识产权"专业属于法学专业。参见《知识产权学科
的性质与地位》，载《中国军转民》2022 年第 1 期。有学者主张设立知识产权一级学
科，提升知识产权高等教育成效具有现实紧迫性。参见赵勇、单晓光：《我国知识产权
一级学科建设现状及发展路径》，载《知识产权》2020 年第 12 期。也有学者主张在交
叉学科门类下将"知识产权"设置为一级学科，有利于构建高质量的知识产权人才培
养体系和学科体系。参见崔宵宝、许斌丰、陈伟：《交叉学科门类下一级学科的设置标
准探析——兼论设置"知识产权"交叉学科的可行性》，载《研究生教育研究》2022
年第 1 期。

〔2〕　参见王泽鉴：《法学案例教学模式的探索与创新》，载《法学》2013 年第 4
期。

〔3〕　参见 FromK. L. Hall，W. M. Wiecek and P. Finkelman，*American Legal History*，
Cases and Materials，Oxford University Press，1991，pp. 338-339. 转引自王晨光：《法学教
育的宗旨——兼论案例教学模式和实践性法律教学模式在法学教育中的地位、作用和
关系》，载《法制与社会发展》2002 年第 6 期。

（二）知识产权法学课程的专业性所决定

与其他部门法不同，知识产权法并无统一法典，而是由调整著作权、商标、专利等单行法和行政法规、部门规章共同组成了知识产权法学。知识产权法教材通常包括知识产权总论、著作权法、专利法、商标法和其他知识产权的保护。作为传统的知识产权，著作权、专利权和商标权内容迥异、各具特点。例如，在权利获得上，除著作权自作品创作之日自动获得外，专利权和商标权的获得均需要当事人申请、行政机关审批后才能获得授权，而专利权和商标权的审查形式、审查程序和审核机关也不相同。尽管知识产权属于私权，但在权利获得上又需要公权介入，在侵权法律责任承担上，除须承担民事责任外，可能还需承担行政责任甚至刑事责任。与一般民事侵权相比，知识产权侵权行为具有实施便捷、成本低廉、行为难以查实而损害后果极易扩大等特点，所以，在《中华人民共和国著作权法》（以下简称《著作权法》）、《中华人民共和国专利法》（以下简称《专利法》）和《中华人民共和国商标法》（以下简称《商标法》）均规定了侵权救济的程序保障措施，如临时措施、行为保全、证据保全、财产保全等程序性措施，因而，知识产权法作为实体法却又纳入了程序规范，这使得其他实体法无法与其比拟。但是，在判断一行为是否构成知识产权侵权，著作权、商标权和专利权的侵权要件却判若云泥，因为它们的权利内容存在天壤之别。知识产权中抽象的理论和多样的规则，倘若仅凭法条的灌输实难为学生所理解和接受。然而，一个生动而鲜活的案例、一份严谨而专业的判决，却可以形象地展示知识产权诉讼证据的收集、基本规则与程序救济的利用，让学生知悉"客观真实"与"法律真实"之间的关联和差异，从而获得综合运用实体法和程序法律知识的能力。

（三）知识产权理论与实践的前沿性所注定

知识产权与科技进步紧密相连，前沿性已经成为知识产权法区别于其他部分的一个重要特征。[1] 法律制度的滞后性和技术发展的更迭性，使知识产权面临社会实践层出不穷的新问题，司法实践依据知识产权理论不断探索解决新问题，而知识产权理论则在与实践的碰撞和磨合下不断完善。例如，《著作权法》和《专利法》规定了一系列专有权利为著作权人和专利权人享有，而《商标法》赋予商标权的内容只有一项，即商标专用权，用于控制他人在特定范围内使用注册商标的权利。《中华人民共和国商标法实施条例》第六十三条规定，使用注册商标，可以在商品、商品包装、说明书或者其他附着物上标明"注册商标"或者注册标记。而随着互联网的普及，电子商务发展迅猛，商标的使用方式也发生了变化。搜索引擎的跳转或链接，引用了某商标或某商品的关键词是否构成了对商标的使用呢？实践中出现的问题，不断丰富着知识产权理论的发展。好的司法判例不仅能使学生受到比较系统的法律实务训练，同时，还能通过实务训练，深化学生对理论问题的认识，提升学生的理论水平，[2] 从而适应社会和市场对复合型应用型知识产权人才的需求。

二、司法判例在知识产权本科教学中的运用

知识产权作为一门新兴学科，虽然设立时间不长，但是发展

---

〔1〕 参见孙山：《知识产权前沿问题在课堂教学中的应用》，载《法学教育研究》2016 年第 1 期。

〔2〕 参见王泽鉴：《法学案例教学模式的探索与创新》，载《法学》2013 年第 4 期。

迅猛，立法内容的更迭速度、实务中涌现的热点都是其他学科所不能及的。特别是随着互联网技术的发展，网络著作权、数据、域名、基因、电子商务、数字货币等新内容和新问题不断呈现，并逐步成为知识产权法调整的对象。然而，立法的原则性和滞后性增加了学生掌握知识产权制度的难度。司法判例是一个个形象而具体的例子，经典的判决书不仅将知识产权基本规则分析得鞭辟入里，而且能展现出双方律师对证据的收集和整理能力，有利于学生理论知识与实务能力的提升。

（一）司法判例在知识产权课堂教学中的运用

知识产权法作为法学核心课程之一，其课程教学包括课堂教学和实践教学，课堂教学是不可缺少的教学环节。课堂有助于联系实际、突破难点、明辨是非，特别是有助于培养学生的独立思考能力和书面的、口头的表达能力，促进学生生动活泼地学习。[1] 但是，课堂教学不是照本宣科，更不是空洞的说教和"填鸭"式的灌输。知识产权作为一项民事权利，具有无形性、非物质性和时间性等特征，与其他权利相比，学生较难以理解。因此，面对知识产权众多独特的规则，需要辅之以司法判例加强学生的理解和掌握。最高人民法院每年公布的典型案例和指导性案例包含了著作权、专利、商标、植物新品种、集成电路布图设计、反不正当竞争等，囊括了知识产权的基本内容。这些判例能栩栩如生地展示法律公正的实现过程，让学生切身体悟法律职业独特思维方式的具体情境，懂得"客观真实"与"法律真实"之间的关联和差异，知晓作为不同身份的代理人如何收集和利用证据，知悉知识产权诉讼中特殊的救济措施的运用，使学生获得综

---

〔1〕 参见张文显：《法学教育》，法律出版社 2011 年版，第 28 页。

合运用实体和程序法律知识的能力。[1] 例如，叶根友诉无锡肯德基有限公司（以下简称"无锡肯德基公司"）、北京电通广告有限公司上海分公司（以下简称"北京电通上海分公司"）侵犯著作权纠纷案就是一个典型判例，[2] 该案一审无锡市中级人民法院支持叶根友诉求，认定无锡肯德基公司、北京电通上海分公司构成著作权侵权；二审江苏省高级人民法院驳回其诉求，改判无锡肯德基公司和北京电通上海分公司不构成侵权；二审判决后，叶根友申请再审，最高人民法院裁定驳回其再审申请。该案从程序上看，让学生了解知识产权案件的级别管辖和地域管辖以及我国的两审终审制与再审制度；从实体上看，让学生结合著作权的权利内容去判断著作权侵权行为，从双方提交的证据及法院的裁判理由分析著作权侵权的要件及对法律规则的解释，引导学生在知识产权侵权中如何收集、保存证据，领会作品的要件、作品的原稿与字库、字体之间的区别与联系。该案经历了一、二审和再审程序，程序上涵盖了我国基本诉讼程序，既有判决书又有裁定书，让学生充分理解了知识产权管辖级别；实体上包含了丰富的内容，对著作权侵权的构成、权利的行使、诚实信用原则和字库、字体与作品原稿作了充分阐述，既有法律条文的引用又有基本原则的适用，让学生深刻体会了著作权内容的精深。经典的司法判例可谓之"法学盛宴"，使学生身临其境地感受了法学的魅力。

〔1〕　参见唐东楚：《论法律案例教学中"判例"的地位和作用》，载《湖南省政法管理干部学院学报》2002 年第 5 期。
〔2〕　一审、二审和再审裁判文书分别为江苏省无锡市中级人民法院（2010）锡知民初字第 78 号民事判决书、江苏省高级人民法院（2011）苏知终字第 18 号民事判决书、中华人民共和国最高人民法院民事裁定书（2012）民申字第 439 号。该案为江苏省高级人民法院 2011 年度江苏十大知识产权民事司法保护典型案例之一。

经典的司法判例在程序上合法且完满，在实体上有突破且对抗，对于法律条文的理解既合法又严谨，能让学生切身感受到法律职业对执业者的较高要求。案例教学是先讲授法律原理，然后举出案例去佐证，整个过程是一个机械的非思辨的过程，是知识点对案例的套用，是案例部分内容对知识点的被动适用。这种教学使学生的思维总是单向进行，学生只是被动地接受法律原理、条文与案例。[1] 而司法判例教学能启发学生双向思维，一方面是法官裁判的思维，另一方面是律师办案的思维。这样的训练符合我国对知识产权人才培养的目标，也有助于学生毕业后能快速适应法律职业岗位。

（二）司法判例在知识产权实践教学中的运用

知识产权是国际竞争力的核心要素，也是国际争端的焦点，而人才是衡量一个国家综合国力的重要指标。知识产权人才是发展知识产权事业的第一资源，是知识产权强国建设的战略支撑。培养复合型、应用型、高质量的知识产权人才是知识产权强国建设的战略目标。2022 年 1 月，国家知识产权局印发了《知识产权人才"十四五"规划》，明确强调"建设一支政治素质高、业务能力强的专业化高水平知识产权保护人才队伍；打造一支能够促进知识产权资本化和产业化的知识产权高效运用人才队伍；培养一支理工、管理、法律等学科背景的复合型高素质知识产权公共服务人才队伍；培养和选拔一支拥有国际视野，具有丰富国际交流经验和处理国际事务能力的知识产权国际化人才队伍"，这"四支"人才队伍的建设均离不开法学教育和实践教学。实践教

---

〔1〕 参见陈攀：《从美国判例教学看我国案例教学的深层次改革》，载《煤炭高等教育》1997 年第 4 期。

学是知识产权教学中必不可少的内容，在知识产权人才培养目标中有明确的课时要求。以太原师范学院为例，实践教学包括三个环节，即法院旁听、案例阅读和模拟法庭。在案例阅读和模拟法庭环节，学生均可以通过司法经典判例完成实践教学，并获得比普通案例更多的裨益。

以案例阅读为例，学院提前为学生发放了《案例阅读实践报告书》（以下简称《报告书》），《报告书》设置了案情简介、原告诉求、被告观点、争议焦点、学生观点等项目，学生可以在资料室阅读已办结的案卷，也可以阅读经典司法判例。经典判例的阅读往往能做到事半功倍的效果。例如"新华字典"商标侵权及不正当竞争纠纷案是最高人民法院发布的 2017 年中国法院十大知识产权案件之一，[1] 该案系未注册驰名商标保护的典型案例，涉及事实认定、法律适用及利益平衡等复杂问题。"新华字典"人人皆知，且作为小学生必备可谓人皆有之，身边之事必然引发学生极大兴趣。该案判决内容丰富、说理透彻、法理清晰、诠释了商标和不正当竞争的知识点；对于构成未注册驰名商标的认定因素做了层次分明的阐述，在给予"新华字典"未注册驰名商标保护的同时，注重平衡其与出版行业正常的经营管理秩序和促进知识文化传播之间的关系，充分体现了知识产权私权与社会公共利益之间的平衡，是对"知识产权是公共政策的产物"的具体阐释，非常值得学生们研读和学习。

一份经典的司法判例，将程序与实体、法理与情理、私权与公共利益、法理规则与客观事实解析得当，论述充分，有助于提

---

〔1〕 参见商务印书馆有限公司与华语教学出版社有限责任公司侵害商标权及不正当竞争纠纷案，北京知识产权法院〔2016〕京 73 民初 277 号民事判决书。

高学生的理解能力和掌握法理知识的能力，有利于培养学生的思辨能力；一份经典的司法判例，能提升学生学习的兴趣，促进课堂理论与司法实践的联系，改变学生对学习法律的认识，深刻理解法律条文不是要"会背"而是要"会用"。因此，将司法判例运用在实践教学中，不仅能培养学生的理解和掌握知识产权基本理论的能力，而且能培养学生对知识产权基本规则与社会实践的思考能力，提升学生对知识产权法的应用能力。

（三）司法判例能拓展学生视野

与其他部门法相比，知识产权法的实践性更强，而且是一门开放性学科，随着科技的不断发展，其纳入内容与解决问题的能力不断增加。科技发展迅猛，实践中新问题层出不穷，如人工智能、互联网、区块链、数据财产、虚拟货币和虚拟财产、商标使用在网络搜索的含义等，不断冲击着知识产权的边界和调整范围。我国知识产权审判以制定法为依据，面对新出现的问题，立法的滞后性、疏漏性、模糊性和不周延性更为明显，但是，司法实践的新问题均需要司法判决来解决。所以，可以毫不夸张地讲，知识产权的司法判例代表着知识产权发展的新动向。这就要求学生始终保持学习的习惯、具备学习的能力、具有国际视野，因为知识产权是不断更新的学科，且本身具有国际性。学生们阅读和研究知识产权司法判例可以及时了解知识产权前沿动态，扩大知识面，拓展学习思维，开阔知识视野。例如，比特币的财产属性认定、网络游戏画面的认定、直播著作权侵权、短视频侵权、专利技术特征的分解、合并、位移等新问题的认定，均是通过司法判例予以确认的。随着新技术新事务的不断涌现，与之相应的矛盾纷至沓来，而法律不可能包罗万象地归纳所有客观现象，但又不能对纠纷置之不理。因此，透过现象看本质，运用法律规则和原理，通过一个个法院裁判解决实践问题，是司法的使命，也是司法判例的功能。通过阅读这些判决书，能让学生感知知识产权内容的广度和深度，让学生感受知识产权人才应具备的复合性综合性的知识结构，逐步培养学生对社会焦点、技术热点的敏锐度，激发学生的思辨能力和创新意识。

司法判例不仅为法学教育提供了案例资源，而且庭审对抗制度给律师和法官提供了展现舞台，更为法学院的实务教学具有直接的引导作用和示范作用，让学生们切实地感受到知识产权所具有的实体法和程序法双重属性，开拓了学生的视野，并深切感受到知识产权的国际性和全球性。例如，华为技术有限公司、华为终端有限公司、华为软件技术有限公司与康文森无线许可有限公司确认不侵害专利权及标准必要专利许可纠纷系列案，[1] 系我国知识产权诉讼首例具有"禁诉令"性质的行为保全裁定，明确了采取禁止申请执行域外法院判决的行为保全措施时应考虑的必要性、损害程度、适应性、公共利益以及国际礼让因素等，并首次探索日罚金制度，初步构建起中国"禁诉令"的司法实践路径。本案裁定促成当事人最终达成全球一揽子和解协议，结束了在全球多个国家的平行诉讼，取得了良好的法律效果和社会效果。[2] 该经典判例既有实体认定（不侵权认定）又有程序措施（行为保全），并且涉及国外诉讼与判决执行。这个司法判例，也

---

〔1〕　最高人民法院〔2019〕最高法知民终732号、最高法知民终733号、最高法知民终734号民事裁定书。该案为2020年中国法院十大知识产权案件之一。

〔2〕　最高人民法院发布2020年度知识产权十大案例、五十件典型案例：载 http：//www.chinapeace.gov.cn/chinapeace/c100007/2021 - 04/22/content_12478972. shtml。

进一步说明了知识产权的国际性和强力的竞争性，从另一个角度引导学生审视知识产权，打开学生探索的视野。

三、运用司法判例在知识产权本科教学中应当注意的问题

近年来，关于法学教育改革的呼声和讨论此起彼伏，尽管对其各方面问题仁者见仁智者见智，但对于培养学生的理解能力和实际操作运用法律的能力却异乎寻常地达成了共识。为培养复合型应用型知识产权人才，知识产权法的教学应从传统的讲授式模式走出来，结合知识产权教学的基本内容，真正地将判例融入至知识产权法的教学中。无论是课堂教学还是实践教学，司法判例的应用可以打破法科学生"抄笔记、考笔记、背法条"的学习误区，通过对司法判例的剖析、解构和理解，学会对知识产权原则和精神的领会和运用。

将司法判例融入知识产权教学中，需要教学的主体——"教师"和"学生"共同来完成，为实现这一目标，应当注意以下问题：

（一）树立"以学生为主体、教师为主导"的知识产权法教学思想

判例介入知识产权法教学的目的是培养学生学习的积极性和主动性，增强学生的思辨能力和动手能力。因此，应转变传统的教学模式，改革以教师为教学主体、学生为教学客体的"灌输"模式，让学生从单一的"听众"角色中解脱出来，成为课堂教学中的参与者，实现师生有效互动。为此，教师应当提前将判决书发放给学生，列出问题和提纲，指导学生阅读判例、查找相关法律和司法解释，分析案件的法律要点，梳理案件的争议焦点并评

判双方律师代理的观点及证据收集情况。教师给学生提前布置好判例和课前作业，可以让学生真正参与到判例教学中，激发学生主动学习的积极性和能动性。因此，判例教学对于学生要做好课前的资料收集、课中的独立思考和课后的案例小结；倘若学生对于老师布置的案例置若罔闻，只等老师课堂上的讲授，判例教学将难以达到应有的效果。所以，司法判例教学是需要教师与学生的共同努力和齐心合力才能完成的教学活动。

（二）建立知识产权判例教学库，精心选择适合教学的司法判例

知识产权法内容庞杂，包括著作权法、专利法、商标法、植物新品种等，其原则、体系和内容自成一体，它们有各自适用的规则，这些规则与其他部门法迥然不同且又距离现实生活较远，学生们较难理解和接受。因此，需要针对不同教学阶段的内容，配备相应的教学判例。判例的收集与选择需要投入较多精力，因此，一个教学团队应当分工合作，建立知识产权判例教学库，合理设计判例教学配套案件，设置知识产权总论、著作权、专利、商标和其他知识产权案例库，并按照各自的知识点分别选择和排列相应的司法判例。例如，关于知识产权总论判例库中，可以按照知识产权特征选取关于知识产权时间性、地域性和非物质性的司法判例；在著作权判例库中，可以针对作品的独创性、作品的类型和认定、作品的合理使用、法定许可和侵权要件等知识点挑选判例；在专利判例库中，对于学生难以理解的优先权、专利的"三性"以及专利侵权行为的认定等知识点分别搜集司法判例；关于知识产权司法保护，可以侧重于对证据的收集和罗列、证据的分析与判断、证据链的构成、损害赔偿的证据、诉前禁令和证据保全等的案件予以拣选。司法案例库建成后，还需要教学团队的精心维护，根据法律的变化再筛选和增加判例，与时俱进，避免"新法用旧例"。此外，及时选用指导案例和热点案例，使教学具有时代感和现实感，增加学生学习的兴趣和热情，让学生切身感受到知识产权就在身边。

（三）教师及时关注前沿问题，提高教学能力

知识产权法是不断发展且具有开放性的部门法。随着科技的发展和进步，无论理论上还是实践中的新问题总是不断涌现，热点纷呈，争议不休。因此，作为一名知识产权法学科的教师，应当及时关注知识产权前沿问题，关注社会焦点，积极参与知识产权前沿问题研究，并将最前沿的知识和经典判例带入课堂，激发学生的独立思考能力，培养学生创新创造精神和能力。所谓教学，就是教与学，于教师而言即是先学而后教，于学生而言则是学与教相长，可谓教与学相得益彰。所以，司法判例在知识产权教学中的应用对于教师和学生而言都有较高的要求。对于教师而言，知识产权法的课堂教学必须重视前沿问题，及时关注社会热点，尤其是对自己感兴趣的某些领域，应收集司法判例、研究司法观点，对之展开长期、微观、细致入微的研究，并将自己独立的思考和观点带入课堂，使教学与科研融为一体。

知识产权法作为一门综合性极强的学科，司法判例在课堂中的应用对教师有着较高的要求：一是与纯理论知识讲授相比，司法判例教学要求教师对所引用的判例研究透彻，对本案的知识点、争议问题和典型意义了如指掌，这需要做好课外功夫；二是与民商实体法相比，知识产权法包含程序规则，任课教师需兼具诉讼法和实体法的基本知识，最好具有司法实务经验，具备分析

案件的能力，熟悉知识产权诉讼的特殊规则，这需要具备扎实的理论功底和实务技能；三是能及时关注社会热点、了解学科动态，具有对知识产权学科前沿的敏锐度，能恰当地选取最新的典型案例，并能兼顾判例的代表性、知识点的全面性、学生的掌握度以及与所讲规则的契合度。可见，司法判例能否真正发挥实践教学的优质高效作用，取决于老师怎样教、学生怎样学。复合型应用型的高素质知识产权人才培养，不仅需要行之有效的司法判例实践性教学，更需要有德才兼备、教学与科研齐头并进的好教师。

法律职业

Legal Profession

法律职业伦理课程评价的必要性和可行性[*]

◎袁　钢　刘文豪[**]

摘　要： 采用教师评价的方式，有助于提高法律职业伦理课程评价的质量与效率。法律职业伦理课程评价存在不受重视、专业师资欠缺、与普通课程评价同质化等现实困境，进行课程评价有助于促进学生职业伦理内化、提高课程教学质量，因此法律职业伦理课程评价具有必要性。法律职业伦理的规范性、法律职业伦理评价的技术性以及法律职业伦理课程的实践性，表明法律职业伦理课程评价具有可行性。完善法律职业伦理课程评价，要兼顾过程性评价与结果性评价；坚持评价方式、评价内容的多元化；采用合格与不合格的评价标准；要

＊　本文系司法部 2020 年度法治建设与法学理论研究部级科研项目重点课题"完善我国法律职业伦理考试制度研究"阶段性研究成果（项目编号：20SFB1002）。

＊＊　袁钢，中国政法大学法学院教授、博士生导师、钱端升学者；刘文豪，中国政法大学法学院硕士研究生。

注重与法律职业资格考试相衔接。

关键词： 法律职业伦理　法学教育　课程评价

我国法治人才培养从单纯重视专业知识、法律思维、实践能力的培训模式转向"德才兼备、德法兼修"并重的培训模式。社会层面和高校层面对于法律职业伦理教育的重视程度不断提高。法律职业伦理作为一门新兴、交叉学科，已经成为我国法学本科、法律硕士教育中的必修课程，并在法学高等院校中全面展开。但区别于传统法学课程的评价模式，法律职业伦理是否可以评价，法律职业伦理课程如何评价的问题始终未得到有效回应。本文将以法律职业伦理课程评价的必要性和可行性为切入点，通过分析法律职业伦理课程评价的基本分类、基本条件以及基本理念，结合法律职业伦理课程的评价内容，提出完善我国法律职业伦理课程评价的合理建议。

一、法律职业伦理课程评价的基本分类

（一）法律职业伦理课程评价分类概述

法律职业伦理课程评价，是指评价主体依据一定的评价标准、评价程序对学生接受法律职业伦理教育的情况或对教师讲授法律职业伦理课程的情况进行的客观、全面的评价。以评价内容为区分，法律职业伦理课程评价包括对学生的评价、对授课教师的评价以及对法律职业伦理课程的综合评价；以评价主体为区分，法律职业伦理课程评价包括教育主管部门的评价、教师的评价、学生的评价、实习单位的评价以及社会公众的评价等；以评价时间为区分，包括事前评价与事后评价，前者指课程教学阶

段，教育主管部门、教师、学生等主体的评价，后者指学生接受
法律职业伦理教育并从事法律工作后，实习单位和社会公众等主
体对其进行的评价。

（二）不同主体评价各具优劣

法律职业伦理课程的评价主体包括教育主管部门、教师、学
生、用人单位以及社会公众（舆论）等。不同的评价主体的评价
角度有所差异、评价标准也略有不同，各有优劣，详细内容见下
表 1 所示。

表 1　法律职业伦理课程各评价主体的优劣分析

评价主体	优点	缺点
教育主管部门	专业性：科学合理的评价体系 统一性：统一的评价规则与标准 高效性：流程化的评价模式	忽视个体性：评价标准过于统一 带有功利性：与评选表彰等挂钩
教师	统一性：统一的评价规则 高效性：可以有效提高评价效率 准确性：亲历，可提高评价的准确性	专业性不足：缺乏法律职业伦理专业师资 任意性较大：教师具有评价的主导权
学生	精准性：学生自评具有准确性 综合性：学生互评可以实现综合评价的效果	标准不统一：评价标准不统一 客观性不足：难以保障评价的客观性

续表

评价主体	优点	缺点
用人单位	事后性：事后性评价 精准性：评价具有准确性	标准不统一：评价标准不统一 评价形式化：评价易流于形式 评价效率低：个体性评价，效率不高
社会公众 （舆论）	事后性：事后性评价 精准性：评价具有准确性	标准不合理：评价标准可能不合理，社会道德不等于职业伦理 具有煽动性：评价易具有煽动性，误导或夸大其词 评价效率低：个体性评价，效率不高

（三）教师评价更具现实价值

根据上表 1 不同评价主体所进行评价的优缺点，不难看出，相对于教育主管部门、学生、用人单位、社会公众的评价，由教师作为评价主体所为的课程评价，更具有统一性、高效性和准确性。本文所指的法律职业伦理课程的评价，是专指教师作为法律职业伦理课程的讲授者，依据一定的评价规则、评价程序，对学生接受职业伦理教育的情况进行的评价活动。日常教学过程中，教师对学生法律职业伦理课程的评价，又常被冠以"课程考核""考试""评估"等多种称谓。教师是法律职业伦理课程的讲授者，也是法律职业伦理课程中最主要的评价主体。教师直接接触被评价对象，对学生法律职业伦理课程学习水平可以做出较为准确的直观判断，可以确保评价结果的质量。并且高校教师是法律职业伦理课程评价内容、评价标准和评价程序的制定者，由其进行评价，可以最大限度地提高对学生进行法律职业伦理课程评价的效率。

二、法律职业伦理课程评价的必要性

（一）课程评价遭遇现实困境

2017 年，国务院学位委员会办公室转发全国法律专业学位研究生教育指导委员会修订的《法律硕士专业学位研究生指导性培养方案》中提出了设置 2 学分法律职业伦理必修课程的要求，2018 年，教育部、中央政法委发布的《关于坚持德法兼修 实施卓越法治人才教育培养计划 2.0 的意见》中要求"加大学生法律职业伦理培养力度，面向全体法学专业学生开设'法律职业伦理'必修课。"2018 年，教育部办公厅发布的《法学类教学质量国家标准》中规定的"10+X"核心课程和 2021 年版规定的"1+10+X"核心课程模式，均将法律职业伦理列为必修课程。法学高等院校因此全面开设法律职业伦理课程，其课程名称包括法律职业伦理、法律伦理学、法律行为规则、律师制度与律师事务等。

但作为一门新兴必修课，法律职业伦理课程面临一系列困境。第一，高校教师与学生的重视程度不足，虽被列为必修课程，但因其难度较低、考察较弱，导致预期培养目标、培养计划与实际培养效果相去甚远。第二，高校专业师资力量欠缺，当前教授法律职业伦理课程的高校教师，多为法理学或刑事诉讼法学专业教师。上述教师除从事法律职业伦理教学外，不可避免会将更多的时间、精力用于本专业教学、科研工作中，因此，难以保证法律职业伦理教学的专业性与有效性。此外，专业师资缺乏还存在评价任意性较大的问题，赋予高校教师在法律职业伦理课程评价内容、评价标准和评价程序上充分的自主权和决定权，会导致评价体系不合理、评价标准不科学的可能性显著增加。第三，法律职业伦理课程体系评价体系难以延续或借用其他法学课程的评价模式。区别于传统的法学课程，法律职业伦理是法学与伦理学的交叉学科，其在教授学生职业伦理基本理论、具体原则规则的同时，更注重培养学生的职业伦理意识、职业伦理情感以及对职业身份的认同感，因此其课程的评价也应当与传统法学课程注重考察专业知识、法律思维、实践能力的模式有所区别。

（二）课程评价促进职业伦理内化

通过评价有利于促进法学生后期法律职业伦理的内化。法律职业伦理内化，是指法律职业伦理对法律职业者的道德约束由他律向自律转化，使法律职业伦理成为法律职业者道德意识组成部分的过程，这一过程包括认知、体验和冲突、认同和自觉遵守四个阶段。[1] 评价可以引起学生对于法律职业伦理课程的重视，学生往往在意老师以及同学对其的看法和态度，课程评价的结果在一定程度上影响着这些看法和态度。因此，在课程评价的推动下，会提高学生对法律职业伦理课程的重视程度，促进其自主学习职业伦理规范，掌握职业伦理知识，加深职业伦理认知，培养职业伦理意识、职业伦理情感，有利于其日后从事法律实务工作时践行职业伦理要求，加速其后期职业伦理的内化。

（三）课程评价有助提高教学质量

课程评价是检验教学效果的重要手段，也是提高教学质量的重要方式。通过评价，一方面教师可以清楚地了解学生哪些内容

---

〔1〕 李本森主编：《法律职业伦理（第三版）》，北京大学出版社 2016 年版。

掌握情况较好，哪些内容掌握情况较差，及时获得教学反馈，从而了解法律职业伦理课程的整体教学效果。另一方面可以改进法律职业伦理教学，教师可以更深刻地了解学生法律职业伦理课程的学习情况以及预期教学目标的完成情况，可以明确哪些问题、概念、规则、原则难于掌握，哪些易于掌握，这是教师创造性备课的基础,[1] 也是教师提高法律职业伦理课程教学质量的有效手段。

法律职业伦理作为一门新兴学科在全国高校相继开设，体现了法学教育层面对于职业伦理的关注。但作为一门全新的学科，法律职业伦理在重视程度、师资力量、教学理念和教学内容等层面存在诸多欠缺。进行法律职业伦理课程评价，可以切实提高师生对于法律职业伦理教育的重视程度，通过建立有效的评价方式与评价标准范例，可以弥补评价主体专业性不足、任意性过大的缺陷，以便有效回应职业伦理课程区别于传统法学课程评价的特殊性。综上所述，教师进行法律职业伦理课程评价，可以实现"以评促建"，通过评价总结高校在开设法律职业伦理课程中存在的共同问题，不断改进教学方式、评价方式，在提高课程教学质量的同时，为法律职业伦理学科的建设、为法律职业伦理教育的完善贡献力量。

三、法律职业伦理课程评价的可行性

（一）法律职业伦理具有规范性

"美德与教育的内在关联，几乎无一例外地受到了所有古典伦理学传统的高度重视。无论是在中国传统儒家，还是在古希腊

---

〔1〕　［苏］巴拉诺夫等编:《教育学》，青海人民出版社，1985 年版。

的美德理论中，教育同样都被看作是滋养美德、传承美德的基本方式。"〔1〕许多国家都将德育作为本国教育的重要组成，职业伦理教育是许多职业培训的重要内容。传统的道德具有模糊性，因而易引发评价的主观化，不同的人对同一事物的好恶评价可能会存在细微偏差。而法律职业伦理客观化、技术化、可操作化的特点〔2〕为法律职业伦理教育的开展以及职业伦理课程的评价提供了可能。

区别于其他伦理类型，职业伦理具有规范性特征，这种规范多以法律条文、行业规定的形式存在，因此具有条文化的特点，且具有一定的约束力。日常实践中的道德要求，并不需要被以条文化的方式表达出来，很难想象一个父亲会将道德要求"一、二、三、四（条）"写在纸上，贴在孩子的床头以作提醒；但是一谈到"职业伦理"，你就会想到或厚或薄、写明"一、二、三、四（条）"的各种"文件"。〔3〕法律职业伦理规范性特征为法律职业伦理课程的评价提供了可能。一方面，规范化可以起到确定评价范围的作用，即明确规定需要了解、掌握和运用的职业伦理规范内容，为学生准确、高效应对课程评价提供了可能，避免学生出现无目的的准备局面。另一方面，"条文化"的规范具有明确性和具体性的特点，因而不易产生歧义，可以使学生得出近乎一致的答案，进一步表明了法律职业伦理课程评价的可行性与评价结果的可靠性。

---

〔1〕 万俊人：《现代性的伦理话语》，黑龙江人民出版社，2002 年版。

〔2〕 陈云良：《新时代高素质法治人才法律职业伦理培养方案研究》，载《法制与社会发展》2018 年第 4 期。

〔3〕 陈景辉：《法律的"职业"伦理：一个补强论证》，载《浙江社会科学》2021 年第 1 期。

（二）法律职业伦理评价具有现实性

"为考核申请法律职业人员是否具备法律职业伦理要求、检验法学职业教育效果和应对律师职业危机，"[1] 我国自 2002 年开始将法律职业道德作为国家司法考试的必考内容。我国的法律职业道德考试由司法部组织，实行全国统一命题，考试的内容和命题范围以司法部公布的《国家统一法律职业资格考试大纲》为准。该部分试题主要在客观题试卷一中进行考察，少数年份出现在主观题试卷中，重点考察申请法律职业人员对法律职业伦理规范的掌握程度。

除我国外，许多国家将法律职业伦理考察作为取得法律职业资格的重要条件，其中最著名的是美国的律师职业伦理考试（Multistate Professional Responsibility Examination，简称 MPRE）。此外，法国、日本、韩国、意大利、印度、德国、澳大利亚等国家都有相应的法律职业伦理考试制度。从考试组织模式上看，包括单独考试模式（美国、韩国）、综合考试模式（印度）、预备考试模式（日本）、融入教育模式（德国、澳大利亚、意大利）；从考试题型上看，包括案例式客观题（美国、韩国）、法条式客观题（印度）、案例式主观题（日本）等形式。

我国和其他国家的法律职业资格考试表明，法律职业伦理的评价并非空洞的设想，而有充足的实践经验。法律职业伦理的评价不仅仅是法学教育的重要内容，也是法律职业资格考试的重要组成，这进一步证实法律职业伦理课程评价的可行性。

（三）法律职业伦理课程评价的实践性

在法律职业伦理课程评价的实践中，作为评价主体的教师秉

---

〔1〕　袁钢：《中美法律职业资格考试的比较分析——以法律职业伦理考核为视角》，载《中国考试》2019 年第 8 期。

承着不同的评价理念，以其实践保证了法律职业伦理课程评价的可行性。

第一，过程性评价理念。过程性评价既支持对学习成果进行必要的"量化"测量，同时倡导而且更加重视"质性"的方法，强调内部的、开放的评价过程，主张将评价"嵌入"到教学的过程中，贯穿于教学过程的始终，重视评价在确认学习质量、回流导向和学会评价等三个方面的功能。[1] 对学生法律职业伦理课程进行过程性评价，可以及时确认学生的学习效果，对学生学习过程中的情感、态度、价值观进行判断，从而界定学生法律职业伦理课程的学习阶段；可以发挥评价的回流作用，促进学生对职业伦理学习过程进行反思，诊断问题，改进学习方法，从而提高职业伦理课程的学习质量；可以培养学生的评价观念，帮助学生掌握评价方法，客观、准确地评价自身法律职业伦理知识的学习水平以及法律职业伦理素养的培养情况。

第二，多元化评价理念。以往的课程评价常采用单一化的评价模式，其评价内容覆盖面较窄，评价结果的准确性较差，评价存在一定偶然性，难以实现评价的根本目的。这种单一化的评价理念已经不符合现代教育的发展趋势，越来越多的学者主张"人才评价应走向多元化与增值化"。[2] 此外，《国家中长期教育改革和发展规划纲要（2010—2020 年）》也指出，"开展由政府、学校、家长及社会各方面参与的教育质量评价活动。"从而实现教学评价主体的多元化。法律职业伦理课程评价也应当注重评价

---

〔1〕 高凌飚：《过程性评价的理念和功能》，载《华南师范大学学报（社会科学版）》，2004 年第 6 期。

〔2〕 王凯：《人才评价应走向多元化与增值性》，载《中国教育报》2018 年 1 月 10 日，第 2 版。

的多元化。多元化评价一方面可以实现评价内容的全面性，减少评价结果的偶然性，全面界定学生法律职业伦理课程的学习效果；另一方面可以保障评价结果的稳定性与真实性，增强评价结果的可信度，切实发挥法律职业伦理课程评价的作用。

第三，合格性评价理念。法律职业伦理课程的评价是界定学生职业伦理知识具备与否的检验，而非职业伦理水平高低的价值性精准判断，即评价的目的是解决"有无"问题，而非"高低"问题，因此应当树立合格性评价理念。当前的法律职业伦理课程的评价与许多德育课程的评价一样，都以"控制哲学"为核心。无论是通过考试、考核还是通过量化打分的方式，教师均会预先设定了一定的评价指标和标准化答案，而学生在课程压力和追求高分的心理下，往往会选择预设的答案或者老师期望的言行举止。这样的评价不仅不符合合格性评价理念的要求，也不利于准确界定学生法律职业伦理课程的学习水平。"控制"本身并不符合职业伦理教育的目的。"教育的根本目的在于社会与个人美好生活的促进。从根本上来讲，教育不是'控制'而是'成就'。"[1]"成就"是进行法律职业伦理教育评价的根本目的，是通过进行课程评价让法学生掌握法律职业伦理知识，培养职业伦理情感，增强对法律职业的认同感，自觉践行职业伦理要求。

四、法律职业伦理课程评价的完善建议

（一）兼顾过程性评价与结果性评价

法律职业伦理课程评价要肯定过程性评价的重要作用，要改

---

〔1〕　金东贤、刘新成、何蕊：《学校德育评价改革的若干问题——基于〈深化新时代教育评价改革总体方案〉的思考》，载《教育理论与实践》2021年第10期。

变分数主义、结果主义的偏差。注重过程性评价，要重视学生职业伦理课程的学习过程，关注法学生在职业伦理课程学习中的学习动机、投入的时间、采用的方式方法、获得的进步等，对学生在学习过程中分析、发现、解决职业伦理问题的能力进行判断，从而界定学生法律职业伦理课程的学习阶段与掌握程度，详细内容见下表 2 所示。同时要树立过程性评价与结果性评价并重的理念。肯定过程性评价并不意味着否定结果性评价，不能过分强调过程性评价的绝对地位，也不能认为结果性评价可以准确界定学生职业伦理学习水平。应当将两者相结合，要构建全过程的法律职业伦理课程评价体系，保证评价的客观性、协调性、完整性，增强评价结果的可信度，提高法律职业伦理课程评价的质量。

表 2　法律职业伦理课程过程性评价表

阶段	分析过程	发现问题	解决问题
初步了解	分析浅显、不全面	遗漏关键职业伦理问题	没有或者没有正确使用职业伦理规则/原则
基本掌握	流程化分析	发现许多问题	能区分原则/规则/事实/政策
中等掌握	可以对内容进行初步整合	发现许多问题并整理分类	正确使用法律职业伦理原则/规则/，充分有效研究问题
精通	分析全面、透彻	发现核心职业伦理问题	使用合理/创造性方法，全面/有效研究并解决职业伦理问题

（二）坚持评价方式与评价内容的多元化

第一，注重评价方式的多元化。"评价的一个关键，在于评价结果在多大程度上能够得到评价对象的认同。"[1] 因而要注重评价方式的多元化，改变过去单纯依靠考试、考核成绩评定学生职业伦理水平的错误观念。在保留传统课程评价方式的基础上，要充分创新和借鉴其他过程性与结果性评价方式，实现评价方式多元化，评价阶段的多元化，建立课程考试、考核、阶段测验、日常作业、课堂表现等方式在内的多元化评价体系，从而保障评价结果的稳定性、准确性，使评价结果得到评价对象的认同。此外，在随堂评价方面，可以借鉴法律诊所课堂中经常使用的评价方式，增强随堂过程性评价的有效性。

第二，注重评价内容的多元化。要改变过去单一化考察职业伦理规范的旧模式，在课程评价多元化理念的基础上，可以借助不同评价主体和评价方式实现对职业伦理知识、职业伦理意识、职业伦理情感、职业伦理行为等内容的综合评价。在职业伦理知识方面，既要考察职业伦理基本原理以及法律职业共同体的职业伦理要求，还要兼顾考察不同法律职业特殊的职业伦理规范。

（三）采用合格与不合格的评价标准

法律职业伦理课程的评价应当坚持合格性评价理念，采用合格、不合格的评价标准，摒弃当前评分制评价和品级性评价标准。合格性评价相比评分制评价与品级性评价显然更具优势，合格性评价关注的是基础性的职业伦理规范与职业伦理品质，强调职业伦理评价要回归基础，即事先确立进行职业伦理评价的底线，以判断学生是否达到基本要求。这样的评价标准符合进行职业伦理课程评价的目的，有利于帮助学生进行职业伦理的内化，

---

〔1〕　金东贤、刘新成、何蕊：《学校德育评价改革的若干问题——基于〈深化新时代教育评价改革总体方案〉的思考》，载《教育理论与实践》2021 年第 10 期。

同时也减少了量化模式对于学生的控制，避免职业伦理教育掉入"控制哲学"的陷阱。此外，合格性评价可以摆脱评分制评价"钟形曲线"〔1〕给课程评价带来的弊端。教师不应该关心学生们的表现是否将会按照"钟形曲线"分布，更不应当期待学生们的成绩呈现"钟形曲线"分布。强制分数曲线与评价学生课程成绩相关联是严重不科学、不合理的。合格性评价仅有合格与不合格两个标准，可以极大削减"钟形曲线"下教师评分的不科学性，减少学生间的"恶性"竞争，真正回归法律职业伦理教育的根本目的。

（四）注重与国家统一法律职业资格考试相衔接

法学教育与法律职业资格考试均是法学生从事法律职业的准入门槛，因此法律职业伦理课程评价可以借鉴法律职业资格考试中对法律职业伦理考察的有益经验，共同发挥培养学生职业伦理，选拔德才兼备法治人才的作用。一是要顺应当前法律职业资格考试案例化的考察模式。命题案例化是顺应当下法学教育的体现，从其他国家的法学人才培养经验来看，案例教学是培养学生法律思维能力的基本途径，也是英美法系和大陆法系普遍采用的培养法学人才的主要手段。〔2〕法律职业伦理课程评价，无论是过程性评价还是结果性评价，均应当采用案例化考察模式，让学生进入真实角色视界，体验法律执业人员应遵守的职业伦理，引导学生对案件和问题中的各种可变因素进行深入具体的分析，启

---

〔1〕 袁钢：《法律诊所教学评价方法探究》，载《法学杂志》2011 年第 2 期。

〔2〕 阿什特里德·斯达德勒尔、吴泽勇：《德国法学院的法律诊所与案例教学》，载《法学》2013 年第 4 期。

发学生的思路，从中找出最佳的可行方案[1]，从而掌握职业伦理知识，培养职业伦理意识。二是要采用合格与不合格的评价标准。法律职业资格考试是典型水平考试，所谓的水平考试是检测应试者相关知识或能力的考试，通过考试以检测应试者对相关知识的掌握达到何种程度，取得的成绩往往是作为相关事项的决策者确定该应试者是否入职或参加学习的参考。水平考试的成绩一般情况下也无所谓合格、不合格。[2] 法律职业伦理课程的评价也应当采用合格与不合格的评价标准，摒弃唯分数论的错误观念。三是考察题型的多元化，法律职业伦理课程评价应当借鉴法律职业资格考试的题型设置，包括单项选择题、多项选择题、不定向选择题以及主观论述题等，充分利用不同题型的客观优势，提高评价结果的质量。

"作为知识的法律职业伦理是学习的对象，而作为素养的法律职业伦理是践行的对象。"[3] 面对复杂的法律实践，法学生能否践行法律职业伦理充满着不确定性，但知识的习得是践行的基础，法律职业伦理知识的学习会增强法律人践行职业伦理的可能性，因此要重视法律职业伦理教育，强调法律职业伦理课程评价的重要性。课程评价作为法律职业伦理教育的重要环节，不仅具有改进教学过程，提高课程质量的功能，而且还具有培养、考察法治人才的作用。通过完善高校法律职业伦理课程评价，注重过程性评价、多元化评价，合格性评价，可以有效检测学生法律职

〔1〕　付立侠：《浅析实践教学在高职院校法治理念教育教学中的价值》，载《职业时空》2016 年第 5 期。

〔2〕　潘剑锋：《论以法律职业精英化为目标的法律职业资格考试》，载《现代法学》2019 年第 5 期。

〔3〕　屈茂辉、李勤通：《论法律职业伦理教育的知识性与素养性》，载《中国法学教育研究》2017 年第 3 期。

业伦理知识的学习效果，培养其职业伦理意识与职业伦理情感，促进其后期职业伦理素养的养成与固化，实现职业伦理课程设置的目的。当然，法律职业伦理作为一门新兴学科，法律职业伦理课程的评价问题目前鲜有研究，本文对此提出的建议仅仅是初步性的探讨，法律职业伦理课程评价的完善以及法律职业伦理教育的发展仍然需要学界与社会层面的更多关注。

完善粤港澳大湾区在线开放课程共建共享机制初探[*]

◎谢 伟^{**}

摘 要： 当前粤港澳大湾区在线开放课程共建共享严重不足，难以满足大湾区经济发展对湾区高校提出的挑战和需求。应在"一国两制"原则下，求同存异，坚持一国之本，善用两制之利。以促进湾区高校协同创新发展、增强自身竞争力、提高粤港澳大湾区高等教育水平为目标，完善大湾区高校在线开放课程共建共享机制。

关键词： 粤港澳大湾区 高等教育 一国两制 在线开放课程 多元共建

---

* 2021 年广东省本科高校教学质量与教学改革工程建设项目"经济法课程教研室"，粤港澳大湾区高校在线开放课程联盟 2021 年教育教学研究和改革项目"新形势下粤港澳大湾区在线开放课程多元共建机制研究"。

本文在 2021 年广东省法学教育研究会、广东省本科高校法学类专业教学指导委员会上进行学术交流并获得该学术年会优秀论文三等奖。

** 谢伟，博士，广东财经大学法学院教授。

新冠疫情催生出在线开放课程的大发展。根据教育部印发的《教育信息化 2.0 行动计划》，广东省教育厅发布的《关于加强本科高校在线开放课程建设和应用的意见》以及广东省人民政府印发的《广东省教育发展"十四五"规划》等要求，广东省教育厅支持成立了粤港澳大湾区高校在线开放课程联盟，有力地推进了粤港澳大湾区高校建设在线开放课程的进程。然而，随着在线开放课程的深入建设，如何完善粤港澳大湾区高校在线开放课程的共建共享机制逐渐成为一个亟待解决的课题。

一、粤港澳大湾区高校在线开放课程共建共享现状和主要问题

在线开放课程最早出现在西方发达国家，伴随着互联网的研发和普及使用，因其具有的信息化、便利化、可反复利用、快速性、时效性、低成本、高效率等特点，得到迅速发展和普及。2001 年，美国麻省理工学院首次提出通过互联网平台向全校师生提供教学资源，2008 年，加拿大学者戴夫·科米尔和布赖恩·亚历山大首次提出慕课（MOOC）这一网络课程术语。[1] 2012 年，慕课首次作为一种新型的在线教学模式出现在公众视野中，从而使得优质教育资源实现共享。此后，慕课作为大规模在线开放课程的新型教学手段获得市场的高度认可，因而获得飞速发展。

港澳地区因其经济、社会发展采行的市场化、国际化、法治化体制，以及国际自由港的地位，使得其高等教育的市场化、国际化、法治化水平较高，深受美英等发达国家发起的在线开放课

---

〔1〕 陈肖庚、王顶明：《MOOC 的发展历程与主要特征分析》，载《现代教育技术》2013 年第 11 期。

程影响，较早开始在高校教学中建设和使用在线开放课程。比如，2013 年 2 月，香港中文大学已有课程在 Coursera 上开始全国性的首次授课；随后，香港科技大学、香港大学、香港理工大学等高校相继跟进。据统计，港澳地区主建并上线至国内外各大公开课程平台的课程已有 105 门，此外，还有近 200 门左右的 SPOC。课程应用方面，2012 年起，各高校尝试利用慕课开展线上线下混合教学，此次线上线下混合教学为全国最早；2014 年起，澳门大学在全校推广应用慕课。同年，香港地区 8 所主要高校成立了 Keep 课程共享平台，目前主要使用 10 门左右在线课程进行跨校课程协作。[1] 由此可见，港澳地区的高校由于起步较早，对在线开放课程的建设和使用积累了较丰富的经验。在"一国两制"体制下，内地可以充分借鉴和吸取港澳地区的高校的先进经验，以提高自身的在线开放课程建设和应用水平。

自中央政府宣布实施粤港澳大湾区战略以来，内地高校与港澳地区的高校的交流合作不断加深和拓宽。为适应粤港澳大湾区高等教育协同发展的需要，2018 年 11 月，在广东省教育厅指导下，中山大学、华南理工大学、暨南大学等 11 所高校联合倡议下成立了粤港澳大湾区高校在线开放课程联盟。该课程联盟的设立，有效促进了粤港澳大湾区高校在线开放课程的互动交流，以在线开放课程共建共享为平台，不断吸引粤港澳大湾区高校加入。据不完全统计，粤港澳大湾区高校在线开放课程联盟成立以来，联盟会员高校已经增至 82 所，其中包括 7 所港澳地区的高校。在该联盟的有力推动下，粤港澳大湾区高校在线开放课程已

---

〔1〕　邹园园、李成军、谢幼如：《疫情时期高校在线教学"湾区模式"的构建与实施》，载《中国电化教育》2020 年第 4 期。

经成为大湾区人才成长的"立交桥"。据香港文汇报报道，粤港澳跨校学分课共享工作自 2019 年秋季学期开始，已开展近 3 个学期，已有 40 间高校参与，累计 510 个选修课程，累计 5.7 万学生选学跨校课程。[1] 近年来，在教育部高教司、广东省教育厅和联席会的指导、支持，以及广大会员高校的共同努力下，粤港澳大湾区高校在线开放课程联盟已经探索并形成了平台为基、课程为本、应用为核、沟通为桥的在线开放课程共建共享和学分认定的湾区模式。[2] 该模式包括粤港澳大湾区高校在线开放课程联盟建设了"一站式服务"课程平台，通过跨校协同建设满足不同需求的课程群，构建卓有成效的课程建设、应用、推广机制，推进多种形式的校内校际课程共享，促进了三地高校在线开放课程建设与广泛应用。[3]

然而，虽然粤港澳大湾区在线开放课程建设已经取得了前所未有的突出成绩，但存在一个突出的现实问题是，粤港澳大湾区高校的在线开放课程共建共享明显不足。这与粤港澳大湾区经济社会日益协同发展对粤港澳大湾区高等教育的要求不相适应，也与粤港澳大湾区未来高层次人才培养的需求也不相适应。粤港澳大湾区已经拥有了超过 180 多所高校，拥有在校学生超过 100 万人，其中，根据广州市统计局和国家统计局广州调查队联合发布的《2020 广州国民经济和社会发展统计公报》显示，仅广州市的

---

〔1〕 卢静怡：《粤港澳 5.7 万大学生网修跨校学分课》，载《香港文汇报》2020 年 12 月 20 日 A15 版。

〔2〕《优秀成员单位！联盟在高校在线开放课程联盟联席会 2021 年会中喜获佳绩》，http：//www.gdhkmooc.com/portal/news/info? id = 81814&refer =% 2Fportal% 2Fnews%2Fnotice% 3Fpid% 3D0% 26typeid% 3D0% 26pageNum% 3D1，最后访问日期：2021 年 12 月 1 日。

〔3〕 陈亮等：《新增 19 所！粤港澳大湾区高校在线开放课程联盟成员增至 82 所》，https：//www.sohu.com/a/439272627_120046696，最后访问日期：2021 年 12 月 11 日。

本专科在校生就达到 130.71 万人，但目前参与在线开放课程共建共享的高校还不到一半，而参与的学生人数就更少了。与共享相比，三地高校共建的在线开放课程基本处于空白。三地高校师生的在线开放课程共建共享仍然停留在浅层次、形式化的阶段，缺乏进一步深入的、实质性的行动与成果。

二、粤港澳大湾区高校在线开放课程共建共享问题的原因分析

深入思考粤港澳大湾区在线开放课程共建共享存在的问题，主要根源在于粤港澳大湾区差异化的教育体制机制。粤港澳大湾区战略实施以来，随着粤港澳大湾区高校教学科研交流的逐步深入，一些涉及体制机制的根本性问题逐渐浮出水面。

粤港澳大湾区高校分属于粤港澳地区，在高等教育办学理念、办学体制、高校运行机制、高校治理模式、教学考核评价机制等方面存在显著差异，协调发展难度较大。其中影响较大的是高校财政拨款体制、高校内部治理机制。香港地区公办高校主要是由大学教育资助委员会负责高校发展所需的财政拨款事宜，该委员会系借鉴英国大学教育资助委员会体制，作为政府与高等院校之间的 "缓冲器"，[1] 政府并不直接干预和管理高校，高校有很大的独立自主办学权，高校管理主要是依法治校，有比较健全的管理制度。而广东省公办高校的财政拨款当然是按高校行政隶属关系由各级政府直接负责，高校行政管理影响较大，行政权力泛化，行政管理在一定程度上影响了学校教学科研的独立性，高

---

〔1〕　谢安邦、焦磊：《微型国家与地区高等教育管治体系研究——基于澳门、香港、马耳他的比较》，载《中国高教研究》2013 年第 11 期。

校自主办学权较小，政府对高校的人、财、物具有较大的干预和管理权。

在高校内部治理体制上，香港地区高校实行校董会决策，校长由校董会聘任，学校治理实行"教授治校"原则，学校教学、科研活动均由专门设立的教务委员会负责，而教务委员会则是以教授为主构成，教授占比高达 70%。[1] 教授治校的优势是教授作为专业人，熟知专业知识理论，有助于高校的专业学术发展和弘扬大学精神，体现出教授在高校中的主体地位，但由于教授虽然拥有渊博的学术理论知识，却未必精通管理，容易导致管理低效。广东高校主力仍然是公办高校，实行党委领导下的校长负责制，决策由党委做出，党委书记、校长、党委副书记、副校长等校领导在学校党委集体领导下分工负责。高校下属各学院也都是采行这种科层制管理模式，下属各个学院也配备党委书记和院长，形成学院党政领导班子。这种科层制治理模式的优势在于权力集中，行政管理效率较高，但也容易导致分工过于行政化。

体制机制上的差异成为粤港澳大湾区高校合作的制度性障碍，是粤港澳大湾区高校难以共建在线开放课程的主要制度性原因。但同时也应该看到，粤港澳大湾区还有部分高校尚未形成高度重视共建在线开放课程的意识，尚未形成以在线开放课程促进粤港澳大湾区高校教学科研合作交流的意识，尚未确立以现代化 MOOC 促进粤港澳大湾区优质教育资源共享的理念。之所以有这样的判断，就是因为参加粤港澳大湾区在线开放课程联盟的高校数量还不到粤港澳大湾区全部高校数量的一半，而参与在线开放

---

〔1〕 参见赵雄燕：《香港高等学校的行政管理体系》，载《出国与就业（就业版）》，2010 年第 17 期。

课程学习的学生数量还不到粤港澳大湾区高校学生数量的 5%。

对这种体制机制上的差异应该辩证分析。一方面，它确实成为粤港澳大湾区高校跨域合作的壁垒，是粤港澳大湾区高校在合作交流中不得不面对的难题；另一方面，也要看到它能带来发达国家先进的教育理念、教育手段和教育方式。内地高校应善于吸收借鉴港澳高校可学习的有益内容，而弱化或降低其不利影响。同时也应清醒地认识到，粤港澳大湾区战略的出台为粤港澳高校的深入合作提供了千载难逢的机会，在线开放课程的共建共享是一个"多赢"的高等教育发展战略。既可以扩大利用粤港澳各地优质的教育资源，深化教学科研交流，又可以有效避免因粤港澳高等教育体制机制的差异产生的消极影响，消除空间阻隔带来的障碍，实现真正的求同存异；同时还可以培养粤港澳大湾区经济社会融合发展所需要的复合型人才。因此，以在线开放课程的深入广泛合作为切入点和突破口，可以带动粤港澳高校进一步加速、加深、加强合作，在学分互认、课程互选、师资互通等方面进一步相互借鉴学习。

三、完善粤港澳大湾区在线开放课程共建共享机制的若干建议

"一国两制"是粤港澳大湾区高等教育协调发展必须坚持的基本原则，在这个大前提下，为促进粤港澳大湾区高等教育的高水平协同发展，发挥"一国两制"优势，需要做出创新性、突破性制度设计。应构建粤港澳大湾区在线开放课程的多元合作共建机制，构建由党的领导、多层次和多元化的政府主导、多类型高校和实务部门参与、粤港澳大湾区行业组织、教育组织和学术组

织支持、知名教授学者专家团队具体承建、粤港澳大湾区学生组织交流并反馈改进的创新机制。

（一）提高政治站位，牢固树立粤港澳大湾区在线开放课程共建共享意识和理念

共建意识和理念的缺失是导致粤港澳大湾区在线开放课程共建共享不足的重要主观原因。应该充分认识到粤港澳大湾区在线开放课程共建共享的重要意义和战略价值，粤港澳大湾区在线开放课程的共建共享是粤港澳大湾区经济社会融合发展的需要，是粤港澳大湾区高等教育协同发展的需要，必须要积极主动地探索，否则就会被时代发展所淘汰，就会无法满足建设世界一流湾区所需要的国际化人才培养和高等教育协同发展的要求。

首先，粤港澳大湾区在线开放课程共建共享事关粤港澳大湾区高等教育的协调创新发展，进而关系到粤港澳大湾区发展整体战略，乃至辐射影响到国家发展战略。粤港澳大湾区经济社会未来会不断深入协同发展，需要一大批熟悉粤港澳大湾区差异化规则和制度，掌握粤港澳大湾区差异化知识体系和技术体系的高素质人才，而这些都需要粤港澳大湾区高等教育的协同创新发展。但粤港澳大湾区属于"一国两制"、"三法系"、"四个关税区"的交叉地，具有差异性较大的高等教育体制机制，而且由于"一国两制"的基本原则，这种差异将会长期存在，不会有根本改变。而在线开放课程的共建共享可以避开这种体制机制性障碍，让三地学子共享优质教育资源。

其次，粤港澳大湾区在线开放课程的共建共享事关提高粤港澳大湾区高等教育自身竞争力，事关粤港澳大湾区建设世界级区域教育中心。粤港澳大湾区高等学校因体制机制障碍很难开展广泛深入的教学和学术交流，而三地对在线开放课程的共建共享需要粤港澳大湾区三地学者教授的深度融入参与，通过共建共享在线开放课程，在这个过程中加深了解，互通有无，建立良好的教学科研合作关系；对实验课程类型的在线开放课程的共建共享可以相互交流学术、探讨学术难题，共同利用粤港澳三地各自比较先进的实验室设备和条件，优势资源互补，共同提高先进科研设施的利用价值，提高产学研一体化水平。

最后，粤港澳大湾区在线开放课程的共建共享应善于利用"一国两制"的制度优势。我们应提高政治站位，从粤港澳大湾区长远发展的战略眼光看问题、做事情，不要因为制度差异挡住前进的步伐。即尽管存在体制机制障碍，但毕竟是在坚持"一国"的前提下，分歧和争议可以在"一国"的前提下协商解决，同时"两制"又为我们提供了相互借鉴、相互学习的资源。这就要求我们必须要坚守一国之本、善用两制之利。

（二）加强粤港澳大湾区在线开放课程共建共享的领导和组织建设

首先，要高度重视改进和完善粤港澳大湾区在线开放课程共建共享的领导。应该认识到没有正确有效的领导，粤港澳大湾区在线开放课程就难以真正广泛和深入地实现共建共享。必须把握的基本原则是"一国两制"，即深刻理解"把维护中央对香港特别行政区、澳门特别行政区全面管治权和保障特别行政区高度自治权有机结合起来"，[1] 灵活处理、妥善应对粤港澳大湾区在线开放课程共建共享中遇到的困难和阻碍。实践中，应充分发挥粤

---

〔1〕　参见习近平：《决胜全面建成小康社会 夺取新时代中国特色社会主义伟大胜利——在中国共产党第十九次全国代表大会上的报告》，人民出版社 2017 年版。

港澳大湾区建设领导小组的顶层设计和总揽全局作用，充分利用好广东省和粤港澳大湾区各市的推进粤港澳大湾区建设领导小组的具体协调作用，参照各地领导小组下设的专项小组，设立粤港澳大湾区高等教育协调发展专项小组，主动与港澳高校加强对接和协调，就粤港澳大湾区各地共同感兴趣、极需共同开发的在线开放课程合作交流。需要注意的是，可以参考教育部关于课程思政改革的文件精神，在粤港澳大湾区在线开放课程中有机融入课程思政内容。对港澳高校学生而言，课程思政的内容主要是深入全面了解中国历史、正确认识当代中国、认识中国特色社会主义、认识中国共产党，是增强其爱国主义、爱港爱澳情怀的必要手段。

其次，加强党对粤港澳大湾区在线开放课程共建共享的领导。"党是领导一切的"。应加强党对粤港澳大湾区高校在线开放课程联盟发挥作用、尽职履责的领导。党的领导是粤港澳大湾区发展中最大的政治优势。有了党的坚强领导，粤港澳大湾区在线开放课程建设就有了克服一切困难和问题的动力。粤港澳大湾区在线开放课程共建共享应形成党政同责、一岗双责的领导机制，如能建立这种领导机制，则可有效解决粤港澳大湾区在线开放课程共建共享的动力问题。党领导粤港澳大湾区在线开放课程共建共享应注意方式方法，其领导主要是政治领导，是把方向、定大局、做战略决策，主要适用于持续督促广东省教育行政主管部门落实主体责任，督促广东省高校主动积极地加强同港澳高校交流合作，确保在线开放课程共建共享始终保持坚定正确的政治方向，而具体事务则应交由广东省教育行政主管部门和内地相关高校负责，比如和港澳高校的沟通协调。

最后，强调要加强在线开放课程共建共享的组织机构建设。在线开放课程共建共享应由多层次和多元化政府负责组织协调，即纵向维度由中央政府、教育部、国务院港澳办、广东省、香港特别行政区政府和澳门特别行政区政府、"香港中联办"、"澳门中联办"、粤港澳大湾区各地政府教育行政主管部门、高校主管行政机构相结合，横向维度则由教育行政主管部门、课程相关实务的主管行政部门，以及与各个相关行业主管部门相结合。人才是粤港澳大湾区发展的生命线，而粤港澳大湾区在线开放课程建设则是立德树人、为粤港澳大湾区经济社会发展培养未来人才定立百年大计，涉及粤港澳大湾区战略的深入实施，绝不只是教育行政主管部门的事情，需要由多元化的政府机构参与，主要负责协调组织在线开放课程建设涉及的意识形态、行政事务以及其他涉港涉澳敏感事务，出现一些纠纷或争议也需要相关政府主管部门协商解决。特别强调的是，粤港澳大湾区实行"一国两制"，涉及港澳事务需要中央政府出面协调。

（三）构建多元共建在线开放课程格局

在"一国两制"前提下，首先，强调要充分利用各类粤港澳大湾区跨区域教育或学术组织，支持在线开放课程的共建共享。跨区域的教育或学术组织是一个联系粤港澳高校学者教授的平台，通过这个平台，可以克服体制机制障碍产生的不便、团结粤港澳三地高校知名学者互动交流、共谋开发在线开放课程、组建在线开放课程团队等事务。以粤港澳大湾区法学教育与人才培养联盟为例，由"香港中联办法律部"、"澳门中联办法律部"和广东省教育厅支持，澳门大学法学院和深圳大学港澳基本法研究中心承办，全国人大常委会港澳基本法委员会、"澳门法务局"、

"澳门中联办法律部"、"澳门高等教育局"、广东省教育厅、广东省司法厅、广东省港澳办、广东省公安厅、广东省法学会等机构共同支持。该组织成立以后，协调粤港澳三地多所高校法学教授、法学教育专家广泛和有效地开展高校法学教育的经验交流和访学，充分发挥粤港澳大湾区知名学者的引领作用，形成以知名学者为负责人的在线开放课程建设团队。

其次，充分利用粤港澳大湾区跨区域行业组织或行业协会，支持在线开放课程的共建共享。跨区域的行业组织是一个联系粤港澳各行各业的民间机构，是基于共同的利益，为便于协调和互通有无而自发建立的社会中介组织。行业组织不同于政府管理机构，其具有的民间性、非营利性、互益性等特点可以方便联系粤港澳三地的同行从业者，不必太多受制于体制机制的束缚。这些行业协会也有不少专家教授成员，他们不仅具有较高的专业理论水平，也具有较深厚的专业实务能力，他们横跨学术组织和行业协会组织，他们参与在线开放课程的共建不仅增强师资力量，而且可以提高在线开放课程的理论联系实践水平，并且通过他们的传播，可以更广泛地推广在线开放课程。

最后，还要充分发挥粤港澳大湾区学生组织，包括内地高校和港澳高校的爱国、爱港爱澳的学生组织的作用。近年来，随着大湾区战略的不断深入，粤港澳高校学生之间的交流逐渐增多，学生组织在促进三地青年学生交流之间的作用日益凸显。应充分发挥学生组织密切联系青年学生的作用，支持在线开放课程建设。具体而言，在线开放课程的主要服务和课对象是高校学生，这些课程究竟能否满足粤港澳三地的教学需要？课程质量究竟如何？学生是否满意等问题，都需要充分动员各级各类学生组织，通过学生组织这个平台可以广泛联系不同高校的学生，采行在线开放课程建设问卷调查、召开在线开放课程质量座谈会、如何开发在线开放课程研讨会等途径和形式广泛收集、反馈粤港澳青年学生对在线开放课程建设、使用和持续改进完善的意见和建议。

结语

粤港澳大湾区在线开放课程的共建共享是湾区战略下推进粤港澳大湾区高校协同创新发展的一个重要抓手，应充分认识到这一工程对粤港澳大湾区高校提升自身竞争力、建设世界级大湾区一流高校的作用和意义。对在线开放课程的开发使用，应坚持在"一国两制"原则下，求同存异，充分利用好"一国两制"的制度优势，同时要注意有机融入课程思政，培养港澳学生爱国主义和爱港爱澳情怀。在共建共享的组织领导上，应加强党的领导、跨部门和多层级政府参与；在共建方式上，应采行政府、高校、教育或学术组织、行业组织、学生组织等多元共建模式。

百花园

Spring Garden

高等教育审核评估：制度意义及发展趋势[*]

◎ 刘坤轮^{**}

摘　要：审核评估之由来，制度价值和功能设定，是深嵌在我国高等教育转型中的最重要的问题。当前这一问题并未得到学界的足够关注，为预测未来我国高等教育审核评估的发展趋势，需要从审核评估产生的制度背景和实践背景对审核评估进行科学的内涵界定。在此基础上，通过分析审核评估所暗含的分类评估、"底线要求"和特色办学的制度取向，考察审核重点之间的逻辑关系，可以预测出，在宏观趋势上未来的审核评估将成为一种持续存在的高等教育评估形式，走向分类指导的发展路径，引导高等学校特色发展，并将进一步明确

　　* 本文为全国十三五教育规划课题"高等教育评估法律制度构建及运行机制研究"的阶段性研究成果（项目编号：BGA170047）。
　　** 刘坤轮，法学博士，中国政法大学法学教育研究与评估中心副教授，副主任，硕士生导师，中国政法大学钱端升青年学者。

底线要求。在具体运行趋势上，未来的审核评估预期将实现统一性和特色性相结合、自我评价和外部评价相结合、定性审核和定量审核相结合以及自我整改和督促整改相结合。

关键词：高等教育　高等教育评估　审核评估　审核方式 审核重点

一、引言

对于高等教育的质量监控来说，为什么会有审核评估？审核评估的主要价值取向是什么？它将在中国高等教育评估体系中占据何种位置？未来的走向又会如何？

提及审核评估，高等教育相关研究者都比较熟悉。比如五个度的审核重点，又比如"一坚持"、"两突出"和"三强化"的指导思想，"用自己的尺子量自己"的评价标准等。对于这一从 2014 年正式走向实践的高等教育评估形态，学界早期的研究多以介绍域外经验为主，比如对英国、瑞典[1]、新西兰[2]、美国[3]等国家的审核评估的经验介绍，之后才逐渐有对审核评估基本思想、实施要点等基本框架的介绍。[4] 2013 年 12 月，教育部发布了《关于开展普通高等学校本科教学工作审核评估的通

---

[1]　张晓鹏：《境外对高等院校进行审核评估的经验》，载《中国高等教育评估》，2009 年第 2 期。

[2]　黄帅、张晓鹏：《新西兰的大学审核评估》，载《中国高等教育》，2011 年第 23 期。

[3]　张晓鹏、姜洁：《美国的高等教育审核评估——以田纳西州为例》，载《中国大学教学》，2011 年第 9 期。

[4]　李志义、朱泓、刘志军：《如何正确认识本科教学审核评估》，载《中国大学教学》，2012 年第 10 期。

知》[1]，审核评估正式启动后，学界的研究则主要关注审核评估的意义[2]、特征[3]、核心环节[4]等内容，关注点越来越精细，但也越来越对审核评估存在的价值有所偏离。对于审核评估怎么来的，其基本导向是什么，和之前的合格评估、水平评估之间是什么样的承继关系，未来当中国大多数高等学校完成了审核评估之后、作为高等教育质量保障体系的评估又会出现何种形态等问题，无法通过现有研究得到答案。对于我国高等教育的质量监控来说，是不是需要每隔一个周期，就创造一种崭新的评估形态，对高等教育的质量持续进行外部评判，拟或是会有一种长期的、持续有效的评估方式，可以实现对于各个高等学校质量的持续监督？这一问题也就无法从制度层面得到回答。

而审核评估之由来，制度价值和功能设定，恰恰是深嵌在我国高等教育转型中的最重要的问题，只有当我们探讨清楚这些问题时，对于审核评估的探讨才可能更有理论价值和现实意义。因此，本文将从审核评估产生的逻辑脉络谈起，通过分析其审核方式明确其产生的制度价值，并探究其审核要点的内部逻辑何以支撑这种制度价值，在宏观层面探究审核评估存在的制度意义，从而预测未来审核评估的发展趋势。

〔1〕 关于开展普通高等学校本科教学工作审核评估的通知（教高〔2013〕10号）。

〔2〕 李进、刘民钢：《高校本科教学审核评估的意义与重点》，载《上海教育评估研究》2014年第2期。

〔3〕 马德青：《本科教学工作审核评估特征的探讨》，载《北京教育（高教）》2014年第2期。

〔4〕 申天恩：《普通高等学校本科教学工作审核评估核心环节探究》，载《高等教育研究学报》2014年第2期。

二、产生脉络与内涵界定

所谓审核评估，从概念解析的角度来看，国内的研究中其实并没有形成共识性的界定，因而对于审核评估的内涵理解出现了两种倾向，一种为政策解读型，也就是通过对政策文本的解读进行内涵界定，比如依据教育部印发的《关于开展普通高等学校本科教学工作审核评估的通知》认为"审核评估是我国总结已有评估经验，借鉴国外先进评估思想而提出的新型评估模式，在明确高校目标定位的基础上，对人才培养目标与培养效果的达成度进行评价"。[1] 或是依据教育部印发的《关于普通高等学校本科教学评估工作的意见》，直接将审核评估解读为"重点考察学校办学条件、本科教学质量与办学定位、人才培养目标的符合程度，学校内部质量保障体系建设及运行状况，学校深化本科教学改革的措施及成效"的"五位一体"院校评估形式等问题。[2] 另外一种则为学理解读型，从概念产生的学理角度对相关政策进行内涵界定。一般而言，这种解读主要是从审核评估的产生切入，通过对借助会计学的"审计"概念，将审核评估理解为高等教育领域的一种质量审核，从而将其解读为"通过客观地获取和评价有关高等教育活动的证据，以认定这些证据与相关质量标准的符合程度，并将结果传达给高等教育利益相关方的系统过程，"[3] 或是"由评估机构组织的，对参评普通高等学校的本科教学质量管

---

〔1〕 关于开展普通高等学校本科教学工作审核评估的通知（教高〔2013〕10号）。

〔2〕 教育部关于普通高等学校本科教学评估工作的意见（教高〔2011〕9号）。

〔3〕 李志义、朱泓、刘志军：《本科教学审核评估方案设计与实施重点》，载《中国大学教学》2013 年第 8 期。

理体系的适宜性、充分性和有效性进行审查与评价的过程。"[1]

这两种解读本身都有道理，甚至可以说抓住了审核评估的主要要旨。但是，同时需要看到，这些解读基本上忽略了审核评估产生的特定制度背景和实践背景。而制度背景和实践背景对于一种高等教育评估形态来说，同样是至关重要的。尽管一些学者也同样关注审核评估产生的宏大背景，但这种关注仍然是停留在中国高等教育发展规模和质量之间的矛盾冲突，以及内涵式发展道路的高等教育规律等宏观层面。作为一种链接中国高等教育宏观背景和微观运行的制度设定，中观层面的背景才是界定审核评估内涵最为直接、也最为重要的关联背景。而恰恰是由于目前的解读和界定未能将这些事件勾连起来对审核评估的内涵予以界定，导致对审核评估的探讨也就只能停留在概念内涵的维度，无法深刻理解审核评估的制度意义，从而也就不能对审核评估的深刻内涵予以前瞻性解读。因此，为了从制度层面明确审核评估的内涵，首先需要做的是解析审核评估之所以产生的中观制度背景和实践背景，继而关联起宏观背景和微观运行背景，对这一制度设定的内涵及价值导向予以澄清。

第一，在中观制度背景层面，审核评估的产生源于官方文本中所设定评估形式的穷尽。1990 年，国家教委颁布了《普通高等学校教育评估暂行规定》，拉开了我国本科教学评估工作的序幕，[2] 制度依据的明确意味着高等教育质量保障体系的监督正式走进国家视野，并由此进入操作层面。于是，1994 年从天津城

---

〔1〕 栗岩茹：《审核评估方案的结构框架及实施基础研究》，大连理工大学 2013 年硕士学位论文。

〔2〕 徐哲：《高等学校教育水平评估"权重几何"？》，载《世纪桥》2007 年第 5 期。

市学院开始，中国高等教育的合格评估正式走上高等教育舞台。这一过程一直持续到 2008 年，这一阶段中，中国高等教育的评估经历了合格评估、优秀评估、随机评估和水平评估，至此，《普通高等学校教育评估暂行规定》所规定的所有评估形式都基本落实。在 2003 年至 2008 年间，当 589 所大学参加了水平评估后，一种新型的评估形态之需求也就呼之而出，于是，作为一种针对所有高等学校的高等教育评估形态的院校评估模式就走上了历史舞台。这里有一个需要解决的悖论，那就是，无论是合格评估、选优评估，还是水平评估，本质上都是院校评估的一种类型，那么新出现的院校评估之新意在哪里？制度层面的评估形式在实践中穷尽之时，由何种新型评估形态来填补高等教育评估的形态空缺就是当时最现实的问题，而能够回答这一问题的，正是出于高等学校之间差异考量的审核式评估。于是，新一轮高等教育评估的分类也就成为题中之义，对于新办本科院校而言，其评估形式继续采取以往的合格评估、水平评估等形式，而对于已经完成了合格评估和水平评估的院校，确保其质量保障体系围绕其办学定位和办学目标而展开，并在维持基本质量的统一标准之下，办出各自特色的新型评估形态的评估样式也就从 2009 年走上前台，这种新型的高等教育评估形态就是审核评估。而正是在 2009 年，关于审核评估的研究也第一次出现在学术研究的视野之中。至此，审核评估作为院校评估的一种崭新形态，开始频繁出现在学术研究、高等教育政策和评估实践之中。

第二，在实践背景层面，审核评估的产生与我国高等教育评估实现实质等效的质量需求相伴而生。随着世界高等教育评估形态的日益多元，一种指向标准化、规范化的新型评估形态在其他国家产生，并渐次超越国家界限，形成了超国界的高等教育质量评价体系，这就是专业认证。当前世界高等教育评估与认证的规范所贯穿的基本理念来自《华盛顿协议》。该协议主要针对的是工程教育，于 1989 年由来自美国、英国、加拿大、爱尔兰、澳大利亚、新西兰 6 个国家的民间工程专业团体发起签订。[1] 贯穿《华盛顿协议》的基本理念被概括为"学生中心、产出导向和持续改进"。从落脚点上来看，这和我国高等教育教育评估中心所推出的合格评估、水平评估、审核评估"以评促建，以评促改，以评促管，评建结合，重在建设"[2] 的基本指导原则是不谋而合的，也符合了高等教育发展和评估规律的指导思想。本质上来说，专业认证也是高等教育评估的一种，所不同者在于，专业认证是根据既定的标准对于高等学校的特定专业要素进行评价，以判断特定专业是否达到了既定的质量阈值。而这种评价的操作理念，恰恰就暗合了对于审核评估的学理解读，二者都是根据既定标准对高等教育质量的审核。由此，一个可能的推断就是，中国高等教育的审核评估是从专业认证那里汲取了经验，而并不像英国、美国等其他国家那样是从会计学那里创生而来的。2013 年 6 月，我国成为《华盛顿协议》第 21 个签约预备成员[3]，2016 年 9 月成为正式成员的实践，事实上也证成了这一推论的合理性。中国高等教育评估和专业认证在实践层面的同时推进，所蕴含的意义就在于，这两种制度设定在本质上具有同等

---

〔1〕 李国强、熊海贝：《土木工程专业教育评估国际互认的探索与实践》，载《高等建筑教育》2013 年第 1 期。

〔2〕 教育部关于开展普通高等学校本科教学工作审核评估的通知（教高〔2013〕10 号）。

〔3〕 方峥：《〈华盛顿协议〉签约成员工程教育认证制度之比较》，载《高教发展与评估》2014 年第 4 期。

的理念，也就是中国高等教育质量与世界高等教育质量的实质等效。

由上可知，对于审核评估的内涵界定，尽管从学理上或制度文本上都可以予以界定，也都能反映出审核评估的一定特征，但是要辨识出审核评估的制度意义，则必须结合其产生的制度和实践背景。因此，从以上两个视角切入，结合审核评估的学理和制度依据，我们可以将审核评估的内涵界定为：依据院校自己设定的办学标准，对普通高等学校的本科教学质量所做的一种综合性审核。这里的重点应为标准制定和综合审核，分别对应着通常所谓的"自己的尺子量自己"的审核方式和"五个度"的审核重点。但这只是通常的民间话语表达，具体的解读仍需在这种话语体系之下展开，由此才能分析出审核评估的制度意义。

三、审核评估的审核方式

如前所述，审核评估的是"通过自己的尺子量自己"，也就是所谓标准自定。[1] 但是，这个"标准自定"如何理解呢？"自己的尺子"究竟是什么呢？这需要从学理上予以分析，具体则要结合当前我国高等教育的发展形势以及前文所列审核评估的产生脉络，并结合审核评估的指导思想予以展开。

第一，审核评估的标准暗含分类评估的制度取向。审核评估的对象要求为"凡参加普通高等学校本科教学工作水平评估获得'合格'及以上结论的高校均应参加审核评估。参加普通高等学校本科教学工作合格评估获得'通过'结论的新建本科院校，5

---

[1] 刘振天：《中国高等教育评估体系及评估市场完善化》，载《高教发展与评估》2014 年第 4 期。

年后须参加审核评估。"[1] 这一对象要求结合评估程序中"对学校教学工作做出公正客观评价，形成写实性《审核评估报告》"[2] 的要求结合起来，就形成了所谓"自己的尺子量自己"的形象。但可以看到的是，不同的高等学校参加合格评估和水平评估的时间差异较大，并且水平评估"合格"之上还有良好、优秀两个等级[3]，代表着不同的办学质量。这就意味着参加审核评估的高等学校尽管有门槛式条件限定，但实际上却是千差万别的，因为审核评估的标准必须能够涵括各个不同办学水平的高校。但显然的是，当审核评估具体运行之时，评估专家对于参评院校除了院校自己设定的办学标准之外，必然有一个相对一致的标准预期，这一标准预期既产生自多年来中国高等教育发展过程中所累积的经验认知，也产生于审核评估过程中院校对自己办学定位的期待，比如 985 院校、211 院校以及当前的"双一流"院校等标签，都会对评估过程中产生有形或无形的影响。因此，尽管审核的标准是由各个参评高等学校自主设定的，但却不应，也不能过度偏离国家、社会对于特定参评院校的定位认知，否则审核评估的写实性描述就无法落到实处。因此，审核评估的标准中必然隐含了适用所有高等院校的评价标准，这一分类标准也决定了审核评估的制度意义，尤其是决定了审核评估可能不同于既往适用高等学校某一特定历史阶段的合格评估和水平评估等形态，它可能是长期存在，并会在同一所高等学校反复出现。

---

〔1〕 教育部关于开展普通高等学校本科教学工作审核评估的通知（教高〔2013〕10 号）。

〔2〕 教育部关于开展普通高等学校本科教学工作审核评估的通知（教高〔2013〕10 号）。

〔3〕 普通高等学校教育评估暂行规定，中国国家教育委员会令（第 14 号）。

第二，审核评估的标准意味着"底线要求"的基本满足。从以上评析中继续推导，可以看出，审核评估的标准意味着不同的"底线要求"。这一点的解读可以从当前我国高等教育发展的主导趋势反映出来，在第九届新华教育论坛上高教司范海林副司长提出，下一步将推出工程教育三级专业认证体系，即"一级保合格、二级上水平、三级追卓越"，分阶段分层次地实施高校工程专业的全面质量管理。[1] 尽管这一说法是针对工程专业的，但如果结合之前的高等教育基本状态数据监测、合格评估，2018年，教育部发布了《普通高等学校本科专业类教学质量国家标准》，以及在此基础上新的"六卓越一拔尖"计划 2.0 版，[2] 以及"世界一流大学和世界一流学科"建设，那么整个中国高等教育的体系层次也就日渐清晰。因而，在教育部印发的《关于普通高等学校本科教学评估工作的意见》中也就有了"实现分类的院校评估"的制度设计。需要注意的是，这种分类将院校评估区分为合格评估和审核评估两种形势，其中合格评估的对象是 2000 年以来未参加过院校评估的新建本科学校；审核评估的对象是参加过院校评估并获得通过的普通本科学校。[3] 但实际上，合格评估是几乎所有参评院校最终都会通过自身努力通过的评估形式，到了一定阶段，所谓的新型的、固定形式的院校评估就只能剩下"审核评估"。那么这种可能在未来某一时间成为唯一院校评估的评估形态必然会内部形成不同的底线要求，目前来看，这

---

〔1〕 魏飞等：《基于成果导向的医学教学设计研究》，载《中国高等医学教育》2018 年第 11 期。

〔2〕 吴陈亮、王宝玺：《荷兰、日本高等教育质量保障模式及其启示》，载《当代继续教育》2013 年第 4 期。

〔3〕 教育部关于普通高等学校本科教学评估工作的意见（教高〔2011〕9 号）。

些底线要求会伴随着我国高等教育的政策设定，分别对应着合格评估的基本底线条件，例如《普通高等学校本科专业类教学质量国家标准》的底线要求，"六卓越一拔尖"计划的底线要求，以及"世界一流大学和世界一流学科"的底线要求。因此，审核评估的标准尽管是院校自设的，但实际上都会带有不同办学水平的底线要求特征，所谓"突出内涵建设"实际的指涉也就是质量的不同底线，这一特征也是由审核评估暗含分类评估的制度取向所衍生出来的必然要求。

第三，审核评估的标准意味着特色办学的引导取向。继续从文本依据和以上逻辑进行推演，审核评估还具有引导高等学校特色办学的制度取向。这一点在文本依据上体现在审核评估的指导思想和基本原则之中。在通常所谓"一坚持、两突出、三强化"的指导思想中，崭新的话语为"突出特色发展"和"强化合理定位"，这两点所指向的都是特定高等学校的办学特色。尤其需要注意的是"强化合理定位"的要求，其不同于应用型高校的合格评估和其他类型的水平评估，因为它并没有对参评院校提前给出统一的定位，这实际上就是在引导高等学校结合自身办学条件发展出办学特色，比如对于医学类大学，合理定位的差别可能在于区域一流、国家一流或国际一流之间的差异，也可能在于具体内科、外科等学科特色的差异，这些实际上都指向的是办学的特色问题。在基本原则上，审核评估要求坚持主体性、目标性、多样性、发展性和实证性五项基本原则，[1] 其中主体性、目标性和多样性原则都或直接或间接指向了高等学校的特色发展，比如多

---

〔1〕 教育部关于开展普通高等学校本科教学工作审核评估的通知（教高〔2013〕10号）。

样性原则要求"注重学校办学和人才培养的多样化,尊重学校办学自主权和自身特色"[1] 就是直接规定;又比如主体性原则要求"注重以学校自我评估、自我检验、自我改进为主,体现学校在人才培养质量中的主体地位",[2] 而目标性原则要求"注重以学校办学定位和人才培养目标为导向,关注学校目标的确定与实现"[3] 则都是以间接方式指向了高等院校的办学特色问题。此外,从逻辑推演上,审核评估所暗含的分类评估和底线设定,也都意味着不同层次的院校应当具有符合自己办学定位的办学特色。参评对象究竟是以研究型、教学型、还是应用型为定位决定了其必然具备不同的办学特色,相应地也就具有不同的底线要求,而对这些不同定位底线的超越,也代表了特定院校在某一学科或某一方面的办学特色,这些都可以从以上审核评估的两种制度意义上推论得出。

四、审核重点的逻辑关系

审核评估的审核重点通常被描述为"五个度",但实际上,政策文本中实际所明确的只有"四个度",分别是办学定位和人才培养目标与社会需求的适应度(以下简称"适应度")、教师和教学资源对学校人才培养的保障度(以下简称"保障度")、教学和质量保障体系运行的有效度(以下简称"有效度")、以及学生和社会用人单位的满意度(以下简称"满意度"),统摄

---

〔1〕 教育部关于开展普通高等学校本科教学工作审核评估的通知(教高〔2013〕10 号)。

〔2〕 教育部关于开展普通高等学校本科教学工作审核评估的通知(教高〔2013〕10 号)。

〔3〕 教育部关于开展普通高等学校本科教学工作审核评估的通知(教高〔2013〕10 号)。

"四个度"的是审核评估的核心，也就是"对学校人才培养目标与培养效果的实现状况进行评价"，后来这一审核核心被归纳为另外一个度，也就是"学校人才培养目标与培养效果的达成度（以下简称'达成度'）"。[1] 要精准把握审核评估的制度价值，就有必要对这"五个度"之间的逻辑关系予以解析。

第一，"达成度"是一个定性要求，指向审核评估的结论。从逻辑上说，所谓审核评估的核心意味着所谓的其他评价都要为之服务，围绕这个核心目标展开。因此，审核评估的"达成度"要求是一种最终的定性评估要求，指向审核评估的结论。事实上，作为审核评估的核心，达成度实际上最能反映审核评估的制度要义，也即依据既定的标准，对特定高等学校的本科教育教学质量所做的综合审核。达成度所要形成的是一种写实性描述报告，而报告的依据则是其他"四个度"的实现与否，指向的是审核评估最终结果，但是其他"四个度"来说，更偏重的是自身证据的自我证成，但"达成度"却是要求所有证据来整成学校人才培养目标和培养效果是否达成，这就要分解到特定院校的具体办学过程之中，尤其是一些需要通过定量指标整成的标准之中去，最终形成一种是否达到某种水平或标准的写实判断，尽管这一水平和标准主要是学校自主设定的。因此，从这个角度来说，"达成度"意味着最终的审核性判断，也是审核评估制度设置的核心要义。

第二，"适应度"是定量与定性的综合要求，指向审核评估的多元标准。要形成审核性结论，首要做的是明确标准，这就要

[1] 教育部关于开展普通高等学校本科教学工作审核评估的通知（教高〔2013〕10号）。

求高等学校首先要科学界定自己学校的办学定位和人才培养目标，之后的办学过程则需要围绕这个自主设置的标准进行建设。因此，除了指向审核结论的"达成度"之外，"适应度"是对高等学校最重要的要求，渗透了底线和特色的综合要素。因此，科学的办学定位和培养目标设定对于不同的高等学校至关重要，比如同为财经类大学，中央财经大学和部分地方性财经大学就一定会在办学定位和人才培养目标上有所差异，所谓办学定位的版图观、坐标观一定程度上也就体现出这种差异。此外还有服务面向等政治性要求，也决定了不同院校办学定位和人才培养目标的不同，比如中国政法大学和某地方政法类大学所要服务的法治建设对象和法治人才培养规格也就应当有所差异。这种差异决定了"保障度"、"有效度"和"满意度"等必须围绕着这个"适应度"来展开，否则就会出现形式上同质化建设，但实际上却不可能一致的悖论。从这个角度来说，"适应度"的合理评判就应当是定量和定性相结合的综合评判，既有指向同一类型的教学资源、质量保障和用人单位等的定量性证据支撑，也要有省内、区域、国内、国际处于何种地位和人才培养层次的定性要求。并且，定量的证据必须服务于定性的需求，比如同时评价一所综合性大学，对于北京大学的定量评价所调查的对象和一所省级或地市级综合大学的定量调查对象就一定会有所差异，惟其如此，审核评估的结论也才能具有科学的指导意义。

第三，"保障度"和"有效度"是过程性要求，指向高等学校本科教育教学的内部运行。当有了科学合理的办学定位和人才培养目标后，围绕目标展开的过程保障就是重要的条件支撑，也是审核评估结论做出所要重点考察的支撑性证据。因此，对于

"适应度"来说，"保障度"和"有效度"主要提供的是客观支撑材料，因而尽管也有定性的支撑，但更偏重于定量的支持。审核评估具体的要素要点中，"保障度"和"有效度"更多是数据指标的要求也恰好反映出这一点。需要注意的是，审核评估的目标之一在于帮助学校完善内部质量保障体系建设并形成长效机制，这就意味着，尽管同是过程性要求，"有效度"的重要性要优先于保障度，"保障度"要服务于有效度。这也是为什么当审核评估的程序进入专家进校阶段时，要特别强调对高等学校质量保障体现的建设考察，并明确要求高等学校需要有专门机构、专门人员、专门标准来保障内部质量保障的有效运行的要义，所谓持续改进的理念，主要也就反映在"保障度"和"有效度"这两个过程性要件之中。

第四，"满意度"是结果性要求，指向高等学校的人才培养规格。除了学校对自己办学水平和质量进行自我评估外，外部评价也是审核评估结论做出的重要依据，这里的外部评价主要是通过学生和用人单位来进行的。其中，学生的评价直接指向的学校的教育教学质量，用人单位的评价则是通过对学校所培养人才的评价实现对学校教育教学质量的评价。因此，实际上这两种不同的评价都指向的是学校的人才培养规格，所不同者则在于主导理念的差异。对于学生评价来说，主导的理念为学生中心，通过学生对办学条件、办学资源、课堂教学、第二课堂、实践教学等教育教学过程的评价反映出学校的办学水平和办学质量。对于用人单位评价来说，主导的理念为产出导向，通过用人单位对学生知识、能力、素质的鉴定间接反映出学校的办学水平和人才培养质量。"满意度"从形式上是对高等院校教育教学质量的外部监督，但结合整个审核评估的体系，则反映出审核评估制度内在的一个取向，也就是学校自评与外部审核的结合。定期的学生"满意度"和用人单位"满意度"调查，实际上是以一种周期性外部审核的方式，推动学校建立质量持续改进的长效机制，提升质量保障能力。因此，从这个角度说，未来的审核评估也会越来越重视并明确这一要求或方式。

五、趋势与理想路径

无论是对审核评估产生脉络的梳理，还是对其内涵的科学界定，拟或是对其审核方式制度取向的分析，还是对其审核重点的逻辑分析，最终所服务者，都是对审核评估的未来发展趋势做出科学预测，并提出可能的理想路径。事实上，隐含在审核评估产生过程、审核方式和审核重点逻辑关系中的制度价值也基本上预设了审核评估的未来发展趋势。对此，本文将从宏观整体和微观局部两个层面对审核评估的未来发展予以预测。

（一）宏观整体趋势

从以上描述中，审核评估作为一种制度设计，其宏观整体上的发展趋势已经跃然纸上。

第一，审核评估将成为一种持续存在的高等教育评估形式。从其产生脉络来看，高等教育评估方式的穷尽和对高等教育质量与国际实质等效的评估追求，都决定了需要一种可持续、反复适用的新型高等教育评估形态，取代以往的合格评估、水平评估等多具有一次性、顺序性的评估形态。因此，所谓尽管教育部印发的《关于普通高等学校本科教学评估工作的意见》明确的是分类进行院校评估的思路，但实际上，合格评估并不具备可持续性和反复适用性，随着越来越多的高等院校通过合格评估，它就会成为我国高等教育评估的一段历史，取而代之者必定是自带多元评估功能的审核评估。

第二，审核评估将走向分类指导的发展路径。由于采取院校自评和专家进校考察相结合的评估方式，尽管表面上所适用的评判标准是学校自己设定的，但进校专家内心一般都会对参评院校预设一个相对独立的评价标准。因而在实际运行中，审核评估的尺子实际上是有两把，一把尺子是学校自设的，另一把尺子是专家内心形成的，对应的也就具有两种不同的标准体系。尽管从这一逻辑上说，似乎背离了审核评估"用自己的尺子量自己"的制度设计初衷，但实际上却是高等教育评估发展的必然趋势。截至2019年6月15日，全国高等学校共计2956所的现实也意味着不可能有这么多完全差异化的标准。因此，审核评估未来的标准必然是两把尺子的珠联璧合，并最终形成分类指导的审核评估理念，并具体化为几种大类的评估标准。

第三，审核评估将引导高等学校的特色发展。引导高等学校特色发展是审核评估的重要指导思想之一，这一思想并不会因为分类指导的理念而发生偏差，相反，二者可能形成有效互补的关系。分类指导正是为了突出高等学校办学的整体特色，而高等学校的特色发展也只有在具体的分类框架下才有可能实现。事实上，如果根据高等学校办学类别、办学类型、学科发展水平和人才培养目标定位，分类实施更加有针对性的评估指导，也就更有利于引导和促进高等学校科学定位、特色发展，形成各自的办学理念，在不同层次、不同领域办出特色。[1] 否则，任由不同的

---

〔1〕 杨晓霞、刘晖：《高校办学特色研究综述》，载《高教探索》2009年第1期。

高校盲目制定低于或高于自身实际办学条件和社会实际需求的特色发展道路，则不利于高等学校的特色发展。

第四，审核评估将进一步明确底线要求。分类指导和特色发展的指导思想意味着不同的标准体系，这些不同标准体系之间的差异就是不同类型高等学校需要满足的底线要求。比如按照高等教育一般理论的分类，现代大学一般可分为研究型、教学研究型、教学型、职业型和应用型等类型，[1] 每种类型之间的差别则可以具体化为学科数量和质量、师资力量、学生培养层次和科研水平等方面的差异，这种差异可能是主观的，也可能是客观数据，但基本的取向却是一致的，那就是不同类型的高等学校之间存在着区分的界限，这条界限就是各种不同类型高等学校需要满足的底线。审核评估所谓的审核，就是要通过对各个不同高等学校教育教学条件的审查，来验证是否满足了不同的底线要求。因此，分类型明确底线要求条件也是未来审核评估的宏观整体趋势之一。

（二）具体运行趋势

在具体运行的操作层面，审核评估将进一步科学化工作方法，具体将朝着以下方向进行评估方法的转型。

第一，统一性和特色性相结合。从以上分类指导和底线要求的宏观趋势可以推断，在具体的操作层面，未来的审核评估将会既明确针对特定类型的底线性统一要求，同时又要在统一要求之下，实现分类指导，实现统一要求与分类指导的融贯统一。这也就是说，在整体层面上，审核评估的标准体系形式是统一的，同

---

〔1〕 江小明：《关于高等教育分类及应用型大学定位问题的一点认识》，载《高等理科教育》2005 年第 3 期。

时也要细化为不同类型的统一的底线要求。在此基础上，对学校的本科教育教学与质量保障工作进行审核。同时，在满足统一性底线要求的基础上，按照不同高等学校的特色和自设标准，进行分类评价，以此来引导不同的高等学校进一步精准定位，以便促进其特色能够高效、迅速和有序发展。

第二，自我评价和外部评价相结合。审核评估仍然坚持以院校自评和专家评价相结合的评估方法，也就意味着，对自身的办学质量和办学水平，高等学校在质量保障体系建设方面承担着主体责任。这种主体责任要求它要定期常态地审查其内部质量保障体系的建设完善情况和运行效果，并且这种自我评价要接受外部评价的监督，这种外部监督既可能是审核评估专家进校时的形式，也可能是学校自主引入第三方进行质量保障体系建设的审核，比如引入第三方进行学生满意度和用人单位满意度调查。只有通过内外结合的方式，审核评估才能切实落实持续改进的评估理念，推动学校建立质量持续改进的长效机制。

第三，定性审核和定量审核相结合。从审核要点来看，审核评估必然坚持定性审核和定量审核相结合的评估方式。比如对于教学条件等硬性指标，则更多地会采取定量审核的方式。对于办学定位的适应度则更多地使用定性审核的方式。当然，更多的视察重点多是综合运用定量和定性相结合的方法，既对影响学校本科教育教学质量的核心要素进行定性审核，又对反映本科教育教学质量的关键数据进行定量审核，即从客观指标方面找出硬性差距，也从主观方面明确优势和不足，从而引导高等学校明确差距和优势，实现精准定位和特色发展。

第四，自我整改和督促整改相结合。高端教育评估存在的一个重要问题就是整改不力，对于评估结果，由于问责机制不健全等问题，整改往往不能达到预期效果。对此，未来的审核评估在整改落实方面，将会进一步加大力度，调整整改落实机制，既要求学校自觉履行整改责任、明确整改目标、落实整改要求，又强化教育行政部门对学校评估整改工作进行监督检查，通过建立整改督导复查机制、公布整改监督检查结果等方式，督促学校切实整改，将审核评估的整改意见落到实处。

学生编辑的法律评论在美国法律教育中的角色[*]

◎Daniel H. Foote 著 姜 川 译[**]

导 论

在过去的一个多世纪里，由学生所编辑的法律评论（以下简称"法评"）成为了美国法学学术成果发表的主要载体。在这些法评中，学生承担了几乎所有的出版工作，包括极为重要的步骤——挑选论文刊载。尽管批评者从多个角度对该机制提出了批评，但这并没有阻止学生编辑的法评的兴起。今天，此类法评已经渐渐成为美国法学体系的核心构成，在技术进步的推动下，学生

---

[*] 本文原题为 Student-Edited Law Reviews and Their Role in US Legal Education，发表在《東京大学法科大学院ローレビュー》（东京大学法律评论）总第 6 卷 2011 年 9 月刊。

[**] Daniel H. Foote，东京大学教授，华盛顿大学 Dan Fenno Henderson 名誉教授。姜川，法学博士，南昌大学立法研究中心研究员，中国政法大学《研究生法学》杂志前主编。

编辑的法评数量还在持续攀升。在这些法评所发表的作品中，无论是由学生撰写的评述、短评，还是由学者撰写的论文，都对美国法律的发展产生了重大影响，是美国法律教育体系的重要组成部分。

本文通过介绍学生编辑的法评的一些事实和数字例证，就该类法评所处的地位进行阐述，再对此类法评的历史背景进行讨论。随后，文章将通过对法评人员中各成员所承担的任务进行讨论，探讨法评成员的个体价值。最后，文章针对于学生编辑的法评，讨论了各界所提出的各式各样的批评和关注。

一、事实与数据

同行评阅的刊物是美国大多数学科的学术出版核心载体，投稿由专业领域内的其他专家，即投稿人的同行来审阅，如果投稿被认为值得发表，那么通常也由领域内的专家完成编辑。在法学领域内也同样有很多同行评阅的刊物。2006 年版《法评名录》（该目录的最新版本已出版）列出了总计 177 种"非学生编辑的同行评议和行业期刊"。[1] 正如该名录中所载明的，即使对于这些同行评议的刊物，"学生们也经常在内容校对和出刊准备中扮演各种各样的编辑角色"，但"学生并不能最终决定是否接受并发表文章"。[2] 几乎全部同行评阅的刊物都专注于特定的法律领

〔1〕 参见 Michael H. Hoffheimer, "2006 Directory of Law Reviews 41-56 (Lexis-Nexis, 2006)", available at http: //www. lexisnexis. com/lawschool/prodev/lawreview/, last visited on May 16, 2011, 法评的数量由作者统计。

〔2〕 Id. at vii.

域，例如刑事司法、知识产权，[1] 亦或采纳特殊的学科视角，例如法律与经济、法律与社会。[2]

学生编辑的法评数量远超同行评阅的刊物，在 2006 年版《法评名录》中列出了 500 多篇由学生编辑的法律评论。[3] 对于由学生编辑的法评，教职导师或顾问委员会（有时包括业界人士、法官和教职人员）大多会提供指导。然而，几乎所有法评，包括待刊文章的选择和发表前的大量编辑工作在内，都是学生负责全部编辑事务。

学生编辑的法评可分为两大类：综合性法评和专门性法评。事实上，美国几乎所有的法学院都有一种以上学生编辑的法评，通常法学院创办的第一个法评会以"学校的名称+'法评'"（例如《哈佛法评》、《加州大学洛杉矶分校法评》）或"学校名称+法律杂志"（例如《耶鲁法律杂志》、《乔治城法律杂志》）；多数有专业性法评的法学院，通常将第一个法评视为主要或旗舰法评。尽管很多此类法评会不时地发表专题讨论或特定主题的专辑，但几乎所有的法评都发表涉猎广泛的学术作品，因此它们都不是专注于某领域的，而是综合性刊物。2006 年的目录列举了美国认证法学院的 181 个"综合性"法评。[4] 三分之二以上的综

---

[1]　这些期刊中有相当多的人关注特定领域中更窄的细分市场。例如，在"刑法和程序法"标题下列出的期刊包括《联邦量刑报告》杂志和《妇女与刑事司法》杂志，Hoffheimer, supra note, at 44–45.

[2]　有关特殊学科视角的例外情况，参见下文注释。

[3]　参见 Hoffheimer, supra note, at 1–40. 法评的数量由作者统计。

[4]　参见 id. at 1–14. 法评的数量由作者统计，该《目录》还包括三份波多黎各的法学院办的法评。

合性法评每年至少出版四辑，其中大约 30 种每年出版 6 辑或更多。[1]

在许多法学院，学生都创办了关注于特定法律领域或特定学科视角的其他种类的法评。在 2006 年版的目录中列举了总计 321 种"学生编辑的专门性法律刊物"。[2] 专门性法律刊物中最大的类别是国际法与比较法，总计 75 种，其他大类包括与环境相关的 32 种、与科技相关的 23 种、与性别相关的 19 种以及与人权、私权和公共政策相关的杂志 18 种。[3] 并非所有法学院都有此类专门性刊物，在某些学院，尽管主办有数本此类刊物，学生编辑的专门性刊物持续增多。例如哈佛法学院，2006 年版的目录列举除了《哈佛法评》外的 10 种专门性刊物。自从 2006 年以来，哈佛法学院学生创办了另外 4 种刊物。[4] 与主要法评相比，专门期刊出版频次更低，在 2006 年版指南列出的 321 种专门性刊物中，一年出版超过 3 辑的不到 50 种。[5]

由上述数字不难看出，学生编辑的法评数量远远超过同行评

---

〔1〕 该《目录》总结出了综合性法评发布的频率。据笔者统计，在列举出的 181 种法评中，有 131 种每年发布 4 辑或更多，有 27 种每年出版 4 辑或更多（包括八种每年出版 8 辑），See id.

〔2〕 参见 id. at 15-40. 法评的数量由作者统计。

〔3〕 参见 id.

〔4〕 参见 Harvard Law School, Student Organizations and Journals, Journals and Publications, http://www. law. harvard. edu/current/orgs/journals/index. html (last visited April 26, 2011). 该网站总共列出了 16 份学生编辑的期刊，除了主要的《哈佛法评》。在 16 份中，《哈佛法律与政策评论（2006）》《哈佛体育与娱乐法律杂志（2010）》《哈佛国家安全杂志（2010）》和《哈佛商业法评论（2011）》自 2006 年后才开始出版。

〔5〕 参见 HOFFHEIMER, supra note, at 15-40. 按照我的统计，321 份专门性法评中 49 份每年出版 4 期或更多。

阅的法律刊物，在排名上同样占优。[1] 美国法评最常用的排名
方法就是基于法评中的文章被其他刊物或司法意见所引用的次
数。近年有大量此方面的研究，在 2002 年发表的一篇论文中，
作者综合了 1930 年到 2000 年间 14 项此类研究的结果，并计算这
些研究的平均排名。[2] 学生编辑的综合性法评统治了排行榜。
三种法评（《哈佛法律评论》《耶鲁法律杂志》《哥伦比亚法律评
论》）在几乎所有的研究中都名列前茅，这三本刊物占据着大多
数榜单的榜首位置。此外，在前 20 种中，学生编辑的综合性法
律刊物占据另外 17 个位次。榜单上首个专门性刊物出现在第 21
位，名为《法律和当代问题》。这是一本创刊于 1933 年，由杜克
大学法学院的教师负责编辑的刊物。[3]

　　为了降低由于刊物多年来发表文章数量庞杂所导致的偏差，
现行对法评进行排名的方法仅仅考虑了近八年所发表文章的引用
情况，甚至对近期创刊的刊物给予更高的权重。[4] 数据被汇编
在一个可自由获取的数据库中，为用户定向搜索提供了极大的灵
活性。基于这种方法，学生编辑的综合性法评也继续在引文排名

---

〔1〕　列出的对法评排名的方法，有引用和链接的主要例子，参见 Mary Whisner &
Ann Hemmens, "Writing for & Publishing in Law Reviews: Which Are the Best Law Re-
views?", available at http://lib.law.washington.edu/ref/lawrev5.html, last visited May
20, 2011.

〔2〕　参见 Kincaid C. Brown, "How Many Copies Are Enough? Using Citation Studies to
Limit Journal Holdings", 94 *Law Library Journal* 301 (2002).

〔3〕　参见 About L&CP, available at http://www.law.duke.edu/journals/lcp/, last
visited May 3, 2011.

〔4〕　参见 Law Journals: Submissions and Ranking, available at http://lawlib.wlu.
edu/LJ/index.aspx, last visited May 20, 2011.

中占据主导地位。[1]

　　另一种对法评排序的方法，采纳了包括作者知名度评估[2]和专家调查结论[3]在内的两种评价指标。其中两项突出的研究都关注于学生编辑的综合性刊物上，[4] 其他研究则关注于专门性刊物。因此，这些研究并没有试图比较综合性刊物与专门性刊物。在专门性期刊排名中，尽管某些同行评议期刊的排名很高，[5] 但学生编辑的刊物仍然占据榜首。

二、历史

　　1987 年，《哈佛法律评论》（以下简称《哈佛法评》）成立

---

　　〔1〕　基于笔者于 2011 年 4 月 26 日进行的搜索：关于"综合得分"（综合得分根据数据库编译设计的公式计算），由学生编辑的综合性法评占据了第 24 号的每一个位置。同样地，学生编辑的综合性法评以期刊引用数和所谓的"影响因子"（基于每篇文章的引用次数）来主导排名。其他类型的期刊有一类排名较高的是在司法意见中引用的期刊，如果将搜索限制在某些情况下的引用中，例如同行评议的专门性期刊，《美国破产法杂志》排名第一；另一家同行评议的专门刊物《商业律师》排名第十；以及两本由学生编辑的专题期刊《美国破产协会法评》和《美国刑法评论》，分别排名第 5 和第 18 位。否则，即使是司法意见的引用，前 30 名也都被学生编辑的法评占据。

　　〔2〕　See Robert M. Jarvis, "Ranking Law Reviews: An Empirical Analysis Based on Author Prominence", 39 *Arizona Law Review* 15 (1997); Tracey E. George and Chris Guthrie, "An Empirical Evaluation of Specialized Law Reviews", 26 *Florida State University Law Review* 813 (1999).

　　〔3〕　See Gregory Scott Crespi, "Ranking International and Comparative Law Journals: A Survey of Expert Opinion", 31 *The International Lawyer* 869 (1997). (hereinafter, Crespi, International and Comparative); Gregory Scott Crespi, "Ranking the Environmental Law, Natural Resources Law, and Land Use Planning Journals: A Survey of Expert Opinion", 23 *William and Mary Environmental Law and Policy Review* 273 (1998).

　　〔4〕　参见 Jarvis & Coleman, supra note; Robert M. Jarvis and Phyllis G. Coleman, "Ranking Law Reviews by Author Prominence: Ten Years Later", 99 *Law Library Journal* 573 (2007).

　　〔5〕　例如，两家同行评议的期刊《美国国际法杂志》和《美国比较法杂志》，根据对这些领域专家的调查，在国际期刊和比较期刊排行榜中排名榜首。参见 Crespi, International and Comparative, supra note, at 875.

100 周年庆典时，60 年前的法评主席[1]格里斯沃德（Erwin Gris-wold）准备了一篇纪念文章，[2] 格里斯沃德在他担任哈佛法学院院长的 21 年乃至这一生都是法评的强力支持者，在该文中他说到：

可能《哈佛法评》最重要的一点是它从一开始就依赖于学生的主动性，由学生负责运行，而且出于实际目的，由学生控制。《哈佛法学院的百年历史》指出 "教职被邀请在管理中发挥积极作用，但作者认为，如果他们继续留在幕后，论文的吸引力将得到更大提升"。[3]

在文章的结尾，格里斯沃德又谈回到学生控制的主题，"有人对于美国的主流法学刊物由学生负责编辑和管理存在疑问，这种情况并不常见，但是其起源就是如此，并且学生编辑和管理非常好地发挥了法学期刊的优势"。[4] 那么，《哈佛法评》和其他学生编辑的法评是如何在美国法律学术中占据这样的中心地位的？这是作者现在要讨论的问题。在 19 世纪中期，美国法学学术的主要来源是论著和法律报告，[5] 论著是冗长的学术作品，有时可以达到数卷，用以系统地陈述和说明特定领域的法律原理。[6]

---

　　[1]　参见 "Editorial Board", 41 *Harv. L. Rev.* 69（1927）.

　　[2]　参见 Erwin N. Griswold, "The Harvard Law Review — Glimpses Of Its History As Seen By An Aficionado", *Harv. L. Rev.*: *Centennial Album* 1（1987）.

　　[3]　参见 Id. at 14, Quoting Harvard Law School Association, The Centennial History of The Harvard Law School 140（1918）.

　　[4]　参见 Griswold, supra note, at 19-20.

　　[5]　参见 Michael I. Swygert and Jon W. Bruce, "The Historical Origins, Founding, and Early Development of StudentEdited Law Reviews", 36 *Hastings Law Journal* 739, 742-750（1985）, and sources cited therein.

　　[6]　对于法律著作历史的考查，参见 A. W. B. Simpson, "The Rise and Fall of the Legal Treatise: Legal Principles and the Forms of Legal Literature", 48 *The University of Chicago Law Review* 632（1981）.

法律报告是现在的案件报道的前身，它们报道最近的司法案件，通常包括法官的意见、案件事实和律师的辩论摘要。[1]

在 19 世纪上半叶，创立法学期刊的尝试从未间断，这些刊物的内容一般包括律师感兴趣的新闻故事以及案件报道与评论，但这些尝试很少能够超过数年。[2] 不过，努力建立商业上可行的法学期刊还在继续，1850 年创立的商业期刊中至少有两项具备学术导向：创刊于 1852 年的《美国法律记录》（American Law Register），以及创刊于 1866 年的《美国法评》（American Law Review）。[3] 两者都刊载学术论文和最近法律类图书的评论，以及法律事件的新闻。这两者对于学生编辑的法评的发展有着特殊的意义。尽管《美国法律记录》创刊时由律师编辑，但在 1896 年，宾夕法尼亚大学法学院的学生接管了编辑工作。该刊物至今仍以《宾夕法尼亚大学法评》的名称存在，成为美国现存持续出版时间最长的法律刊物。[4]《美国法评》因其与《哈佛法评》的联系而备受关注。两名在波士顿执业的哈佛法学院毕业生创立了《美国法评》，[5]《哈佛法评》的创立者以《美国法评》为模板。[6] 反过来说，《哈佛法评》为学生编辑的法评的兴起铺平了道路，

---

〔1〕 对于法律报告历史的考察，参见 Erwin C. Surrency, "Law Reports in the United States", 25 *The American Journal of Legal History* 48 (1981).

〔2〕 参见 Swygert & Bruce, supra note, at 751-755.

〔3〕 参见 id. at 755-758.

〔4〕 参见 id. at 756-757.

〔5〕 参见 id. at 757.

〔6〕 参见 e. g., id. at 758, 762-763 & n. 205, 776 n. 304.

并且成为美国后继的法评的模板。[1]

《哈佛法评》有三个主要方面值得特别注意：其建立的过程、其内容和其成就。首先来看建立的过程，1886 年秋天，一群有能力、有决心的学生努力创办了法评。[2] 他们告知教职其想法，并获得了德高望重的詹姆斯·恩姆斯（James Barr Ames）教授的鼓励和大力支持。[3] 并不清楚那时的院长哥伦布·朗德尔（Columbus Langdell）是否从起步时便积极支持建立法评；[4] 但朗德尔院长在创刊当年投稿了 3 篇，多年来总投稿 27 篇论文，[5] 之后不久就变成法评的有力支持者。最后一个基本要素是财政支持：据说是在恩姆斯的建议之下，学生们与杰出校友（后来的美国最高法院大法官）路易斯·布兰代斯（Louis Brandeis）联系，布兰代斯捐献一笔基金并将学生们介绍给其他可能支持刊物的校友。[6]《哈佛法评》的建立包括了四个要素的相互作用——有能力且坚定的学生编辑，教职的建议与支持，院长的默许（如果院长不是积极支持），以及外部的财政支持。这些要素到位后，学生们于 1887 年春天开始出版《哈佛法评》。

上述四要素依旧与成功创立学生编辑的法评密切相关。如果四个要素之一足够强大，其或许可以弥补其他要素的缺陷。例

---

〔1〕　《哈佛法评》并不是第一部由学生编辑的法评。据考察，第一个由学生编辑的法评是《奥尔巴尼法学院杂志》（Albany Law School Journal），于 1875 年开始出版，但只持续了一年。参见 id. at 764-766. 由哥伦比亚法学院学生编辑的周刊《哥伦比亚法学家》（Columbia Jurist）也早于《哈佛法评》。它始于 1885 年，但在第三年中途停止出版。参见 id. at 766-768.

〔2〕　参见 id. at 769-770.

〔3〕　参见 id. at 770-771.

〔4〕　参见 id. at 771.

〔5〕　参见 id. at 778.

〔6〕　参见 Griswold, supra note, at 3-5.

如，如果院长非常支持，法学院可能会提供足够的资金，因此减轻对外界支持的需求。类似的，坚定而博学的校友可以提供足够的建议与支持，可以弥补"缺乏一个有能力和支持性的教师顾问"的不足。一份缺少四要素中的三点还能成功举办的法评是难以想象的。当然，无需赘言，最基础的要素是有一群坚定而有能力的学生编辑。

《哈佛法评》的第二个值得关注的方面是其内容。一开始，《哈佛法评》试图报道有关法学院的事件新闻，类似于今天的时事通讯。因此，在最初的几年里，它包含了关于"学校发生事件的通报、模拟法庭辩论的报道和课堂讲座的总结"。[1] 然而，创刊之始其创始人的目标就是建立一个学术期刊。哈佛大学的学生决定每年出版 8 期，实际上是学年中每个月出版 1 期，每期里通常包括至少 2 篇关于重要法律主题的论文。在《哈佛法评》的早期通常是由哈佛法学院的教授或重要校友撰写。在回顾《哈佛法评》成立五十周年时，有早期编辑评论到："我们知道我们的教职中包括具有最高标准和在其领域中取得最高成就的学者……我们渴望看到他们的研究成果发表出来。"[2] 从一开始，法评包含一个"评述"（Note）部分，除了报道与法学院有关的新闻之外，通常还包含对最近法律发展的讨论，还伴随着分析性评论。每期通常还包括"近期案件"部分，其中载有对最近司法决定的短评。最初，大多数短评只是简单地总结了正在讨论的有关案例，但有些短评逐渐也对这些决定提出了批判性的评论。[3] 最后，

---

〔1〕 参见 Swygert & Bruce, supra note, at 773.
〔2〕 参见 John H. Wigmore, "The Recent Cases Department", 50 *Harvard Law Review* 862（1937）.
〔3〕 参见 id. at 864-865.

大多数问题以"书评"部分结束，其中大部分都对相关作品进行了批判性评价。值得注意的是，这些评述、案例短评和书评，有时甚至是主要论文，都是由学生编辑撰写的。

在最初的几年之后，《哈佛法评》减少了模拟法庭辩论的报道和课堂演讲的摘要，[1] 也渐进减少了法学院活动的报道。此外，随着时间的推移，评述和短评（后者随后分为"最近的案例""最近的立法"和"最近的法规"）变得更加精细，并添加了某些新栏目。现在《哈佛法评》，无论如何都不会被认为其主要作用是传播哈佛法学院聘任的学者的作品；相反，在其历史的大部分时间里，《哈佛法评》都将其角色视为发布最好的法律学术研究，无论作者的隶属关系。总的来说，即使在今天，《哈佛法评》依然遵从第一任编辑们的基本模式。此外，《哈佛法评》设定的模式也已经成为美国大多数其他法评的标准。大多数期刊开篇是由法律学者或知识渊博的业界人士撰写的主要论文；包含有由学生作者撰写的关于当前法律问题或近期案例和立法的部分评述或短评；以书评作为结尾，部分是由学者撰写，其他都由学生撰写。

《哈佛法评》值得关注的第三点是其成就。在创立之后数年，律师开始在他们的辩护状（Brief）上引用法评上的论文，法官开始在判决上引用法评上的论文。[2] 法评的论文也开始影响立

---

〔1〕　在有报道称一些学生依赖于课堂讲稿而不上课之后，法评中的课堂讲座摘要就有所减少了，参见 Griswold, supra note, at 10.

〔2〕　参见，e. g., Swygert and Bruce, supra note, at 787-789 and sources cited therein; Roger C. Cramton, "The Most Remarkable Institution: The American Law Review", 36 *Journal of Legal Education* 4（1986）.

法。[1] 律师开始在法评上寻找信息和想法。[2] 法评提供了宝贵的教育红利,[3] 因此, 基于这个原因——以及下文第三章将进一步讨论的将法律评论的位置授予那些成绩好的人的普遍做法[4]——律所在做出聘用决定时更倾向于法评的成员。[5] 对哈佛法评来说, 在其早期教授们发表的作品和最优秀的哈佛法学院毕业生的作品帮助其建立了声誉。与此同时, 这些出版的作品也提升了这些教授及毕业生的声誉, 以及哈佛法学院本身的声誉。[6]

这些潜在的好处当然并非哈佛独有, 没过多久, 学生编辑的法评就如雨后春笋般在各个知名法学院建立起来。1887 年秋天,《哈佛法评》 创刊出版的数月后, 哥伦比亚法学院的学生创办了一份期刊。[7] 该刊物在 6 年后停止出版, 但在 1901 年该校学生再次尝试, 最终创立《哥伦比亚法评》, 并迅速成为美国的知名法律刊物。与此同时, 耶鲁大学的法学院学生 1891 年创立了《耶鲁法律杂志》,[8] 和之前提到的, 1896 年宾夕法尼亚大学法学院学生接管了《美国法律记录》 的编辑工作;[9] 20 世纪初

---

〔1〕 参见 Swygert & Bruce, supra note, at 789 and sources cited therein.

〔2〕 参见, e.g., id. at 789-790 and sources cited therein; Bernard J. Hibbitts, "Last Writes? Re-assessing the Law Review in the Age of Cyberspace", 71 *N.Y.U.L. REV.* 615, 622-623 (1996), and sources cited therein.

〔3〕 参见, e.g., Douglas B. Maggs, "Concerning the Extent to which the Law Review Contributes to the Development of the Law", 3 *Southern California Law Review* 181, 184-185 (1930).; Hibbitts, supra note, at 622 and sources cited therein.

〔4〕 参见下文 88-92 号注释。

〔5〕 参见, e.g., Swygert & Bruce, supra note, at 789-790 and sources cited therein; Hibbitts, supra note, at 622-623 and sources cited therein.

〔6〕 参见 Hibbitts, supra note, at 623-625.

〔7〕 参见 Swygert & Bruce, supra note, at 782.

〔8〕 参见 id. at 782-783.

〔9〕 参见上文本附注 30。

期，教师编辑的法评开始在密歇根大学法学院和西北大学法学院出版，[1] 这两个刊物于 20 世纪 30 年代转为学生编辑。[2] 法评的数量持续增长，到 1928 年，有 33 家法评，而到 1937 年已有 50 家，[3] 到 1951 年数量达到 76 家。[4] 随着时间的推移，可以确信每一家认证的法学院都有至少一本学生编辑的法评。[5]

相对综合法评，学生编辑的专门性法评的兴起则时间更晚，但发展更迅猛。[6] 第一个学校附属的专门刊物是由西北大学法学院于 1910 年创立的《美国刑法与犯罪学所杂志》。20 世纪 30 年代到 40 年代，又有 5 份专门刊物在西北大学法学院设立。[7] 这些刊物设立时都是由教职编辑，4 份转为学生编辑，其他 2 份依旧是教职编辑。[8] 20 世纪 50 年代，9 份专门性刊物在美国法学院创刊，[9] 之后，专门性刊物的数量开始激增，依据 1998 年初的一项研究显示，在北美法学院新设的专门性刊物中，27 份创刊于 20 世纪 60 年代，60 份于 70 年代，91 份于 80 年代。1990 年到 1998 年间，新创刊物达到 137 份。[10] 尽管没有 21 世纪头十年的具体统计数据，新创专门性刊物的数量依旧保持着高速增长的

---

[1] 《密歇根法评》成立于 1902 年；《伊利诺斯法评》，后来更名为《西北大学法评》，成立于 1906 年。

[2] 参见 Swygert & Bruce, supra note, at 783-786.

[3] 参见 Hibbitts, supra note, at 629 and sources cited therein.

[4] 参见 id. at 634 and sources cited therein.

[5] 参见, e. g., Joshua D. Baker, Note, "Relic or Relevant?: The Value of the Modern Law Review", 111 *West Virginia Law Review* 919, 924 (2009). （"所有 199 个经美国律师协会批准的机构至少主办了一份法律评论，许多学校主办了几份。"）

[6] 参见 George & Guthrie, supra note, at 816.

[7] 参见 id.

[8] 作者通过检查六个期刊的当前主页确定。

[9] 参见 George & Guthrie, supra note, at 818.

[10] 参见 id. at 818, 821 - 822 and n. 56 (count "accurate as of January 31, 1998").

趋势。此外，正如在本文第一章中所展示的，大多数此类专门性刊物是学生编辑的。

随着文字处理软件与信息技术的发展，以及最近出现的在线刊物都减轻了一些办刊的负担。然而，新创一份专门性刊物仍然是一项重大任务。创立专门性刊物和创立综合性法评都需要同样的基本要素——有能力且有担当的学生，一个或数个支持的教职，法学院的支持，资金支持（至少在关键的初创阶段）。

创办专门性法律刊物的动机各有不同。有的因为法学院鼓励在自身较强的学科创立刊物，由此可以推广其优势学科并增强法学院的声誉，例如密苏里大学法学院："创办《密苏里争端解决杂志》作为法学院努力成为争端解决领域确立领先地位的一部分"。[1] 有的法学院创办专门性刊物是为了给更多学生参与法评的机会，早期的一个突出例子是由当时的哈佛法学院院长格里斯沃德在 20 世纪 50 年代末到 60 年代支持的本院最早创设的三本专门性刊物。正如格里斯沃德后来所说"当我是院长时，我开始鼓励学术连续出版物（除了《哈佛法评》之外）的发展，为其他学生提供类似的参与法评的机会"。[2] 然而新创专门期刊的最常见的模式是一群对如人权、环境法等特定领域有共同兴趣的学生，或者对如性别或种族等主题有共同的关注的学生推动创办一份关注于特定领域或主题的刊物。

正如格里斯沃德所希望的那样，综合刊物和专门刊物的激增为很多学生提供了参与法评运作的机会。依据 2010 年春天对美国 77 所法学院 6500 名三年级法学学生的调查，接近 35% 的受访

---

〔1〕　参见 id., at 818.

〔2〕　参见 Griswold, supra note, at 16.

者曾经参与或计划在毕业前参与法律刊物的运作。[1] 在那些有多份刊物的法学院,大约超过一半的法学院学生在其在校期间参与法评的工作。例如斯坦福法学院在综合性的《斯坦福法评》之外有 8 份专门性法律刊物,[2] 数据显示有 69% 的学生为法评或法律刊物工作。[3]

在解释学生编辑的法评占据主流地位时,格里斯沃德认为"法评开始就是学生编辑,而且从其自身的优势中得到快速的发展"。[4] 如此看来,现在学生编辑的法评占据了中心位置可以说是路径依赖的一个经典案例。

然而这个解释回避了一个问题,为何学生编辑的法评率先出现?以及为何同行评议或教职编辑的刊物并没发展起来取代学生编辑的刊物?正如前文所提到的,在学生编辑的刊物出现后,一些教职编辑的综合法评以及相当数量的专门性刊物也随之建立了起来。在过去的几十年里,一些专门性刊物以教职编辑的形式存在,大量新创的教职编辑的专门刊物也已开始出版。[5] 并且,最近有一个值得注意的情况,2009 年哈佛法学院的教职们开始创

---

〔1〕　参见 2010 Law School Survey of Student Engagement,http://lssse.iub.edu/ ; relevant pages from analyzed data report prepared for the University of Washington School of Law on file with author.

〔2〕　参见 Stanford Law School, Student Journals, http://www.law.stanford.edu/publications/journals/ .

〔3〕　参见 Stanford Law School, Law School Facts, Student Activities, http://www.law.stanford.edu/school/facts/#student_activities.

〔4〕　参见 Griswold, supra note, at 19-20.

〔5〕　参见 George & Guthrie, supra note, at 819-820.

立了一个新的同行评议的综合法律刊物。[1] 但是，在美国由教职编辑的刊物逐渐转化为由学生编辑的情况并不少见。

学生编辑的刊物率先出现，以及大量由教职编辑的刊物转化为由学生编辑的主要原因是激励结构。[2] 编辑过程正如美国法评们自称的那样，非常耗费时间。对学生编辑而言，成为法评成员的回报包括以下：研究、写作等方面的学术训练；在很多法学院还有学术学分奖励；当然几乎可以确信的最有价值的回报是作为编辑成员的荣誉和更光明的就业前景。[3] 考虑到这些好处，大多数学生愿意免费为法评服务。事实上，学生通常会以获得该机会为荣。相比之下，教职成员的激励结构不利于其接受刊物编辑工作。对美国法学院的教职而言，进行研究并发表论文被认为是获得学术地位、实现晋升、评定终身教职、申请研究经费的最重要因素。[4] 然而，刊物编辑工作在这些过程中并不重要，加之刊物编辑工作通常报酬有限，由此，教职参与繁重的法律期刊编辑工作的实际动力不足。

当然，学生编辑的法评如果不被认为是学术成果发表的有价

---

〔1〕 新出版的《哈佛法律分析杂志》是一份来自所有法律领域和所有学科角度的学术研究旨在出版法律期刊的在线期刊，参见 Harvard Law School, News & Events, Spotlight at Harvard Law School, Faculty Research, "Ramseyer and Shavell launch peer-reviewed law journal, with open access online", http://www.law.harvard.edu/news/spotlight/faculty-research/ramseyer.shavell-html. 该杂志可以自由在线获取参见 http://jla.hup.harvard.edu 2011。

〔2〕 为了考察美国法评的兴起，重点关注为支持建立由学生编辑的法评，法学院、法学院教授、校友的激励措施 参见 Hibbitts, supra note, at 617-626.

〔3〕 有关法评成员资格的价值的讨论，请见下文第三部分。

〔4〕 为了讨论美国法学院的招聘过程，参见 Daniel H. Foote, Beikoku rō sukūru no uchigawa: kyōin no gakureki/shokureki tō no tōkei bunseki wo tsūjite [An Inside View of U. S. Law Schools: Based on a Statistical Analysis of the Academic and Occupational Backgrounds of Faculty Members], 121 Hōgaku Kyōkai Zasshi 1285, 1301-1311 (2004).

值载体，那么教职人员可能会对建立和维护声誉良好的期刊饶有兴趣。然而，正如之前所述，美国顶尖的学生编辑刊物具有广泛的学术影响。在评定聘任、升迁和终身教职时，美国法学院并不要求在同行评议的刊物发表论文。如果要发表，美国法学院更看重在高排名的、由学生编辑的综合性法评发表论文——而非是在专业性刊物，无论该专业性刊物是同行评议与否。因此，在对学生的正向激励与对教职的反向激励的综合作用之下，使得学生编辑的法评占据主导地位。

三、法评成员的价值

学生编辑的法评出现后数年，律师事务所开始倾向于聘用参加过法评的学生。[1] 后来，人们普遍认为法评的成员，尤其是负责选用主要法评的成员，在律所选聘律师助理和法官选任法官助理方面享有优势，[2] 法评的经历也是学生获得法学教职时的重要依据，实证研究已经证明该观点。[3]

1991 年，斯坦福法学院的学生就律师、法官和教授如何看待和使用法评进行了一项调查。[4] 调查发现"大多数的法评的前成员都极其珍视其在法评的经历——既能提升其技能，又可增强

---

〔1〕　数据和观点参见 Swygert & Bruce, supra note, at 790。

〔2〕　在美国，一些法学院的学生毕业后去当了联邦或州法庭的法官助理，其中一些人会被选拔成为美国最高院的法官助理。这些职位都享有很高的声誉。有关法律助理系统的讨论参见 Daniel H. Foote, Reflections of a Former Law Clerk, in Matsuo Kōya Sensei Koki Shukuga Ronbunshū, Gekan (Essays in Honor of Professor Kōya Matsuo on the Occasion of His Seventieth Birthday, Vol. 2) 796 (Kuniji Shibahara, Noriyuki Nishida and Masahito Inouye eds.) (Yūhikaku, 1998).

〔3〕　各种实证研究的总结参见 Dexter Samida, "The Value of Law Review Membership", 71 *The University of Chicago Law Review* 1721-1724 (2004).

〔4〕　Max Stier, "Law Review Usage and Suggestions for Improvement: A Survey of Attorneys, Judges, and Professors", 44 *Stanford Law Review* 1467 (1992).

其求职竞争力"。[1] 在招聘方面，调查显示"法评成员身份是雇主做出聘用决定时的重要标准。这不仅是因为法评成员身份是'精英'的证明，还因为法评给予成员的历练"。[2] 不论是招聘律师助理的律师，还是招聘法官助理的法官，或是招聘新教职成员的教授，该结论都适用。[3] 该研究发现，教授对法评成员尤其重视。[4]

另一项发表于 2004 年的研究成果，考察了《芝加哥大学法评》的成员身份对于芝加哥大学法学院毕业生的职业生涯影响。[5] 该研究发现，"在综合成绩相同的情况下，法评成员身份可以显著增加其竞争联邦法官助理的成功概率"，[6] 同样，成为法评编辑也有助于增加获得从教机会的概率。[7]

类似的，在我承担的一项对超过 500 名美国法学院教职成员背景的考察中，样本中的传统型终身教职里（很类似日本法学院的研究型教员），几乎 60% 曾经参与过法评，在毕业于排名靠前的法学院的教职里，这个比例更高。[8] 在哈佛法学院，在履历信息被收入进 2007—2008 年教师名录的传统型终身教职成员中，接近 80% 的教职曾经在法评任职。[9]

正如对芝加哥大学法学院研究观察到的，法评成员与法官助

---

〔1〕 Id. at 1468. 相关结果的更多细节讨论参见 id. at 1490-1492.

〔2〕 Id. at 1468. 相关结果的更多细节讨论参见 id. at 1487-1490.

〔3〕 Id. at 1488.

〔4〕 Id.

〔5〕 参见 Samida, supra note.

〔6〕 Id. at 1728.

〔7〕 Id. at 1729-1730.

〔8〕 参见 Foote, supra note, at 1326-1327.

〔9〕 参见 Yukio Yangagida and Daniel H. Foote, Hābādo: Takuetsu no Himitsu—Hābādo Rō Sukūru no Eichini Manabu〔Harvard: Secrets to Its Preeminence—Learning from the Wisdom of Harvard Law School〕215（2010）.

理间的高相关性可能因为法评成员比其他学生更倾向于成为法官助理。[1] 同样的逻辑可以用于解释法评成员与教职间的相关性。法官助理与法学教授都要求大量的研究与写作，这与法评的工作一致。似乎可以这样假设，那些在法评有研究和写作经历的人（至少那些觉得这些经历令人愉快的人）更倾向成为法官助理和教职人员。就法官助理而言，法评提供的信息网络是另一个可能的原因。法学院向想成为法官助理的学生提供信息会议和指导非常常见。但法评成员通常能够从法评前成员或法评内部的消息渠道获得更多关于成为法官助理最佳策略的详细信息。

但几乎毫无疑问，法评成员身份在求职方面获益，最重要的原因是成员身份的声誉以及编辑工作的经验。

在美国，法学院学生在本院主要的法评任职被广泛认为是最高荣誉之一。通常被主要法评选上的主要依据是法学院学生的成绩。《哈佛法评》刚出版那几年，当出现人员空缺，成员会由其他学生来填补空缺，（在选拔标准中）尽管成绩固然重要，但仍然有主观因素影响。[2] 在 20 世纪 20 年代早期，《哈佛法评》已经转向了一种完全基于分数的遴选制度，法评成员位置都留给了平均绩点最高的学生。[3] 这种选拔方式持续了大约半个世纪，（这意味着）当时"在法评工作"就自动等同于他（她）是班上的翘楚。

在 20 世纪 70 年代，《哈佛法评》的遴选制度变成大约半数成员依旧凭成绩入选，其余成员则基于写作竞赛的表现。[4]（很

---

[1]　参见 Samida, supra note, at 1727.
[2]　参见 Griswold, supra note, at 6.
[3]　参见 id. at 7.
[4]　通常参见 id. at 16.

明显有些律所看重法评成员很大程度上是因为法评成员就是高分的象征，所以当时面试官问被面试人其进入法评是凭借成绩还是写作的现象并不少见）。自 20 世纪 80 年代起，《哈佛法评》进一步调整其遴选制度，根据包括成绩、写作竞赛表现和其他因素在内的等一系列因素进行考量。[1]

许多其他法学院也放弃了完全依靠成绩来选择法评成员的方法。依据一项实证研究，在 20 世纪 80 年代早期，很多法学院的主要法评都根本不考虑成绩，代之以一项基于申请人的写作竞赛表现及其他因素进行评估的制度。[2] 此外，选择专门性法评成员的标准通常会比主要法评更简单。有些专门性法评使用写作竞赛或其他竞争性选拔方式，其他法评的成员资格则完全取决于学生的选择。尽管准入标准被放宽了，但法学院的主要法评以及大多数专门性法评的成员，通常仍意味着其有着高分成绩或在研究写作方面表现优异。

除了在找工作时可能带来的优势之外，潜在雇主选择法评成员很重要的第二个主要原因，以及作为法评成员的主要好处，在于法评经历本身。[3]

通常学生被选为法评成员是在法学院的第二学年之前。[4] 第二学年初期，他们的职责往往包括所谓的"引注检验"以及出

---

[1] 现行的人员选拔程序的总结参见 Harvard Law Review Membership Selection Policies, http://www.harvardlawreview.org/hlr_477.php.

[2] 参见 Josh E. Fidler, "Law-Review Operations and Management: An Empirical Study of the New York University Law Review Alumni Association", 33 *Journal of Legal Education* 48, 52-53 (1983).

[3] 下述理由部分基于我自己的两项经历：1979 年到 1981 年在《哈佛法评》担任成员的经历和在十几个美国法评负责出版工作的经历，还基于我和几个法学院的法评成员的对话以及本文引用的大量资料。

[4] 参见 Fidler, supra note, at 52-53.

版前的校对，这两件事务都既耗时又沉闷。例如在引用检验中，检验者必须追索每一个引用的文献。尽管现在很多资料都可在线上检索，但追索文献来源在今天依然意味着检查引注的编辑必须经常花费数个小时在法律图书馆内，并且还得经常拜访其他图书馆，此外还需要熟练使用各种搜索工具。如果一个引注被使用，检查引注的编辑必须确定其忠实于原文，甚至每一个标点都不能错。如果一个引注被用于支持论点，检查引注的编辑必须确保其的确支持论点。按目前主流的法评逻辑，这还不够，引用的内容必须能完全支持论点。（当前主流法评逻辑的深层次要件是所有的事实命题都需要支持性论据。然而，人们通常认为，指出命题需要额外补充支持性论据是编辑的责任而非引注检查员的责任。）另外，引注检查者需要确保引用形式是正确的。正如这段描述反映的一样，检查引注虽然乏味，但磨炼研究技巧，并且检查和校对都有助于培养细心和注重细节的品格。

正如前面所提到的，除了书评，法评通常主要由"评述和短评"两部分内容组成——由法评学生成员编写的是短篇评论，一般不会超过 25 页，通常关注最近重大案件、立法或者新出现的法律问题；由法学学者编写并发表的长篇论文，一般超过 50 页。（包括来自本校和其他法律学校教职人员，有时是法官、执业者、法律科学博士或者法学硕士，甚至是法学博士）。

对于许多成员来说，在法学院的第二学年，他们大部分时间都将花在研究和写自己的评述或短评上。这个过程通常始于寻找一个合适的主题。教职人员、其他法评成员以及校友有时会提出建议。但是有远见的作者必须负责找到一个可行的话题，然后必须进行彻底的"先行审读"，以确保其他的法评没有发表相同主题的文章。[1] 主题搜索和先行审读提高了学生对新案件和新立法以及新法律问题的关注，并且提高了学生对近期法律学术情况的认识。

一旦二年级的成员找到了合适的主题，他（她）就会广泛地进行研究，然后在三年级法评学生编辑的深入指导下反复地写。专门从事相关领域研究的教授通常会担任评述或者短评的教职顾问。但三年级的编辑要求通常比教职要求要高得多。在学生作者开始写作之前，三年级的学生编辑通常会要求他们制定一个详细的大纲。在这个阶段，编辑可能会注意到需要进一步研究的方面，可能会建议或者要求文章在组织结构和关注点上做出改变。编辑通常在起草过程中格外谨慎，完成时会仔细检查每个部分。在全部草稿完成后，编辑要再校订两遍以上，重点关注主旨和结构。最后，即使编辑认为这篇文章总体上是可以接受的，作者和编辑通常还会进行至少两次完整的编辑，他们并排坐着，逐行浏览整篇文章，重新审视风格和内容问题。

三年级时，对许多法评成员来说其主要职责是监督二年级成员的评述与短评，也就是上述过程的编辑方面。另外一组三年级成员负责选择和编辑学者的论文。许多法评，尤其是在最近创立或者排名较低的法评中，编辑部成员的一项主要任务就是吸引足够多值得发表的论文；要做到这一点，编辑通常要征集论文或者招募有潜力的作者。相反，在排名较高的法评中，编辑室的主要

---

〔1〕 即使另一个出版物已经刊登了相同的案例、法规或主题，如果提出的方法或者目标和任何先前的出版作品完全不同的，那么法评编辑可能授权学生作者继续从事研究和写作。对大多数学生作者而言，即使一个主题并没有被他人先行写作，在评述或者短评被发表之前，他们仍然害怕主题通过另一个法评、另一个新案例或者一个新法规被预先占有。

任务就是整理递交来的论文以决定最值得发表的论文。除了专门征集的论文或为专题座谈会准备的特邀论文外，法评通常每年发表不超过 10 到 15 篇论文。为了填补这些空缺，到 20 世纪 80 年代，主要法评每年已经能够收到几百份论文。[1] 自线上投稿服务上线以来，法评收到的论文数量激增。根据最近的一项调查，在排名前 50[2] 的法学院里，法评每年收到 1500 到 2000 篇论文是很常见的，而且往往更多。[3] 鉴于论文数量众多，选择文章既困难又耗时。[4] 然而，那只是编辑过程中的第一步。法评接受论文后，学生们自己还要在出版前精心编辑。虽然学生与教授或从业人员坐在一起逐行编辑通常是不现实的，但编辑论文的过程常常几乎和编辑学生论文的过程一样严格。有时，学生编辑会建议对论文的几乎每一句话进行修改，甚至坚持要进行重大的结构修改。

书评是大多数法评的另一标配。然而，在今天的法评中通常很少有书被评论。《密歇根法评》是这一模式的显著例外。每年的书评都要用整整一期的篇幅来讨论与法律有关的书籍。因其出色的书评质量，书评主题已经获得了卓越的声誉。与此类似，其他法评也为特殊的年度专题确立了传统。例如，《哈佛法评》就

---

〔1〕 参见 Fidler, supra note, at 60（此调查表明，1981 年时，126 个法评里 8.9% 每年收到超过 300 篇投稿）。

〔2〕 研究作者利用了《美国新闻与世界报道》出版的 2006 年法学院排名。参见 Leah M. Christensen and Julie A. Oseid, "Navigating the Law Review Article Selection Process: An Empirical Study of Those with All the Power — Student Editors", 59 *So. Carolina L. Rev.* 175, 180 n. 14 (2007).

〔3〕 参见 id. at 203–206.

〔4〕 对文章筛选过程的讨论，参见，e. g., id.; Natalie C. Cotton, "The Competence of Students as Law Review Editors: A Response to Judge Posner", 154 *University of Pennsylvania Law Review* 951 (2006).

有两个这样的年度传统。自 1949 年 11 月以来，这份法评每年的第一期用很大篇幅对美国最高法院上一次工作期的进行评价。[1]除了著名学者的短评外，《最高法院年度问题》还包含了许多由三年级的法评成员撰写的上一届最高法院判决的案例短评和相关统计。在同样始于 1949 年的年度春季传统中，名为《法律的发展》的特刊每年都能在《哈佛法评》上占大量篇幅，为此，在三年级法评成员团队监督下，二年级法评成员的团队将会探索当前重大法律问题的各个方面。近年来，这方面的发展主题包括"精神疾病与法律"（2008 年 2 月）和"诉诸法庭"（2009 年 2 月）。

无论是负责编辑评述、短评或者论文的法评三年级成员，还是从事书评或特殊项目工作，或者担任具有广泛监督权力的人员，这一职责通常要求在广泛领域中紧跟最近的学术研究并进行深入研究、大量写作、编辑以及关注细节。法评也是一项辛苦的工作，在高峰期，法评成员每周花 40 到 50 个小时甚至更多的时间在法评上也是很正常的。此外，法评工作能够促进团队合作。不过作为法评成员最大的好处或许是它能激发智力。在 1995 年由斯坦福法学院主办的一场关于法评的会议上，联邦法官小约翰·努南（John Noonan, Jr.）发表的主旨演讲充分体现了这一特点：法评提供了最好的——我想说是唯一的教育：同行教育……一个人可以通过阅读来自学，通过讲座来获得指引。但是要进入法律等学科的核心，必须在平等的层面上交换观点，进行辩论，向他人指出逻辑含义、缺失的事实基础以及他们观点的基本假

---

〔1〕 美国最高法院每年的工作是分为年度开庭期。一般来说，每期开始于第一个口头辩论发生的时候，十月的第一个周一；每期最后的口头辩论发生在来年的四月份。除了少数例外情况，最高法院会在七月中旬发布在此期间所有发生争议的案件结果。

设。一个人必须参与智力战，法评是，或者可能是，这场无硝烟的战争是最能激发人智力的环境。[1] 考虑到这些广泛的教育利益，人们很容易理解除了会员资格带来的声望外，为什么律所、法官和教授们在作招人决策时重视法评经验。我们也可以赞赏格里斯沃德的期望，他希望通过支持建立专门期刊来将这种经历扩展到更多学生身上。六十年前，一家知名律师事务所的律师建议更进一步。他的文章标题声称：法评应该成为法学院。[2]

四、批评和关注

尽管学生编辑的法评好处颇多，但批评也比比皆是。[3] 法评过多就会导致屡屡被批。最早的这种批评可以追溯到 1906 年，据说当时全美只有不到十本法评。那一年，在解释为什么他们决定专注于美国伊利诺伊州的法律问题时，一个西北大学的新法评创刊者声称，"毫无疑问，一般性的法评领域已经过度拥挤"。[4]

一项更早的批评质疑学生编辑高质量法评的能力。1875 年，学生编辑的第一本法评刚出现在奥尔巴尼法学院时，附近商业期刊的编辑就称赞"男孩们"创办了一本"非常值得信赖"的期

---

〔1〕　John T. Noonan, Jr., "Law Reviews", 47 *Stan. L. Rev.* 1117, 1118 (1995).

〔2〕　参见 Howard C. Westwood, "The Law Review Should Become the Law School", 31 *Virginia Law Review* 914 (1945). Westwood was a partner in the prominent Washington, D. C., law firm Covington & Burling. 参见 N. Y. Times, Obituaries, Howard C. Westwood, Expert in Airline Law, 84, March 21, 1994, http://www.nytimes.com/1994/03/21/obituaries/howard-c-westwood-expert-in-airline-law-84.html.

〔3〕　法评选择的作品的书目包括许多批评法评和赞赏法评或为之辩护的杰出作品，参见 "The Role of the Law Review: A Select Bibliography", 39 (3) *Alberta L. Rev.* 690 (2001) (compiled by Tracie Scott).

〔4〕　"Editorial Notes", 1 *Ill. L. Rev.* 39 (1906).

刊，但后来补充道，"当然是这不是一本男性法律期刊。"[1] 在这几年中，许多其他评论家也批评了学生的编辑能力。[2] 人们认为的不足之处由来已久，数不胜数。论文选择是一个常见的批评对象。根据评论家的观点，学生没有足够的知识或经验来评估论文是否值得发表，或者在同一主题的论文中，评估哪些论文最值得发表。另一个常见的批评集中在编辑风格和编辑能力。[3] 在许多评论者的观点中，学生编辑"痴迷形式而不关注实质，专注脚注和蓝皮书（风格指南）。"还有很多人批评法评反馈延迟，沟通不足或沟通方式差，以及管理或运作的其他方面不足。[4]

所有这些批评都有一些道理。然而，更重要的是要正确地看待它们。回想起来，人们似乎很难相信在仍然只有少数法评的 1906 年，普通的法评领域就可能过度拥挤。然而，今天有超过 500 本学生编辑的法评，这种担忧似乎更加合理。每年有成千上万页的法评，没有人有时间或精力阅读所有这些期刊。实际上，几乎可以肯定，许多论文都只有相当少的人阅读，更不用说评述和短评了。因此，当严格地从法律学术的角度来看时，人们有充足的理由限制法评的数量。但是，要想划清一条合适的分界线很难。即使在排名较低或相对不知名的期刊中，人们也会经常发现金砖——有价值的论文，深思熟虑的评述和短评，以及杰出的研

---

[1]　"The Albany Law School Journal", 3 *CENT. L. J.* 136 (1876), quoted at Swygert & Bruce, supra note, at 764.

[2]　一个权威批评的优秀总结和对这些批评深思熟虑的反驳，参见 Cameron Stracher, "Reading, Writing, and Citing: In Praise of Law Reviews", 52 *New York Law School Law Review* 350, 354-365 (2008)

[3]　Id. at 360.

[4]　参见 e. g., id. at 363-365; Hibbitts, supra note, at 642-645.

讨会问题。[1] 此外，法律学术的出版不是唯一相关的考虑因素；法评在法律教育中也发挥着重要作用，这是课堂或研讨会无法复制的。

谈到论文的选择，确实，学生对某些领域的有限接触，缺乏实践经验或对先前学术作品的了解不足可能意味着他们不太可能认识到某些作品的价值或弱点。类似地，针对经验研究，批评者指责学生倾向于接受某些流行领域的作品，或学生编辑认为容易接触的领域（例如宪法或刑事诉讼法），[2] 或者，尽管学生声称他们想寻求最好的学术知识，不论作者是谁，但他们的品牌意识很强：顶尖学校的法评往往会接受自己学校或其他顶尖学校教职的作品[3] "从而压制来自底层的声音"。[4]

为了回应后一种批评，自20世纪90年代中期以来，一些排名靠前的法评对论文进行"盲审"——作者的姓名，隶属关系和其他身份信息不向作出评价的人披露。[5] 值得注意的是，至于前一种批评，学生编辑被指责的倾向已经随着时间发生了变化。1936年，耶鲁大学法学院教授、著名的法律现实主义者佛雷·德

---

〔1〕　这里仅提供一个例子，一个在我的法律教育作品集合中占重要地位的特殊的专题论文集，它包括了全世界超过十二个国家的有关发展的论文，于2002年发表在《南得克萨斯法评》上。截止到2011年5月20日，按照过去八年的引用总数，《南得克萨斯法评》在美国仅排到第265位。(search conducted by author, utilizing Law Journals: Submissions and Ranking database, supra note).

〔2〕　See Stracher, supra note, at 355 and sources cited therein.

〔3〕　See Dan Subotnik and Glen Lazar, "Deconstructing the Rejection Letter: A Look at Elitism in Article Selection", 49 *Journal of Legal Education* 601 (1999).

〔4〕　Id. at 606.

〔5〕　参见 e. g., Hibbitts, supra note, at 650-651 (describing the then-newly instituted blind read policy at the Yale Law Journal). 自相矛盾的是，盲审也可能帮助法评编辑避免他们在自己学校受到压力，因拒绝学校教师的论文而引发的压力，这是一种并不罕见的情况。

罗戴尔（Fred Rodell）发表了至今仍是最著名的法评批评。他抨击法评论文几乎完全聚焦于狭隘的教义主题，[1] 而忽视了广阔的主题——法律具有"解决世界无数问题"的可能性。[2] 到 1992 年，人们眼中的失败发生了戏剧性的变化。那一年，联邦法官（前法学教授）哈里·爱德华兹（Harry Edwards）严厉批评了法评，因为它几乎没有包含教义著作，而是用大部分篇幅刊载由"完全脱离实际的理论"组成的"不切实际的"学术研究。[3] 值得赞扬的是，罗德尔与爱德华兹都没有将他们所谴责的事态归咎于法评编辑。正如双方似乎都认识到的那样，虽然法评——和他们所选择的与之相关的论文——可能有助于巩固某些法律学术模式，但主要是由法律学者自身所决定的趋势。

在美国，几乎所有在学生编辑的法评中发表过论文的人都可以讲述编辑过程中遇到的问题：文体僵化、对短语或段落的细微差别甚至是基本意义的修改，甚至有编辑引入的语法或排版错误。[4] 事实上，每位作者都能举出大量美国法评中常见的"脚注崇拜"的例子：每一个命题，不管它看起来多明显，都需要一个包含对某一文献引用的脚注来支持。

---

〔1〕　Fred Rodell，"Goodbye to Law Reviews"，23 *Virginia Law Review* 42 - 43（1936）.

〔2〕　Id. at 43.

〔3〕　Harry T. Edwards，"The Growing Disjunction Between Legal Education and the Legal Profession"，91 *Michigan Law Review* 34，46（1992）.

〔4〕　我自己有一个近乎噩梦的事情，在我最初的主要论文中，有一篇论文的第一个脚注感谢了几位杰出的日本学者的建议与协助。在编辑的后期阶段，无法解释也没有解释的是，某个参与编辑过程的人改动了他们名字的拼写。当我在最后一次检查论文的校样时，我惊恐地发现那些我想感谢的人的名字拼错了。那时还是互联网之前的时代。当我打电话给期刊编辑部时，我被告知论文已经被发送给印刷商了。让我欣慰的是，在两个或三个激烈沟通的电话后，我联系上了主编，他打电话给印刷商并保证论文校对是更正过的。

　　然而，笔者建议，对任何欣赏刊物反馈的作者来说，都是积极的经历大大超过了消极的经历。多年来，在笔者修改的时候，学生编辑发现了许多引用错误的地方，同时还发现了大量的语法错误、排版错误和引用形式错误。他们指出的句子或者段落对笔者来说似乎很清楚，但会让读者感到困惑。当笔者撰写有关日本法律的文章时，通常情况下，编辑们就会提醒笔者，在笔者看来是理所当然的日本法律或社会的某些方面，但许多美国读者可能并不熟悉。更重要的是，有时编辑会建议对文章结构进行修改，从而改进行文流程，或者推动笔者探索相关问题或展开分析。通过这样做，法评编辑们大大提高了论文的质量。

　　在阅读学生编辑们对笔者的批评时，笔者不禁感到，一些论文作者几乎把每一次修改他们作品的提议都视为一种冒犯或侮辱，他们把这归咎于学生的无能。笔者认为，这种态度经常把责任放在错误的地方。例如，如果学生编辑提出的一项修改可能改变细微，甚至可能改变基本含义，但也可能意味着细微改动或基本含义一开始就不够清楚。

　　许多批评者似乎还认为，如果所有法律期刊都经过同行评议或教职编辑，论文的选择过程、编辑过程以及法评管理和运作的所有其他方面，即使不完善也会得到极大的改善。当然，这是一个非常值得怀疑的假设。[1] 可以理解的是，那些从学生编辑那里收到草稿的作者有时会感到愤愤不平，因为学生编辑对每一段内容都提出了重大结构调整或修改建议。然而，这种关注度需要投入大量的时间和精力，而在现有的激励结构下，教师根本无法做到这一点。

---

〔1〕　　参见 Hibbitts, supra note, at 653–654.

学生编辑们的关心和关注也反映了他们为了使论文更好，从而作出的坚定承诺和巨大奉献。依个人浅见，拥有如此重要的资源可供我们使用，作为作者我们应该感激，而不是怨恨。

作为教育工作者，我们应该感到自豪的是，我们有一个自治、自持的制度，为许多的学生提供如此有价值的教育。

译者注：

1. 本文为了行文方便，将期刊名称中 Review 和 Law Review 都翻译为法评，Law Journal 翻译为法律杂志；期刊文章栏目中的 Note 翻译为学生论文，期刊文章栏目中的 Comment 翻译为学生短评。

2. 随着各法学院逐渐重视学生刊物并大量创设学生刊物，这些刊物形态各异，有的面向校内学生，有的面向学术市场，学生刊物的定位也在学术市场守门人与学生培养创新机制之间摇摆。现有的中文论文和译文着重关注学生刊物的学术性，各家学生刊物主办的会议也往往关注其在法学学术市场中的角色；与之相对的是，少有论文或研讨关注学生刊物的教育功能，遂尝试翻译此文以为引介。